Falando de Política

COMUNICAÇÃO E MOBILIZAÇÃO SOCIAL

William Gamson

Tradução
Ângela Cristina Salgueiro Marques

Falando de Política

autêntica

Copyright © 1992 Cambridge University Press
Copyright da tradução © 2011 Autêntica Editora

TÍTULO ORIGINAL
Talking Politics

COORDENADOR DA COLEÇÃO COMUNICAÇÃO E MOBILIZAÇÃO SOCIAL
Márcio Simeone Henriques

CONSELHO EDITORIAL
Cicilia Maria Krohling Peruzzo; Desirée Cipriano Rabelo; Márcio Simeone Henriques; Nísia Maria Duarte Werneck; Rennan Lanna Martins Mafra

CAPA
Alberto Bittencourt
(Sobre imagem de Sxchng)

EDITORAÇÃO ELETRÔNICA
Tales Leon de Marco

REVISÃO
Dila Bragança de Mendonça

EDITORA RESPONSÁVEL
Rejane Dias

Revisado conforme o Novo Acordo Ortográfico.

Todos os direitos reservados pela Autêntica Editora. Nenhuma parte desta publicação poderá ser reproduzida, seja por meios mecânicos, eletrônicos, seja via cópia xerográfica, sem a autorização prévia da Editora.

AUTÊNTICA EDITORA LTDA.
Rua Aimorés, 981, 8º andar. Funcionários
30140-071. Belo Horizonte. MG
Tel: (55 31) 3222 68 19
TELEVENDAS: 0800 283 13 22
www.autenticaeditora.com.br

Dados Internacionais de Catalogação na Publicação (CIP)
(Câmara Brasileira do Livro, SP, Brasil)

Gamson, William A.
    Falando de política / William Gamson ; tradução Ângela Cristina Salgueiro Marques. -- Belo Horizonte : Autêntica Editora, 2011. -- (Coleção Comunicação e Mobilização Social / coodenador Márcio Simeone Henriques)

    Título original: Talking Politics.
    Bibliografia
    ISBN 978-85-7526-488-1

    1. Comunicação de massa 2. Mídia 3. Movimentos sociais 4. Opinião pública 5. Participação política 6. Trabalhadores - Estados Unidos - Atitudes I. Henriques, Márcio Simeone. II. Título. III. Série.

11-01700   CDD-303.38

Índices para catálogo sistemático:
1. Questões políticas de interesse coletivo : Estudos de comunicação de massa e opinião pública : Ciências sociais 303.38

Para Sam Finkelstein,
beirando os noventa e ainda argumentando sobre política.

SUMÁRIO

Prefácio.. 11

Prefácio à edição brasileira... 17

CAPÍTULO I

Consciência política.. 21

Temas centrais.. 25

Enquadramentos de ação coletiva..................................... 27

As quatro questões... 29

O que vem a seguir.. 32

CAPÍTULO II

Conversações e discurso da mídia..................................... 35

Trabalhadores.. 35

Categorizando a amostra populacional............................. 36

Tipicidade... 37

O contexto das conversações... 39

Avaliação pelos participantes... 46

O discurso da mídia... 48

PARTE I

Enquadramentos de ação coletiva..................................... 53

Capítulo III

Injustiça...55

A injustiça no discurso da mídia...58

A injustiça nas conversações..61

Indústria problemática...63

Ação afirmativa..68

Personagens..77

Energia nuclear...78

O conflito árabe-israelense...81

Conclusão..85

Capítulo IV

Ação..87

Indústria problemática...93

Ação afirmativa..99

Energia nuclear...104

O conflito árabe-israelense...110

Conclusão..112

Capítulo V

Identidade...115

Individualismo..117

Indústria problemática...119

Ação afirmativa..127

Energia nuclear...138

O conflito árabe-israelense...140

Conclusão..141

Capítulo VI

Conversa e ação..145

*A injustiça como chave para a integração dos três
elementos dos enquadramentos de ação coletiva*...............147

Conclusão..150

Parte II

Como as pessoas negociam sentidos.............................151

Capítulo VII

Mídia, sabedoria popular e experiência........................153

Recursos conversacionais.. 153

O discurso da mídia.. 154

Comparando recursos.. 162

Estratégias de recurso.. 166

Conclusão.. 171

Capítulo VIII

Ressonâncias culturais...173

Temas e contratemas..173

Sabedoria popular e ressonâncias culturais....................................182

Indústria problemática.. 183

Ação afirmativa.. 188

Energia nuclear... 191

O conflito árabe-israelense.. 198

Conclusão.. 202

Capítulo IX

Proximidade e engajamento.. 205

A proximidade de uma questão..208

O engajamento associado a uma questão..211

Engajamento, proximidade e estratégia de recurso....................... 215

Conclusão.. 217

Capítulo X

Desenvolvendo a consciência política...219

Estratégia de recurso e
enquadramentos de ação coletiva...220

Os efeitos da mídia sobre a opinião pública....................................224

Implicações estratégicas..228

Apêndice A

Questões metodológicas... 235

O recrutamento dos participantes e a composição da amostragem......................235

Grupos focais..238

Conversações em grupos de "pares" como uma variação dos grupos focais.........239

Amostragem do discurso da mídia... 243

Apêndice B

**Conjunto de charges para as
discussões nos grupos de pares**... 251

APÊNDICE C

Quadros de referência e códigos...263

Indústria problemática.. 264

Ação afirmativa... 272

Energia nuclear... 284

O conflito árabe-israelense...292

Referências...307

PREFÁCIO

William A. Gamson

Questões de consciência política unem o estudo dos movimentos sociais e da mídia. Podemos imaginar que, com milhares de estudos sobre as preferências de voto e atitudes das pessoas acerca qualquer questão imaginável, iríamos entender completamente como as pessoas pensam e conversam sobre política. De fato, entendemos muito sobre o produto final – o conteúdo das opiniões que elas expressam. Mas ainda estamos buscando respostas para descobrir como essas pessoas chegaram a produzir essas opiniões, o que essas questões significam para elas e como tiram suas conclusões.

Surveys sobre atitudes políticas frequentemente perguntam aos indivíduos sobre questões nas quais existe um discurso público rico, apresentado seletivamente nas exposições e nos comentários midiáticos. Grande parte dos estudantes de opinião pública assume que esse discurso da mídia reflete-se de alguma forma nas atitudes das pessoas, mas esses estudiosos teriam dificuldade de especificar como o discurso acerca dessas questões se manifesta no pensamento e na fala das pessoas. O discurso da mídia não é o único recurso que a maioria das pessoas utiliza para construir sentido sobre questões políticas. Diante da cacofonia do estardalhaço da mídia, da sabedoria popular e do conhecimento vindo de suas próprias experiências, se e como elas produzem sentido disso tudo permanece um grande mistério.

Para os movimentos sociais ativistas, isso é geralmente um mistério frustrante. Armados de análises poderosas que sugerem que as pessoas estão sendo exploradas ou injuriadas por várias políticas e ações estatais ou corporativas, precisamos pesarosamente reconhecer que as pessoas mais afetadas geralmente perdem os sentidos que encontramos nos eventos. Há muitas explicações para a passividade e a falsa conscientização, mas explicações menos convincentes de como as pessoas comuns às vezes desenvolvem modos de entendimento sobre as questões que sustentam uma ação coletiva voltada para a mudança.

Para desvendar o mistério, é preciso começar com o reconhecimento da consciência como constituída na interação entre a cultura e a cognição. Os meios de comunicação de massa são um sistema em que agentes ativos, com propósitos específicos, estão constantemente engajados em um processo de construção de sentidos. Em vez de pensar neles como um conjunto de estímulos aos quais os indivíduos respondem, deveríamos pensar neles como o espaço de uma complexa disputa simbólica em que a interpretação irá prevalecer. Esse sistema cultural encontra indivíduos pensantes, e a consciência política emerge do entrecruzamento desses dois níveis.

Este livro reúne meus interesses duradouros pelos meios de comunicação de massa e pelos movimentos sociais. O interesse pela comunicação política remonta aos meus dias de estudante de graduação no Antioch College, onde ele foi alimentado por Heinz Eulau, que primeiro estimulou meu interesse pela linguagem política e pelo simbolismo. Aqueles primeiros encontros com as ideias de Harold Lasswell e Walter Lippmann nunca me abandonaram, nem quando eu estava perseguindo outras questões em minha pesquisa sobre os movimentos sociais.

Meu interesse pelos meios de comunicação de massa foi mantido aceso pelas minhas frustrações ao ensinar alunos da graduação aquilo que os cientistas sociais tinham a dizer sobre o tema. Eu me lembro de informar cuidadosamente a eles, no início dos anos 1960, como suas crenças sobre a influência da mídia eram muito exageradas; a ação real estava em outro lugar, em predisposições persistentes e espaços sociais. Eles cuidadosamente reproduziram isso nos exames, mas demonstravam inconscientemente em seus comentários e observações que sentiam que algo estava faltando. Eu estava perturbado não porque os estudantes não acreditavam no que o professor lhes dizia, aquela velha história, mas porque eu mesmo não acreditava no que dizia.

Aquelas abordagens da ciência social eram tão pouco convincentes que durante uns doze anos parei de ensinar sobre os meios de comunicação de massa e a opinião pública. Meu interesse ressurgiu por meio de uma nova corrente de trabalho que refletia uma tradição de construção social em que este livro se apoia. Sob o ímpeto do trabalho desenvolvido por Murray Edelman, Michael Schudson, Herbert Gans e Todd Gitlin, entre outros, redescobri, no final dos anos 1970, meu interesse de ensinar nessa área.

Preocupações sobre a construção do sentido se espalhavam também em minha pesquisa. Trabalhando com Bruce Fireman, Stephen Rytina e outros nos *Encontros com a Autoridade Injusta* (1982), me vi focalizando fortemente o desenvolvimento de enquadramentos da injustiça, ao analisar o processo por meio do qual as pessoas organizam a ação coletiva para fazer rebeliões. O enquadramento era só uma parte da história, mas esse processo interativo de construção do sentido era claramente um ingrediente crítico de como nossos grupos de participantes lidavam com os dilemas de obediência com os quais eram confrontados.

Com a conclusão desse estudo de processos de micromobilização, comecei a pesquisa aqui reportada em colaboração com Andre Modigliani, no início da década de 1980, na Universidade de Michigan. Meu interesse pelos movimentos sociais foi relativamente modificado nesse estágio inicial, pois buscávamos traçar o fluxo e o refluxo de como os meios de comunicação de massa enquadravam historicamente uma série de questões. Pretendíamos casar essa análise com conversações em grupos focais de pessoas discutindo as mesmas questões e fizemos um pré-teste com vários grupos.

Quando me mudei para o Boston College em 1982, comecei o *Media Research and Action Project* (MRAP), um seminário contínuo sobre movimentos sociais e mídia. Os participantes desse seminário, na maioria estudantes de graduação do Programa de Economia Social e Justiça Social do Boston College, eram ativistas orientados para problemas concretos e envolvidos em mobilizar pessoas para ações coletivas. Os participantes estavam ou estiveram envolvidos no movimento americano central de solidariedade, no movimento de congelamento da produção nuclear, em movimentos para uma saúde mais igualitária e moradias decentes, no movimento trabalhista, no movimento contra a energia nuclear, etc. Membros do seminário escreveram artigos, fizeram *workshops* e prestaram serviços de consultoria sobre estratégia de mídia para várias organizações de movimentos, além de conduzir pesquisas.

Estudos acadêmicos sobre os movimentos sociais nos anos 1980 também estavam refletindo um renovado interesse pela consciência política. Eles geralmente centravam sua atenção no desenvolvimento de enquadramentos de ação coletiva, um tipo particular de consciência política. As questões que perseguíamos ao longo do desenvolvimento da pesquisa no Bonston College começaram a focalizar cada vez mais o modo como o entendimento das pessoas sobre as questões sustentava ou falhava em sustentar a ação coletiva.

Tanto as preocupações originais quanto aquelas desenvolvidas ao longo da pesquisa estão refletidas neste livro. Na primeira parte, abordo os enquadramentos de ação coletiva, explorando a presença de seus elementos individuais no modo como as questões são enquadradas na mídia de massa e no modo como as pessoas conversam sobre elas. Contudo, o processo de construção de sentido é tão mais amplo que os enquadramentos de ação coletiva, que volto a essas preocupações na segunda metade do livro para explorar como as pessoas geralmente utilizam a mídia junto com outros recursos para entender questões públicas.

Esse é o resultado de um longo projeto, e tenho que agradecer a muitas pessoas. Quando começamos em Michigan, Andre Modigliani e eu iniciamos um seminário continuado de pesquisa sobre cultura política e cognição política. A análise preliminar e amostral dos materiais da mídia de massa começou nesse seminário. Linda Kaboolian fez um notável trabalho de coordenação da operação de organização da massiva coleção de dados, e Catherine Rice executou grande parte do trabalho e supervisionou uma série de voluntários da graduação que se envolveram na compilação e codificação dos dados. Vários estudantes de graduação e de pós-doutorado deram importantes contribuições intelectuais, incluindo Celeste Burke, Vic Burke, Jerry Himmelstein, Kathy Lasch, Rob Simmons, Marc Steinberg e Daniel Steinmetz.

No Boston College, um novo grupo de estudantes da graduação desempenhou vários papéis. Sharon Kurtz assumiu a heroica tarefa de organizar quarenta conversações de grupos de pares, com uma infindável logística envolvida e foi incansável em seu comprometimento com o controle de qualidade. Sua integridade intelectual e seus padrões incorruptíveis foram um constante mecanismo de checagem diante de minha tentação de me tornar desleixado. Betsy Wright organizou o primeiro estudo piloto extensivo de nossas conversações em grupos de pares na área de Boston. Bill Hoynes, Mary Murphy e Jackie Orr trabalharam amplamente com a transcrição e a codificação das conversações, e a interpretação deles está frequentemente refletida nos apontamentos feitos neste livro. Idella Hill fez um trabalho competente como facilitador nos grupos de trabalhadores negros. Charlotte Ryan, cujo próprio trabalho sobre estratégias de mídia para ativistas influenciou as questões feitas neste estudo, auxiliou a elaborar a ênfase nos enquadramentos de ação coletiva. Outros membros do MRAP, incluindo Patty Bergin, David Croteau, Paulo Donati, Janice Fine, Hannah Herzog, David Meyer, Ted Sasson, Cassie Schwerner, David Stuart e James Vela-McConnell dedicaram muitas horas para discutir as questões de *design* envolvidas na pesquisa e revisar os rascunhos prévios dos capítulos.

Fiz circular uma primeira versão do texto entre colegas de outras universidades. Responder a essas demandas é um desses favores de faculdade que requerem a dedicação de um tempo considerável em um cronograma já tão carregado. Muitos deles fizeram comentários pequenos ou escreveram longas cartas com sugestões e críticas. Muitas delas foram consideradas. Sou particularmente grato a Lance Bennett, Paul Burnstein, Philip Converse, Zelda Gamson, Herbert Gans, Doris Graber, Jerry Himmelstein, Shanto Iyengar, Doug McAdam, Carol Mueller, Sidney Tarrow e Charles Tilly por terem ido além do que eu poderia razoavelmente considerar ao fazer comentários detalhados e minuciosos.

Devo muito à *National Science Foudation* pelo apoio a um estudo não ortodoxo, com uma metodologia não convencional, através de uma série de auxílios (SES80-1642, SES83-09343, SES85-09700 e SES86-42306).

Finalmente, tenho um débito incalculável com as duzentas pessoas que participaram dos grupos focais, cujas conversações sustentam os argumentos aqui apresentados. Substituí o nome de cada uma delas para preservar seu anonimato, mas suas vozes estão presentes nas páginas deste livro.

Chilmark, Massachusetts

PREFÁCIO À EDIÇÃO BRASILEIRA

Rousiley C. M. Maia

Podem os cidadãos comuns produzir sentido, de modo relevante, sobre assuntos políticos, os quais, muitas vezes, são distantes de suas vidas cotidianas? Os *media* de massa teriam o poder de moldar consciências e conduzir a opinião pública? Se os indivíduos são vistos, por grande parte de estudiosos e comentadores, como ignorantes e desinteressados por questões políticas, como explicar o engajamento ativo deles em inúmeras ações coletivas e em diversos movimentos sociais?

Questões como essas têm guiado inúmeros estudos sobre a comunicação de massa e a opinião pública. Muitos pesquisadores se preocupam em examinar modelos psicológicos e processos cognitivos envolvidos na interpretação de notícias jornalísticas. Dentro dessa especialidade, os estudos são indubitavelmente diversos, com matrizes teóricas e metodologias diferenciadas, e com resultados díspares que atestam a influência – ora benéfica, ora maléfica – das notícias na formação da opinião e na produção da decisão política.

Nesse terreno de pesquisa, *Falando de política*, de William Gamson, abre um novo horizonte de investigações. Este livro, seguindo uma trilha sociológica, examina como as pessoas comuns negociam sentido sobre as mensagens dos *media* em relação a quatro temas que apresentam maior ou menor grau de abstração em suas vidas: a energia nuclear, o conflito árabe-israelense, os problemas enfrentados pela indústria norte-americana e a ação afirmativa. Em vez de se basear em dados obtidos através de *surveys*, Gamson organiza pequenos grupos de discussão com trabalhadores da região de Boston, EUA. No lugar de focalizar em processos de cognição de indivíduos separados, como é comum na maioria dos estudos de tradição política, Gamson indaga como as pessoas produzem sentido coletivamente através da conversação. O autor parte da premissa de que os *media*, ao enquadrarem questões de determinadas maneiras, oferecem aos seus públicos quadros de referência para interpretar assuntos de interesse coletivo e modos implícitos de organizar as ideias. Sob essa perspectiva, os discursos dos *media* são entendidos como "recursos conversacionais", importantes ferramentas que ajudam as pessoas a produzir sentido de questões do próprio interesse e do mundo ao redor, e não como "estímulos" que provocam súbitas mudanças de percepção ou de atitude, tal como sustentado por estudos de opinião pública de origem behaviorista. A tese central de Gamson é a de que, para interpretar os eventos e a realidade em torno deles, discernir o que tem importância e por que tem importância, as pessoas utilizam como recursos não só os discursos dos *media*, mas também o conhecimento fundamentado em suas experiências singulares e o conhecimento baseado em elementos comuns, compartilhados, da sabedoria popular. Em *Conversação Política*, Gamson constrói uma ponte com a pesquisa empírica, para que essa tese seja observável sob diversas dimensões, na complexidade da realidade social.

Questões teórico-conceituais inovadoras e uma metodologia pouco convencional se intersectam neste livro, a fim de assegurar a ele um lugar de destaque nos estudos de comunicação política e opinião pública. O modo pelo qual as pessoas falam sobre a política, trocam opiniões, enquadram e reenquadram sentidos sobre diferentes temas de interesse comum é ilustrado com extratos de uma série de conversações geradas por 37 grupos de discussão. Esse processo colaborativo de interpretação política – notavelmente difícil de ser apreendido empiricamente – é tratado com acuidade metodológica e adquire grande densidade analítica ao longo do livro. Não por acaso, as explicações sobre as opções metodológicas adotadas e os desafios enfrentados na codificação do material são detalhadamente expostos em apêndices. Essas instruções são particularmente valiosas para aqueles que querem seguir trilhas semelhantes de investigação.

Além disso, *Falando de política* merece especial consideração por descortinar novas possibilidades de investigação também em estudos sobre ações coletivas e movimentos sociais. Tendo como fio condutor o processo de formação da consciência política, Gamson busca articular o estudo sobre enquadramento nos *media* e padrões de conversação política com o modo pelo qual as pessoas estabelecem vínculos coletivos e se mobilizam politicamente. O autor concede particular atenção ao que denomina "enquadramentos de ação coletiva" (*collective action frames)*, isto é, formas de consciência política que conduzem ao ativismo político. Neste terreno, Gamson propõe que esse tipo de enquadramento requer três elementos: a) tematização de *injustiça*, necessária para estimular o juízo moral e político sobre certas questões, que passam, então, a ser vistas como "certas" ou "erradas", a fim de produzir indignação e motivar a imputação de responsabilidades; b) sentido de *agência*, necessário para que as pessoas desenvolvam a consciência de que através da ação coletiva é possível alterar determinadas condições ou políticas indesejáveis; c) formação de *identidade* que auxilia na construção da autopercepção de um "nós", isto é, uma coletividade concebida em relação a outras ("eles") que nutrem interesses e valores distintos.

O livro organiza a análise de cada um dos elementos constituintes dos enquadramentos de ação coletiva (injustiça, agência e identidade) de modo comparável nos quatro temas elencados – primeiramente, no discurso dos *media* e, em seguida, nos grupos de conversação. Gamson constata que apenas a minoria (7%) das conversações observadas nos grupos de discussão possui todos os elementos do enquadramento de ação coletiva. Não obstante, sustenta que o entendimento que as pessoas nutrem sobre assuntos políticos contém muitos dos elementos necessários para que elas desenvolvam consciência política e o engajamento cívico.

Enfim, cabe ao leitor apreciar os pressupostos adotados e as conclusões extraídas nesta obra; pode-se discutir os métodos empregados e as interpretações formuladas, caso a caso, dos materiais empíricos. Contudo, a tese mais central deste livro – de que os cidadãos comuns produzem sentido sobre a política de modo complexo que varia de assunto para assunto e que eles mobilizam, com diferentes graus de relevância, discursos dos *media*, a experiência pessoal e a sabedoria popular – dificilmente pode ser refutada. As formulações de Gamson provaram exercer um impacto permanente em uma enorme quantidade de estudos de comunicação e opinião pública, desde sua publicação original em 1992. Sugiro ao leitor apreciar *Falando de política* como uma inestimável contribuição ao debate sobre o papel desempenhado pela comunicação de massa na constituição da opinião. Paralelamente, esta bela obra fornece acesso empírico ao modo pelo qual as pessoas constroem sentido sobre questões de interesse coletivo e desenvolvem a consciência política.

CAPÍTULO I

Consciência política

Local

Uma casa em Mattapan, uma cidade na grande área de Boston. Cinco adultos, todos negros, estão sentados em círculo na sala de estar. Um gravador e um microfone estão sobre a mesa, no centro do círculo.

Data

Fevereiro de 1987

Personagens

- *Aretha, cerca de 30 anos, uma facilitadora contratada pelos pesquisadores do Boston College.*
- *Vanessa Scott, cerca de 40 anos, auxiliar de professor.*
- *Mr. B, cerca de 50 anos, proprietário de um pequeno restaurante.*
- *Roy, cerca de 20 anos, funcionário do serviço de alimentação em um hospital.*
- *Nicole, cerca de 20 anos, gerente em uma cadeia de fast food.*

Areta: Outro tópico que aparece no noticiário é a questão da ação afirmativa – programas para negros e outras minorias. Há um desacordo sobre qual tipo de programas deveríamos ter, se fosse o caso, para aumentar a contratação, a promoção e a admissão de negros e outras minorias nas universidades. Quando vocês pensam sobre a questão da ação afirmativa, o que vem à sua mente?

Mr. B: Ms. Scott, você sempre gosta de começar. [risos coletivos] Adoro ouvir a sua voz.

Vanessa: Quando penso sobre a questão da ação afirmativa, o que vem à minha mente? Bem, basicamente a ação afirmativa, programas de ação afirmativa foram instituídos para compensar erros passados, certo? Tudo bem. E eu acho que isso foi, isso não foi nos anos 1960, na época de Martin Luther King e seu movimento? (*os outros balançam a cabeça afirmativamente*). Ok. Eu acho que os ganhos que Martin Luther King teve durante aquela época foram todos retirados. E agora eles aparecem com essa coisa sobre... o que é mesmo?

Roy: Discriminação às avessas.

Vanessa: Discriminação às avessas, o que significa que, porque existiam certas aberturas de determinados programas alocados para pessoas negras para introduzir as cotas em certas posições e etc. e tal – isso é discriminatório contra pessoas brancas. Mas você têm que entender que durante séculos as pessoas negras tem sido discriminadas, tudo bem. E o único modo para que você possa compensar isso, no que se refere a essa questão, é reservar algumas brechas para as pessoas negras ou minorias, para que elas possam ao menos, você sabe, estar em igualdade com a ampla sociedade. Quando eu digo ampla sociedade quero dizer as pessoas brancas.

O modo como eu vejo isso agora, todos os ganhos que obtivemos e todas as coisas pelas quais lutamos foram retiradas de nós pelo nosso presidente Ronald Reagan. Tudo bem. E eu vejo os negros voltando agora ao tempo da escravidão, porque é isso, é uma escravidão institucional. Quero dizer, não somos mais, não temos sinais nas portas dizendo "Tem negros aqui" e "Tem brancos aqui". Não enforcamos mais os negros. Mas é institucionalizado. Tentamos conseguir um emprego e não conseguimos.

E agora nós nem podemos entrar na universidade mais, porque o governo de Reagan fez realmente, ele fez, o que foi? Ele cortou, eliminou a ajuda financeira, o que torna impossível para pessoas pobres, e negros em particular, entrar nessas instituições. O que quer dizer que, se não podemos ter educação, não podemos conseguir emprego. Tudo bem. Então eu vejo as portas sendo fechadas nas nossas caras de novo, e estamos voltando para a época da escravidão.

Aretha: Mais alguém?

Mr. B: Ms. Scott?

Aretha: Mr. B?

Mr. B: Eu não poderia ter dito melhor.

Vanessa: Por quê? Obrigada.

Roy: Eu concordo também com a opinião da Vanessa, porque se você olhar para algumas das nomeações de Reagan para a Suprema Corte, por exemplo, o Chefe de Justiça, William – (*pausa*)

(*sussurros*) Rehnquist.

Roy: Rehnquist. Algumas de suas opiniões de que, algumas das coisas que ele representa, ele era muito, uma pessoa muito racista. E eu não acho que ele deveria ter sido nomeado para Chefe de Justiça.

Vanessa: Quando você vê, sabe, a decisão tomada no caso Bakke. Sabe, esse homem trouxe acusações de que ele tinha sido discriminado por ser branco, porque ele não podia entrar em uma escola de medicina, ok, e porque eles tinham reservado certas cotas para pessoas negras. E quando você lê informações sobre esse homem, ele foi recusado por cinco escolas de medicina, não porque ele era branco, mas porque ele não era competente, certo?

Nicole: Desqualificado.

Vanessa: Isso foi uma reviravolta, quando veio a decisão do caso Bakke. Foi a primeira vez que eles trouxeram um caso sobre discriminação às avessas. Como é que pode algo ser às avessas quando temos sido discriminados durante toda a nossa vida? Isso não pode ser revertido.

Essa interação é espontânea: os personagens encarnam a si mesmos e escrevem o roteiro enquanto dão prosseguimento à conversação. Nós os assistimos tentando produzir sentido sobre uma questão complexa que tem sido tema do discurso público desde o final dos anos 1960. E, na minha opinião, eles estão se saindo muito bem.

Digo isso não porque concordo com o impacto geral da opinião deles sobre a ação afirmativa, o que de fato é verdade. Mesmo que discordasse, eu iria reconhecer a coerência da discussão entre eles. A conversação é informada e moldada por uma ideia organizadora implícita ou enquadramento (*frame*). Esse enquadramento de ação reparadora (*remedial action*) (GAMSON; MODIGLIANI, 1987) assume que a discriminação racial é não um remanescente do passado mas uma presença contínua, ainda que sob uma forma sutil. Ele se sustenta na ideia complexa e abstrata do racismo institucional que Vanessa competentemente articula e torna inteligível e concreta. Nesse enquadramento, programas de ação afirmativa são expressão de uma luta incompleta e contínua por oportunidades iguais na sociedade norte-americana.

Vanessa é claramente a primeira autora dessa parte do roteiro, mas há evidências de que o enquadramento que ela propõe é coletivo e, portanto, uma propriedade do grupo. Ela é induzida e encorajada em vários pontos, e os outros expressam concordância e tentam desenvolver suas observações, trabalhando dentro do mesmo enquadramento. Note-se como Roy prontamente apresenta a dica correta, "discriminação às avessas" – um *slogan* do discurso público sobre a ação afirmativa – quando Vanessa vacila com um vago "essa coisa".

Ninguém discorda durante essa parte nem introduz algum modo alternativo de enquadrar a questão da ação afirmativa. Mais adiante, algumas discordâncias aparecem, e o grupo discute com simpatia a difícil situação dos brancos pobres, mas de uma maneira que é consistente com o enquadramento da ação reparadora.

No trecho citado e em outras partes da conversação, os membros do grupo acionam um conhecimento gerado pela mídia sobre a ação afirmativa. Vanessa é capaz de invocar a decisão da Suprema Corte para o caso Bakke, que havia acontecido mais de oito anos antes, e Roy menciona uma informação divulgada sobre a recente confirmação da nomeação de William Rehnquist. A questão retórica de Vanessa sobre a discriminação às avessas não soa muito diferente daquela feita por Benjamin Hooks, diretor executivo da Associação Nacional para o Desenvolvimento de Pessoas de Cor (*National Association for the Advancement of Colored People* – NAACP) na CBS News (em 4 de julho de 1978): "Como pode existir uma discriminação às avessas quando a população negra e morena da Califórnia é de 25%, mas a população [minoritária] em escolas de medicina é de somente 3%?"

Mas os meios de comunicação de massa não são a única fonte que os participantes/atores usam para escrever esse roteiro. Em outros momentos da conversação, eles mencionam não só as experiências de amigos que não podem pagar para entrar na universidade assim como eles mesmos, mas também outras experiências de trabalho. Eles recorrem ao conhecimento subcultural compartilhado e à sabedoria popular sobre relações raciais na América do Norte. Os comentários da mídia de massa constituem uma importante ferramenta para a construção do enquadramento e para sua ação afirmativa, mas não é a única.

Este livro focaliza um tipo específico de consciência política: aquele que sustenta a mobilização para a ação coletiva. Ele se apresenta de modo efêmero nessa conversação, mas podemos ver alguns de seus elementos. Primeiro, o enquadramento aqui apresentado tem um forte componente de injustiça, aquele que reproduz um sentido de indignação moral. Tal enquadramento é sustentado por termos e expressões, por exemplo, "escravidão institucional", "racismo" e "portas sendo fechadas em nossa cara". Segundo, há uma alusão simpática ao movimento pelos direitos civis, com imagens de pessoas agindo coletivamente para trazer mudanças, atuando como agentes e não meramente como objetos da história. A conversação entre eles está dissociada de um contexto de ação, e o movimento pelos direitos civis faz parte da história. Contudo, o enquadramento delineado por eles tem importantes componentes da ação coletiva.

Temas centrais

Três temas perpassam todas as análises da conversação política presentes neste livro:

1. As pessoas não são tão passivas;

2. As pessoas não são tão estúpidas; e

3. As pessoas negociam com as mensagens da mídia de maneira complexa, que varia de uma questão para a outra.

As frases "não tão passivas" e "não tão estúpidas" referem-se ao modo como públicos de massa frequentemente aparecem retratados pela ciência social. Claro, esse é outro caso de saber se o copo está pela metade ou vazio. Alguém poderia ler o roteiro transcrito para fazer apontamentos diferentes. O entendimento que Vanessa tem da história é tão fraco que ela não se mostra segura sobre a década em que o movimento pelos direitos civis atingiu seu ápice. Roy não se lembra do nome do chefe de justiça da Suprema Corte sem que alguém lhe dê uma pista. A transcrição completa da qual esse trecho foi retirado, contém várias evidências de lacunas de conhecimento, confusão e passividade, que podem ser evidenciadas se alguém estiver procurando por elas.

A história aqui contada é seletiva e pretende corrigir ou equilibrar a imagem enganosa que emerge de grande parte da literatura sobre o entendimento público da política. "O problema relativo ao significado que o mundo político possui para o cidadão americano médio foi amplamente bem resolvido na mente de muitos cientistas políticos", escreveu Bennett (1975, p. 4) em um livro que desafia a sabedoria convencional. "O consenso parece ser o de que questões e eventos políticos não fazem muito sentido para a maioria das pessoas". Neuman (1986), aponta o "baixo nível de conhecimento político e desatenção universal da massa de cidadãos" como um dado fundamental do comportamento eleitoral norte-americano. Converse (1975, p. 79) comenta que "certamente, o fato mais familiar que pode aparecer em *surveys* por amostragem em todos os países é que os níveis populares de informação sobre questões públicas são, do ponto de vista do observador informado, espantosamente baixos".

Para aqueles que aceitam essa sabedoria convencional, o mistério é saber como as pessoas fazem para ter opinião sobre tantos problemas a respeito dos quais elas não possuem o mais elementar entendimento. "O desafio da pesquisa sobre opinião pública", escreve Iyengar (1991, p. 7),

> [...] tem sido reconciliar os baixos níveis de relevância pessoal e visibilidade da maioria das questões políticas com o excesso de opiniões sobre questões [...] que uma larga proporção da população afirma sustentar. Como as pessoas fazem para expressar opiniões sobre a legislação dos direitos civis, sobre a assistência econômica para as nações recentemente livres da Europa Oriental, ou sobre a *performance* do Presidente Bush no encontro internacional sobre drogas, quando esses problemas estão tão distantes dos problemas cotidianos e tão poucos cidadãos são politicamente informados?

Se a massa de cidadãos parece ser formada de indivíduos estúpidos para a corrente principal da ciência social, eles dificilmente aparecem em melhor condição nas críticas das instituições políticas e da cultura norte-americanas. Os críticos, claro, não culpam as pessoas pela falsa consciência e incompreensão que elas demonstram. Elas são vítimas de uma indústria da consciência que produz e encoraja um entendimento enganoso e incompleto do mundo. As vítimas, na verdade, aparecem pouco nas análises que enfatizam o poder das forças socioculturais que colocam viseiras em seus olhos. A mensagem implícita parece ser: é claro que as pessoas estão confusas e são incapazes de produzir um sentido adequado do mundo. O que você poderia esperar?

Quando abordagens críticas levam em consideração as vítimas, elas conferem atenção à incapacidade linguística e cognitiva dos trabalhadores. Mueller (1973), fortemente inspirado em Habermas e em outros teóricos críticos, descreve formas diferentes de "comunicação distorcida". Uma *comunicação restritiva* denota as tentativas bem-sucedidas de atores governamentais e corporativos "de estruturar e limitar a comunicação pública, a fim de que seus interesses prevaleçam". A *comunicação detida*, contudo, refere-se à "limitada capacidade de indivíduos e grupos de se engajar em uma comunicação política por causa da natureza de seu ambiente linguístico (um código de fala restrito) e não por causa de qualquer intervenção política aparente" (MUELLER, 1973, p. 19). Dessa vez não é a indústria da consciência que os vitimiza, mas uma estrutura de classe que nega a eles a habilidade linguística e conceitual para discernir a natureza política de problemas que estão disfarçados de problemas técnicos ou individuais. Em suma, críticos e defensores da sociedade norte-americana argumentam sobre quem deve ser culpado pela ignorância dos trabalhadores – mas a mensagem neste livro é que os trabalhadores não são tão estúpidos.

Não nego as deficiências nem argumento que as pessoas são bem servidas pela mídia de massa em seu esforço de produzir sentido acerca do mundo. As limitações que os críticos da mídia apontaram são reais e estão refletidas nos enquadramentos que as pessoas são capazes de construir sobre muitas questões. Enquadramentos que são apresentados no discurso de movimentos sociais, mas são invisíveis nos relatos da mídia de massa, raramente aparecem nas conversações dos trabalhadores. Omissões sistemáticas produzem certas formas de enquadrar questões que são extremamente improváveis. Ainda assim, as pessoas leem as mensagens da mídia de forma complicada e às vezes imprevisível, e se servem intensamente de outros recursos para produzir sentido acerca do universo da política.

Enquadramentos de ação coletiva

Como pesquisador e participante de vários movimentos sociais, sempre tive uma contínua preocupação com o desenvolvimento de um tipo particular de consciência política – um tipo que apoia a participação na ação coletiva. Existem muitos movimentos políticos que tentam em vão mobilizar as pessoas que, em termos de um alegado interesse objetivo, deveriam ser preparadas para enfrentar um conflito. Assim como muitos observadores, vejo perturbado como as pessoas ignoram as causas que me são caras, seguindo sua vida cotidiana em vez de fazer a história.

Eu sei, claro, que a ação coletiva é mais do que um problema de consciência política. Podemos estar completamente convencidos de quanto é desejável a mudança de uma situação enquanto duvidamos gravemente da possibilidade de alterá-la. Crenças sobre a eficácia são tão importantes quanto o entendimento de quais mudanças sociais são necessárias. Além disso, com base em muitos estudos sobre movimentos sociais, sabemos a importância das redes sociais para recrutar as pessoas e inseri-las na ação política com seus amigos. As pessoas às vezes agem primeiro e, somente por meio da participação, desenvolvem a consciência política que sustenta a ação.

Custos pessoais também inibem as pessoas de participar, apesar de sua concordância com a análise política de um movimento. A ação pode ser arriscada ou minimamente exigir de antemão usos mais prazerosos ou lucrativos do tempo de uma pessoa. A vida privada tem suas próprias demandas legítimas, e o cuidado com uma criança doente ou com um parente idoso pode ter prioridade sobre manifestações por uma causa em que uma pessoa acredita plenamente.

Finalmente, há a questão da oportunidade. Mudanças na ampla estrutura e no clima políticos podem favorecer ou impedir a chance para que a ação coletiva tenha impacto. Eventos externos e crises, amplas mudanças no sentimento público e mudanças e ritmos eleitorais possuem uma forte influência sobre as possibilidades de transformação da consciência política em ação. Em suma, a ausência de consciência política que sustenta a ação coletiva pode, no melhor dos casos, explicar somente uma parte da apatia das pessoas.

Para evitar que fiquemos muito impressionados pela inatividade de muitas pessoas, a história dos movimentos sociais é um lembrete das ocasiões em que os indivíduos realmente se mobilizam e se engajam em várias formas de ação coletiva. Apesar de todos os obstáculos, isso ocorre regularmente e frequentemente surpreende observadores que estavam muito impressionados com uma apatia anterior. Esses movimentos sempre oferecem um ou mais enquadramentos de ação coletiva. Esses enquadramentos, para citar Snow e Benford (1992), são "espaços de crenças e sentidos orientados para a ação que inspiram e legitimam atividades e campanhas dos movimentos sociais".[1] Eles oferecem modos de entendimento que insinuam a necessidade e a atratividade de alguma forma de ação. Os movimentos podem ter batalhas internas nas quais um enquadramento particular irá prevalecer ou poderão oferecer vários enquadramentos para diferentes constituições, mas todos eles têm em comum a insinuação de que aqueles que compartilham um enquadramento podem e devem agir.

Este livro dedica cuidadosa atenção a três componentes desses enquadramentos de ação coletiva: (1) injustiça; (2) ação e (3) identidade. O componente da injustiça refere-se à indignação moral expressa nessa forma de consciência política. Ela não é um mero julgamento cognitivo ou intelectual sobre o que pode ser uniformizado, mas o que psicólogos cognitivistas chamam de "cognição quente" (*hot cognition*), ou seja, uma cognição que está ligada à emoção (ver Lajone, 1980). Um enquadramento de injustiça requer uma consciência de atores humanos motivados que carregam algum ônus por tratar de danos e sofrimento.

O componente da ação refere-se à consciência de que é possível alterar condições ou políticas por meio da ação coletiva. Os enquadramentos da ação coletiva implicam algum sentido de eficácia coletiva e negam a imutabilidade da alguma situação indesejável. Eles empoderam as pessoas definindo-as como agentes potenciais de sua própria história e sugerem não somente que algo pode ser feito, mas que "nós" podemos fazer alguma coisa.

O componente da identidade refere-se ao processo de definição desse "nós", tipicamente em oposição a um "eles" que possui interesses ou valores diferentes. Sem um componente oposicional, o alvo potencial da ação coletiva permaneceria possivelmente uma abstração – fome, doenças, pobreza ou guerra, por exemplo. A ação coletiva requer a consciência de agentes humanos

---

[1] Snow e Benford também definem a ação coletiva como "emergente", mas isso parece uma inclusão imprudente. Mudanças na consciência política podem ocorrer em vários momentos, às vezes mesmo antes da mobilização. Elas podem ter já emergido no tempo em que a mobilização ocorre, esperando somente alguma mudança na estrutura de oportunidade política para precipitar a ação. Em outros casos, podem emergir gradualmente, desenvolvendo-se mais amplamente depois de alguma ação coletiva inicial. A emergência não deveria ser transformada em problema de definição.

cujas políticas ou práticas precisam ser mudadas e a consciência de um "nós", que irá ajudar a realizar essa mudança.

É fácil encontrar evidências desses componentes quando olhamos para panfletos e discursos de ativistas de movimentos sociais. Este livro trata de sua ampla presença cultural no entendimento de questões públicas. Ao olhar de perto quatro questões bastante distintas, ele trata da presença desses componentes da ação coletiva tanto nos relatos da mídia de massa quanto nas conversações de trabalhadores sobre essas questões.[2] Em que medida, por exemplo, enquadramentos midiáticos dominantes enfatizam a injustiça? Em que medida os enquadramentos construídos em conversações enfatizam essa componente? As respostas para essas questões nos dizem tanto da potencial mobilização presente no entendimento popular dessas questões quanto da contribuição do discurso da mídia em alimentá-las ou reprimi-las.

As quatro questões

Das quatro questões abordadas nesta obra, é objeto de um longo e continuado discurso público: ação afirmativa, energia nuclear, indústria problemática e o conflito árabe-israelense. Cada uma delas é complexa a seu modo e diferente das outras. O conflito árabe-israelense é relativamente distante da experiência cotidiana da maioria das pessoas em comparação com a ação afirmativa. A indústria problemática e a ação afirmativa têm um alto potencial para gerar identificações étnicas e de classe, mas a energia nuclear não parece engajar um setor social maior na sociedade norte-americana. A energia nuclear, mais do que as outras questões, inclui demandas de conhecimento privilegiado produzidos por especialistas técnicos.

---

[2] O título da obra no original, *Talking Politics*, expressa a ideia de que a política não deve ser tratada como algo restrito ao âmbito administrativo, aos processos eleitorais e às decisões tomadas em espaços institucionais. O autor deseja mostrar como o entendimento do universo político, e da política em si, é fruto de diálogos e conversações que se desdobram no cotidiano dos cidadãos comuns. Assim, o termo *talking* está caracterizando a política, como se a política se delineasse a partir do diálogo e da fala. Com esse título, o que o autor quer ressaltar é como temas políticos se configuram no diálogo, destacando, ao mesmo tempo, que a política é fruto de uma conversação e que a conversação cotidiana também é política (e não só sobre política). No interior do livro, o sentido que o autor confere à palavra *talk* refere-se à dinâmica conversacional em grupos de trabalhadores. Assim, o título também poderia ser traduzido como "Conversação política", o que conferiria destaque ao caráter político (questionador, crítico e reflexivo) dos diálogos estabelecidos entre os trabalhadores que fizeram parte da pesquisa. Por sua vez, a expressão "falando de política" engloba a ideia de que a política se constrói através da fala, do diálogo, quando os cidadãos falam sobre temas de interesse coletivo. O que deve ficar claro é que a política não se configura como universo isolado do cotidiano dos sujeitos, mas que falar de política significa falar daquilo que influi diretamente em suas vidas, decisões, necessidades e demandas. Falar de política é construir a política através da fala, é trazer para a reflexão conjunta aquilo que atinge as pessoas de maneira singular e coletiva. (N.T.).

Ao longo da pesquisa, aprendi o que eu deveria ter sabido desde o início: essas características aparentes das questões que meus colegas e eu utilizamos para selecioná-las eram nossas próprias construções sociais, e não uma propriedade intrínseca das questões. Se uma questão toca a vida cotidiana das pessoas, por exemplo, depende do significado que tem para essas pessoas. Uma questão de proximidade para uma pessoa é remota para outra; com uma imaginação vívida ou uma análise convincente de efeitos estruturais, uma questão que inicialmente pode parecer remota passa a ser trazida para o contexto doméstico da vida cotidiana de alguém. Observações semelhantes podem ser feitas sobre outras dimensões. Se um assunto pode ser considerado técnico ou não, isso é uma questão que se refere ao modo como ele é enquadrado, e não uma característica intrínseca; a relevância das clivagens sociais é um problema de interpretação.

Isso complica a análise, mas em geral as questões nos oferecem uma variedade substancial. A construção de sentido que fizemos *a priori* acerca dessas questões estava próxima daquilo que é construído pela maioria das pessoas, com exceção de algumas surpresas. Acertamos sobre as questões que pensamos ter maior probabilidade de engajar setores sociais. As questões que acreditávamos ser mais próximas tenderam a tocar mais as experiências cotidianas das pessoas do que a questão da política internacional. É importante mencionar que havia ampla variedade no surgimento de enquadramentos de ação coletiva e no modo como as pessoas usaram os materiais da mídia de massa de uma questão para a outra. A história de como as pessoas constroem sentidos é, na verdade, uma série de histórias paralelas nas quais padrões emergem por meio de uma justaposição dos processos de entendimento sobre questões diferentes.

Rotular essas questões é, em si, um ato de enquadramento. A ação afirmativa não é um termo neutro para definir esse domínio; ela reflete uma rotulação bem-sucedida daqueles que apoiam os programas de ação afirmativa.[3] A conotação positiva da classificação sugere o enquadramento de ação reparadora descrito anteriormente. Mas, uma vez que o termo se torna estabelecido no discurso público, é difícil evitá-lo, mesmo para aqueles que têm um enquadramento diferente. Evitá-lo é correr o risco de o ouvinte não

---

[3] A ação afirmativa para mulheres envolve uma sobreposição com a questão do domínio, mas com algumas diferenças importantes. O simbolismo e o significado totais são suficientemente distintos e requerem uma análise separada; nossa atenção aqui é focar a ação afirmativa para minorias étnicas e raciais. Infelizmente, isso nos deixa sem uma questão que possivelmente engajaria, por meio de gênero, uma outra parcela social. Contudo, *surveys* sobre atitudes públicas com relação à energia nuclear, voltando aos anos 1950, mostram uma lacuna ampla e consistente de gênero, com as mulheres, se posicionando muito mais contra a energia nuclear do que os homens. Nelkin (1981) apresentou um tratamento particularmente instigante a respeito dessa diferenciação de gênero concernente à energia nuclear.

saber a respeito do que alguém está falando. Aqueles que sustentam um enquadramento diferente podem tentar se distanciar de tal classificação pelo uso de expressões como "assim chamado" e pelo uso das aspas, mas se querem comunicar suas questões a uma ampla audiência, encontram dificuldades de evitar classificações estabelecidas.

Assim, as classificações se tornam frequente e apropriadamente o alvo de disputas simbólicas entre defensores de diferentes modos de enquadrar um domínio temático. Programas de ação afirmativa se desenvolveram fora dos esforços do movimento pelos direitos civis, e o movimento teve sucesso em estabelecer essa classificação no discurso público. Neoconservadores e outros desafiantes entraram posteriormente na disputa e promoveram uma classificação alternativa: a discriminação às avessas. Mas era muito tarde para esse termo aparecer como uma descrição neutra da questão em pauta, a não ser como apoio a uma posição particular sobre uma questão controversa. A ação afirmativa configurada como uma frase descritiva por meio da utilização convencional no discurso público, tornou-se a classificação oficial, apesar de não possuir neutralidade de enquadramento.

Esse não é um exercício de defesa. Classificações que dão origem a enquadramentos neutros, na medida em que existirem, são melhores para propósitos analíticos – na medida em que existirem. O conflito árabe-israelense e a energia nuclear são classificações relativamente livres de problemas. Aqueles que veem o conflito entre Israel e Palestina como o centro da primeira questão podem preferir chamá-lo de conflito árabe-israelense-palestiniano, mas a classificação escolhida aqui não contradiz esse enquadramento. De modo semelhante, aqueles que veem a energia nuclear e a produção de armas nucleares como partes da mesma questão geral não são desencorajados de fazer isso pela classificação escolhida.

Por outro lado, a indústria problemática é uma classificação mais complicada. Não há nenhum termo aceitável de forma geral no discurso público sobre o domínio dessa questão. Nós o rotulamos como *indústrias em estado de fechamento*, por exemplo, uma vez que essa manifestação concreta é a forma por meio da qual ele frequentemente aparece nos comentários da mídia e nas conversações. Talvez o termo aqui utilizado já implique alguma forma de enquadramento de políticas industriais, somado a um amplo panorama que desvia a atenção das consequências humanas dos problemas. Para solucionar esse impasse, quando as pessoas foram convidadas a discutir sobre os problemas enfrentados pelas indústrias norte-americanas, apresentamos três exemplos concretos do que essa classificação pretende abranger: a) o fechamento de um estaleiro em Quincy, Massachusetts; b) os problemas na indústria automobilística nacional; e c) o fechamento de fábricas de roupas e sapatos na Nova Inglaterra (ver o Apêndice A).

O que vem a seguir

A fim de dar prosseguimento à história, informamos ao leitor algumas das principais características dos conteúdos da mídia e das conversações aqui analisadas. O capítulo 2 descreve as amostras de materiais da mídia, os participantes das conversações, as circunstâncias e ambientes em que as interações ocorreram. Os produtos da mídia são variados e incluem um conjunto de imagens visuais e palavras, com relatos televisivos e charges editoriais, bem como elementos mais convencionais da mídia impressa. Os participantes das conversações compõem um grupo amplo e heterogêneo de trabalhadores sem as credenciais de um nível elevado de educação, e manifestam somente um interesse médio por questões públicas. O detalhamento metodológico que pesquisadores profissionais precisam para avaliar ou reproduzir esse trabalho ou utilizá-lo em sua própria pesquisa foi incluído no Apêndice A. O capítulo busca estabelecer uma generalização e os limites do que estou argumentando sobre a conversação política (*political talk*).

A primeira parte do livro explora a presença de enquadramentos de ação coletiva e seus componentes no discurso da mídia e nas conversações populares a respeito das quatro questões aqui investigadas. O capítulo 3 refere-se à presença de ideias de injustiça e alvos de indignação moral na conversação política. Há uma forte e intensa relação entre o destaque de enquadramentos de injustiça na mídia e o discurso popular. No que diz respeito à ação afirmativa, em que o tema da injustiça é central e altamente visível nos enquadramentos midiáticos mais proeminentes, tais enquadramentos são igualmente centrais e visíveis nas considerações feitas pelos trabalhadores para produzir sentido. No que se refere à energia nuclear e ao conflito árabe-israelense, em que os enquadramentos de injustiça possuem pouco destaque no discurso da mídia, as conversações raramente expressam indignação moral. Contudo, a relação causal é complicada e indireta.

O capítulo 4 explora os modos como a ideia que os trabalhadores têm de ação popular aparece (ou não) na mídia e no discurso popular. As conversações analisadas proporcionam abundantes evidências do cinismo sobre a política e o governo, a crença em sua dominação pelos grandes negócios e a impossibilidade dos próprios trabalhadores de alterar os termos de sua vida cotidiana. Novamente chamamos a atenção para a variabilidade entre as questões. A cobertura da mídia frequente e inadvertidamente mantém vivas e transmite imagens de protestos de grupos. Particularmente sobre a energia nuclear há uma forte razão para que o discurso da mídia tenha sido de mais ajuda do que um obstáculo para o movimento antinuclear. Imagens amplificadas pela mídia de ações bem-sucedidas dos cidadãos sobre uma questão podem ser generalizadas e transferidas para outras questões. Apesar das diferenças no discurso da mídia frequentemente ocorrem discussões simpáticas à ação coletiva tanto sobre a indústria problemática quanto sobre a energia nuclear.

O capítulo 5 avalia a extensão em que os discursos midiáticos e populares analisam questões em termos coletivos e, mais especificamente, em que medida enquadramentos opostos são enfatizados. As principais preocupações dos trabalhadores são com sua vida cotidiana, mas isso não significa que eles pensam somente como indivíduos ou membros familiares para conferir sentido a questões políticas. Nem o fato de afirmarem com veemência que cada pessoa é um indivíduo único que deveria ser julgado como tal impede que eles pensem coletivamente. Uma variedade de amplas identidades coletivas é trazida à tona enquanto eles conversam sobre política. O capítulo 6 examina a relação entre os três componentes dos enquadramentos de ação coletiva e explora as implicações dos achados para a mobilização política.

Estudar enquadramentos de ação coletiva nos força a reconhecer que em muitos casos estamos lidando com processos mais básicos de construção do sentido. A segunda parte deste livro explora essas questões mais genéricas sobre como as pessoas produzem sentido acerca das notícias. O capítulo 7 estuda as estratégias que as pessoas empregam e, mais especificamente, como elas combinam (ou falham em combinar) o discurso da mídia, o conhecimento advindo da experiência e a sabedoria popular para construir um enquadramento integrado. Algo que varia de questão para questão é em quais desses recursos as pessoas se baseiam mais.

Em questões como a energia nuclear e o conflito árabe-israelense, as pessoas sempre começam com o discurso da mídia. Frequentemente elas se apoiam na sabedoria popular também, mas raramente integram enquadramentos midiáticos com seu conhecimento experiencial. Contrariamente, na ação afirmativa as pessoas tendem a começar pelo conhecimento advindo da experiência; porém, no curso da conversação, elas se apoiam também no discurso da mídia.

O capítulo 8 analisa a importância de ressonâncias culturais mais amplas para capacitar as pessoas a integrar recursos diferentes para sustentar o mesmo enquadramento totalizante acerca de uma questão. Mais especificamente, focaliza amplos temas culturais, por exemplo, a crença cultural no progresso tecnológico e no domínio sobre a natureza. Tais temas estão invariavelmente ligados a contratemas. Nesse exemplo, a harmonia com a natureza e a tecnologia se comportam de maneira incontrolada. Quando o enquadramento de uma questão particular recorre à sabedoria popular que ressoa com temas ou contratemas, para as pessoas é mais fácil conectar o discurso da mídia a seu próprio conhecimento experiencial. Além disso, especialmente os contratemas mais oposicionais, em vez daqueles principais, são centrais para o entendimento dos trabalhadores sobre três das quatro questões aqui examinadas.

O capítulo 9 explora a complicada conexão entre a "proximidade da questão" e o engajamento, além de sua relação com a estratégia de recurso utilizada para entender uma questão. Como revelado no capítulo, a proximidade é somente um fator que auxilia na promoção do envolvimento com uma questão. Um interesse estimulado pelo discurso da mídia pode conduzir a um aumento de atenção para as consequências que se desdobram próximas às pessoas.

O capítulo 10 pretende percorrer os diferentes fios do argumento. Mais especificamente, argumenta-se que uma estratégia de recurso que integra o conhecimento experiencial direto e o discurso da mídia facilita a adoção de um enquadramento de injustiça. O componente da injustiça, por sua vez, facilita a adoção de outros elementos do enquadramento da ação coletiva.

CAPÍTULO II

Conversações e discurso da mídia

Quem são as pessoas cuja conversação política será citada ao longo deste livro? Qual é o contexto das conversações entre essas pessoas? Qual é a natureza do discurso da mídia com o qual essas conversações estão sendo comparadas? Essas questões precisam ser respondidas antes que o leitor possa julgar ativamente se as interpretações oferecidas aqui fazem sentido.

Trabalhadores

Foram realizadas 37 conversações em grupos de "pares", totalizando 188 participantes.[4] O perfil elaborado a seguir é baseado nas informações fornecidas pelos participantes por meio de um questionário preenchido antes da discussão. Os participantes são heterogêneos com relação à raça e ao gênero, porém mais próximos com relação à idade: 54% são brancos e 56% são mulheres. Mais de três quartos têm idade entre 25 e 49 anos, com uma idade média de 33 anos. E só 1% deles tem mais de 65 anos. Em termos de religião, são católicos, protestantes e sem preferência religiosa (mais um participante judeu). A etnicidade mais frequente entre os brancos é a irlandesa, mas eles compõem somente 15% do total da amostra.

---

[4] Na verdade, foram realizados mais grupos de conversação; porém, como em qualquer projeto de pesquisa, tratamos alguns deles como pré-testes, perdemos alguns dados por causa de falhas técnicas e desqualificamos alguns grupos porque, após esse fato, vimos que não satisfaziam nossos critérios seletivos.

Quase 90% estão empregados no mercado formal de trabalho. Apenas 4% estão desempregados, e 3% disseram ser trabalhadores do lar em tempo integral. Em torno de 30% estão empregados no setor de serviços, 24% trabalham em escritórios como funcionários ou auxiliares e 12% trabalham em fábricas. Cozinheiros e auxiliares de cozinha, motoristas de ônibus, médicos e técnicos de laboratório, enfermeiras, bombeiros e trabalhadores de autosserviço são algumas categorias de trabalho específicas que incluem cinco ou mais pessoas.

Por razões que discutiremos depois, nós tentamos deliberadamente excluir da amostra estudantes ou alunos de graduação em universidades. Os grupos foram formados por recrutamento com o auxílio de uma pessoa de contato que se encarregava de convidar de três a cinco amigos. Ainda que a pessoa de contato não fosse estudante de graduação ou estudante regularmente matriculado, não podíamos controlar completamente quem ela convidava. Assim, em torno de 6% do total da amostra foi composta de universitários de graduação, mas 58% desse total não possui educação além do segundo grau ou ensino médio. Em torno de um terço dos participantes tem curso superior incompleto ou um treinamento técnico feito após o segundo grau por meio de concurso vestibular.

Categorizando a amostra populacional

Analistas interessados em uma população semelhante utilizaram uma variedade de termos, incluindo americanos médios, massa mediana, público de massa, classe trabalhadora, classe média baixa ou trabalhadores (classificação que irei utilizar). A população aqui é mais ampla e mais limitada do que aquela que Gans (1988) inclui em sua descrição de "americanos médios". Em termos socioeconômicos, Gans os descreve como uma combinação de famílias de classe trabalhadora e famílias de classe média-baixa.

> Americanos médios estão [...] localizados acima da classe baixa de trabalhadores mal pagos da área de serviços e pobres desempregados, mas abaixo de uma classe média alta composta por profissionais gerais ricos, gerentes e executivos, e também abaixo de uma classe de altos executivos e pessoas que poupam dinheiro fazendo uso de cupons de desconto (*coupon clippers*) (GANS, 1988, p. 7-8).

Na visão de Gans, essa população é principalmente branca, uma vez que "muitos negros e outras minorias raciais ainda não podem se dar ao luxo de realizar seus objetivos individualistas". Para ele, essa categoria é mais cultural do que socioeconômica, definida em parte pelos valores que ele atribui a ela.

A população-alvo que almejamos representar era pouco menos mediana e mais plural do que a categoria de "americanos médios" formulada por Gans. Fizemos um esforço deliberado para incluir uma quantidade substancial de participantes negros. Há muitos trabalhadores mal pagos da área de serviços em nossa amostra, mas muito poucos desempregados ou membros de uma suposta classe baixa urbana. Também não fizemos nenhuma pressuposição sobre os objetivos individuais ou outros valores ao definir os limites entre esses grupos.

Estruturalmente, nossa população-alvo pertence à *classe trabalhadora* no sentido em que Wright (1985) utiliza o termo. São pessoas que não possuem meios de produção, que vendem sua força de trabalho e não controlam a força de trabalho dos outros. Existem duas razões para não utilizar a categoria de classe. Primeiro, do ponto de vista do uso histórico, tal categoria evoca uma imagem de trabalhadores de indústrias manufatureiras engajados na produção primária. Mas essa é uma maneira errônea de descrever nossa amostra. Muitas das pessoas que a compõem estão no mercado de trabalho secundário, engajadas em empregos de serviços ou de escritório, em vez de trabalhar em manufaturas.

Uma razão ainda mais convincente é a evidência de que o termo *classe* não é o que eles mais provavelmente usariam para descrever a si mesmos. Halle (1984) observou e entrevistou trabalhadores em uma indústria química de New Jersey. "Trabalhadores [masculinos] de colarinho branco da América referem-se a si mesmos como 'trabalhadores', mas raramente como 'classe trabalhadora'" (HALLE, 1984, p. 204). Quando utilizaram o termo *classe*, eles focalizaram sua vida fora do local de trabalho – especialmente onde vivem, seu padrão de vida e seu estilo de vida. Uma vez que eram trabalhadores industriais bem pagos, eles tendiam a viver em bairros de classe média com outras pessoas que tinham renda semelhante. Somente uma minoria poderia ser considerada trabalhadores de colarinho branco.

A distinção é menos severa em nossa amostra, na qual os trabalhadores são mais modestos, e muitos vivem em bairros que eles podem classificar como de classe trabalhadora, mas se referem a si mesmos mais frequentemente como "trabalhadores" do que como "classe trabalhadora". Uma vez que meu propósito é entender como o mundo se configura do ponto de vista deles, parece-me apropriado começar utilizando a linguagem natural dessas pessoas para classificar o segmento da população que elas representam.

Tipicidade

No Apêndice A, discuto questões metodológicas relativas ao grau de sucesso que obtivemos em representar trabalhadores na área de Boston. O viés mais importante é a sub-representação de um estrato apolítico que simplesmente não se interessa nem um pouco pela política.[5]

---

[5] Esse estrato é geralmente estimado entre um quinto e um terço da população. Ver Neuman (1986) para uma boa discussão dos "três públicos", incluindo um grupo politicamente envolvido de 10% a 15% e uma ampla "classe média" que está marginalmente interessada em política, mas aceita

Certas questões contextuais irão permanecer ainda que tivéssemos uma amostra aleatória perfeita dos trabalhadores de toda a área de Boston. Essa cidade tem sua própria história particular e um conjunto de fatores geográficos que influenciam nas questões aqui estudadas. Moradores de cidades que não experimentaram os amargos confrontos raciais sobre os ônibus escolares nos anos 1970 não iriam necessariamente discutir a questão da ação afirmativa do mesmo modo; fortes diferenças regionais são centrais para a história das relações de raça nos Estados Unidos. Os reatores nucleares de *Seabrook* e *Pilgrim* estão próximos de Boston e foram alvo da publicidade local por vários anos, criando um contexto especial para a discussão da questão da energia nuclear. A taxa de desemprego na área de Boston era somente de 4% na época dessas conversações sobre a indústria problemática.

A época em que essas conversações ocorreram teve um importante papel em todas essas questões. Elas ocorreram logo depois do acidente nuclear de Chernobyl e em um momento em que a ação afirmativa estava sendo desafiada pelo governo de Reagan. Elas aconteceram antes da *intifada*, mas não muito depois do sequestro de *Achille Lauro* e o bombardeio da Líbia. Essas características contextuais de tempo e localização influenciaram no quanto os resultados podem ser generalizados, independentemente da representatividade da amostra.

O recrutamento dos participantes

Recrutamos pessoas de contato em múltiplos locais e terminamos com participantes de 35 bairros diferentes ou comunidades separadamente incorporadas à área metropolitana de Boston. Escolhemos locais públicos nos quais uma mesa de recrutamento para o projeto não estaria fora de lugar, e onde fosse possível estabelecer uma conversação e contato com potenciais recrutas. Isso nos levou a focalizar eventos de bairros e comunidades de vários tipos – festivais, piqueniques, feiras, mercado das pulgas, por exemplo. Também colamos alguns panfletos referentes à pesquisa em vários bairros e locais de trabalho, com um número de telefone para contato. Evitamos recrutar em eventos ou espaços associados a causas ou tendências políticas, uma vez que pretendíamos evitar qualquer tipo de atipicidade política.

Para minimizar as chances de obter uma amostra enviesada na direção daqueles que tinham especial interesse em discutir "questões estampadas na mídia", pagamos razoavelmente bem às pessoas, de modo a tornar mais atraente o convite com o incentivo monetário. O desejo de ganhar um pouco

---

o dever de votar e a importância de se manter informado em algum nível sobre eventos atuais. Neuman nos previne contra os perigos de confundir essa classe média com o estrato apolítico que não vota ou não se interessa nem um pouco por política.

de dinheiro, pensamos, era um motivo melhor para participar do que o motivo mais atípico de um interesse especial pela política. A julgar pela combinação do interesse autorreportado no questionário e pelas próprias discussões, não há evidência de que nossos participantes tinham um interesse fora do comum pela política, mas há boas razões para suspeitar que perdemos o final apolítico do espectro. Somente 2% afirmaram que "quase nunca" acompanhavam as notícias. Para algumas pessoas, o risco da vergonha ou da humilhação de conversar sobre temas políticos diante de uma plateia ou de pesquisadores universitários não vale o modesto pagamento oferecido.

Conversações como unidade de análise

A unidade utilizada aqui será sempre a conversação de grupo em vez da unidade individual. Começar com uma pessoa de contato e incluir seus amigos nem sempre resulta em um grupo homogêneo. Sendo a sociedade americana como é, não deveria ser surpresa nenhuma que a raça da pessoa de contato geralmente determinasse a composição racial do grupo, e que mais de 90% dos grupos realizados fossem racialmente homogêneos. Dos 37 grupos, 17 eram compostos somente por pessoas brancas, 17 eram formados somente por pessoas negras e somente três eram inter-raciais.

Contudo, homens e mulheres que foram nossos contatos tenderam a produzir grupos de gêneros misturados. Entre os 37 grupos, somente quatro foram exclusivamente masculinos e oito exclusivamente femininos. Outros oito grupos tiveram um único homem ou uma única mulher, mas os números aqui são suficientemente pequenos para limitar nossa possibilidade de detectar diferenças de gênero nas conversações analisadas. Com relação a outras variáveis, um pequeno número de outros grupos pode ter compartilhado uma ocupação, um bairro ou alguma outra característica relevante, mas nenhum desses padrões se manifestou com frequência suficiente para proporcionar uma categoria separada de análise.

O contexto das conversações

A maioria das pessoas não se senta espontaneamente com seus amigos e conhecidos e desenvolve uma discussão séria por mais de uma hora sobre as diferentes questões que aparecem no noticiário da mídia. Ainda podemos aprender uma grande lição com os esforços que as pessoas fazem para lidar com uma situação não familiar, mas isso requer que sejamos sensíveis às normas que governam tal situação e como elas se diferenciam de outras situações sociais semelhantes nas quais os trabalhadores comumente se encontram. Algumas normas são transportadas de outros locais de interação e se aplicam também neste caso, mas outras são específicas desse tipo particular de conversação, e sua capacidade de ser generalizadas para outros espaços é mais problemática.

Os grupos de conversação entre pares aqui utilizados são uma variação de uma técnica mais genérica de grupos focais. Os pontos fortes e os pontos fracos desse método são discutidos detalhadamente no Apêndice A. Mas a maior vantagem é que ele nos permite observar o processo por meio do qual as pessoas constroem e negociam sentidos compartilhados, usando seu vocabulário natural.

Estávamos preocupados com a natureza ameaçadora dessa tarefa para trabalhadores que não se envolvem normalmente em uma conversação prolongada sobre questões públicas. Ao irmos até aos participantes, ao contrário de fazer com que eles viessem até nós, esperávamos colocar a interação com o facilitador em um nível maior de igualdade. A maioria dos grupos aconteceu na casa dos trabalhadores, onde nosso facilitador e o observador estavam presentes como convidados, ainda que os participantes estivessem sendo pagos e não controlassem os tópicos de conversação.

Também estávamos atentos ao fato de que uma universidade ou outro espaço burocrático poderia inadvertidamente sugerir um estilo particular de discurso técnico-administrativo intrínseco, por exemplo, na análise da relação custo-benefício (RCB). Ao realizarmos as discussões no próprio jardim dos participantes, entre pessoas que eles conheciam e com as quais se sentiam confortáveis, esperávamos minimizar alguns dos constrangimentos da situação e deixá-los menos temerosos sobre o risco de se mostrar aos outros como incompetentes em assuntos ligados à política.

Para encorajar a conversação, em vez de uma entrevista de grupo centrada no facilitador, este era instruído a não fazer contato olhando diretamente nos olhos dos falantes, até onde fosse polidamente permitido, e olhar para os outros em vez de responder quando alguém terminasse um comentário. Nós nos apoiamos principalmente em dois facilitadores, ambos mulheres, da mesma raça dos participantes. Quando era necessário substituir o facilitador, mantínhamos sua raça e o seu gênero, para evitar a introdução de variáveis estranhas que poderiam influenciar o curso das conversações.

Se uma discussão perdia o foco, o facilitador voltava para o ponto principal passando para a questão seguinte da lista. Mas encorajamos uma abordagem conservadora para definir o que poderia ser considerado "fora de foco" uma vez que, ao negociar sentidos sobre qualquer questão, os participantes tipicamente trazem para a discussão outras questões relacionadas. Decisões sobre o que é relevante ou não estão intimamente ligadas a como uma questão é enquadrada, e o facilitador tentou evitar impor ou sugerir qualquer enquadramento particular, exceto quando apresentou as charges relevantes para a pesquisa (ver a discussão a seguir e o Apêndice B).

Devido à nossa preocupação com a sugestão inadvertida de enquadramentos aos participantes, os facilitadores foram instruídos a seguir um roteiro-padrão especialmente ao descrever cada questão a ser discutida (ver o Apêndice A). Esse roteiro apontava para uma discussão de aproximadamente 20 minutos sobre cada questão, usando uma série de questões conduzidas cujo final aberto dava maior liberdade a cada discussão. Uma vez que a maioria das pessoas tinha respondido à questão e ninguém mais olhava para o chão, o facilitador passava para a próxima questão da lista. Essas perguntas conduzidas em série serviam como lembrete da questão em tela, de modo que a discussão não perdesse o foco.

Uma pergunta da série indagava se os participantes foram pessoalmente afetados pela questão. Uma segunda indagava se grupos mais abrangentes estariam em posição de ganhar ou perder, e uma questão baseada em charges previamente escolhidas apresentava a eles uma série de quatro ou cinco charges sobre cada questão (ver Apêndice B). Cada charge representava um modo diferente de enquadrar a questão no discurso público. Finalmente, os participantes eram questionados sobre seu julgamento a respeito do que deveria ser feito sobre a questão.[6]

A transcrição dessas discussões proporcionou os textos básicos que analisamos, junto com o discurso da mídia no restante deste livro. Transcrições escritas envolvem vários níveis de transformação dos dados. No contexto das conversações, as pessoas usam a linguagem corporal, expressões faciais e outras dicas não convencionais para complementar o significado das palavras usadas; mesmo as gravações em vídeo perdem muitos desses detalhes. Gravações de áudio, utilizadas por nós, capturam as entonações de voz e a ênfase dada pelos participantes, e muito disso se perde nas transcrições escritas. Senti que as limitações das transcrições se tornavam especialmente grandes quando tentei capturar expressões de indignação moral, mas as perdas são menos relevantes devido a muitas outras variáveis.

Normas de interação

Morgan (1988, p. 6) argumenta que "a única maior desvantagem dos grupos focais em comparação com a observação participante [é a seguinte]: [Eles] são espaços sociais fundamentalmente não naturais". Mas, se olhamos para essa distinção entre "natural" e "não natural" do ponto de vista dos participantes, ela não é tão clara assim. A maioria das pessoas está ciente da existência de um conjunto de interações entre membros de um público como eles e pessoas que conduzem pesquisas de opinião política, pesquisadores de

---

[6] Para saber as palavras exatas utilizadas nessas questões, ver o Apêndice A.

mercado, entrevistadores para pesquisas de *survey*, jornalistas e apresentadores de *talk shows*. Muitos se envolveram nessas interações no passado.

Nós nos apresentamos como pesquisadores do Boston College que estavam fazendo uma pesquisa de opinião pública sobre a opinião das pessoas acerca de várias questões destacadas pelo noticiário da mídia. Do ponto de vista deles, os pesquisadores desse projeto eram parte de uma ampla categoria de pessoas que, por uma série de razões, queriam algum tipo de informação de pessoas como eles. Todas essas interações são "não naturais" no sentido de que não ocorrem espontaneamente, sem a intervenção de um pesquisador. Mas interações que acontecem no ambiente de trabalho também não ocorrem sem algum patrão que interfere para fazer com que as pessoas se unam para executar uma tarefa.

O melhor modo para abordar essa questão é deixar de lado a linha vermelha da "naturalidade", e analisar as características especiais de uma situação de interação para determinar suas normas particulares de funcionamento. As normas relevantes são aquelas que podem influenciar o fenômeno em estudo e variar à medida que o foco da pesquisa se altera.

Discurso público sociável

A essência do discurso público é o sentido de falar para um auditório. As pessoas que respondem a um *survey* não estão somente dizendo ao entrevistador sua opinião, mas reconhecem que estão falando para uma ampla audiência que será apresentada junto com os resultados do *survey*. O entrevistador é uma mediação para atingir esse auditório. Até um diário pessoal, quando escrito com alguma intenção de eventual publicação é uma forma de discurso público nesse sentido.

As conversações em grupos de pares por nós conduzidas possuem claramente esse elemento do discurso público. A situação foi definida como capaz de produzir uma conversação para uma ampla audiência, e isso foi enfatizado pela presença de um gravador e pelo pagamento que os participantes receberam por seu esforço. Se eles perguntassem sobre o que seria feito com as informações que estavam sendo coletadas, a resposta seria que "o professor de Sociologia que está coordenando a pesquisa deseja escrever um livro sobre esse processo, mas ele não citará o nome de ninguém".[7]

Existem comentários frequentes que indicam que os participantes estão cientes de que estão sendo gravados. Isso geralmente acontece quando dizem alguma obscenidade. Tal fato não age tanto como um inibidor geral, mas modifica o que é enfatizado. Certos comentários que as pessoas poderiam fazer

---

[7] Todos os nomes dos participantes citados neste livro foram inventados.

em um discurso estritamente privado violam as normas do discurso público. Outros comentários são tão claramente endereçados a uma ampla audiência que eles seriam completamente inapropriados no discurso privado.

Essa diferença fica ainda mais clara com relação às discussões sobre a ação afirmativa. Em grupos de participantes negros, por exemplo, ainda que todos os presentes fossem negros, incluindo o facilitador e o observador, os participantes se mostravam muito atentos a uma audiência branca. Eles sabiam que a pesquisa estava sendo desenvolvida pelo Boston College, uma universidade em que cerca de 2% dos inscritos são negros. Isso significa, por exemplo, que críticas aos negros, que eles poderiam sentir mais à vontade para fazer se estivessem entre eles mesmos, podem parecer desleais nesse contexto.

De modo semelhante, nos grupos compostos por participantes brancos, a presença de uma ampla audiência possivelmente constrangeria manifestações explícitas de racismo. Apelidos raciais que poderiam ser utilizados no discurso estritamente privado e poderiam mesmo ser normativos em alguns subgrupos, são geralmente reconhecidos como inapropriados no discurso público. Considerações que podem ser interpretadas por uma audiência invisível como prejudicial são provavelmente acompanhadas de uma rejeição inicial ou de considerações adicionais para evitar ao máximo a possibilidade de tal interpretação.

Embora o espaço de interação tenha esses elementos do discurso público, ele possui muitos dos elementos de uma interação sociável. Esses trabalhadores têm poucas ocasiões para participar de um discurso público, mas muitas ocasiões para conversar com conhecidos ou amigos no trabalho, festas e outros espaços sociais. Eles adquirem um conhecimento prático nesses espaços sobre como conduzir uma conversação sociável que é coletivamente mantida pelos participantes e adquirem uma consciência implícita das normas que governam tais conversações. Eles rapidamente descobrem que muitas das regras conversacionais que utilizam nesses outros espaços funcionam também nos grupos de conversação e que eles são coletivamente competentes para executar a tarefa que deles demandamos. Assim, as conversações em grupos de pares são realmente uma combinação, que podemos chamar de *discurso público sociável*.[8]

---

[8] Eisenstadt (1984), juntamente com David Riesman e Robert J. Porter, elaboraram uma pesquisa no final dos anos 1950, com o objetivo de mapear o domínio da interação sociável. Muitas das categorias e observações delineadas na pesquisa são úteis em nossa investigação. Utilizamos a distinção que essa autora faz baseando-se nos tipos de relações entre os participantes. Em nossos grupos de pares, os participantes podem ser descritos como conhecidos familiares. Esses últimos se veem uns aos outros frequentemente, mas não necessariamente como o resultado de uma escolha pessoal. Em vez disso, eles se encontram por causa do trabalho, das relações de vizinhança ou pela constituição de um grupo por pesquisadores sociais. Ela argumenta que as normas que governam

As conversações acontecem no espaço da sala de estar, onde são servidos lanche e bebidas, que são sinais de normas de sociabilidade. Ao mesmo tempo, algumas das normas da interação social são claramente violadas. A conversa sociável entre conhecidos que nos são familiares tipicamente exclui uma conversação séria sobre questões públicas. Na interação sociável, a conversação é um recurso para a expressão da solidariedade individual e de grupo e para o alcance da convivialidade; não é, portanto, um fim em si mesma.[9] Mudanças rápidas de tópico ocorrem porque qualquer tópico pode provavelmente excluir algumas pessoas ou oferecer a elas oportunidades insuficientes para se expressar.

As conversações aqui produzidas são limitadas pelo requerimento de uma conversação séria e coletivamente produzida acerca de tópicos que não são aqueles que os próprios participantes escolheram. Contudo, por meio desse tipo de constrangimento, os participantes têm que acionar suas próprias estratégias, muitas delas transpostas de interações sociáveis entre conhecidos que lhes são familiares. Eisenstadt (1984) sugere duas estratégias importantes, que especialmente apresentam a probabilidade de ser aplicadas às conversações de nosso estudo:

1. *Estilo conversacional legendário*. O discurso público sério é orientado para argumentos que ordenam fatos e medem as vantagens e as desvantagens das alternativas existentes. Ele afirma representar uma realidade externa de maneira acurada e objetiva. A interação sociável é orientada para a fantasia e a representação, e muito do que é dito não tem a intenção de ser compreendido literalmente.

Eisenstadt e seus colegas identificaram um terceiro estilo de conversação, que combina elementos do discurso público e da interação sociável, o qual eles chamaram de *legendário*. Nesse estilo,

> [...] fatos e interpretações dos fatos são misturados para dar origem a padrão de crença que é dramático, satisfatório, consistente com outras lendas e mais ou menos verdadeiro; mas a verdade não é particularmente relevante. O poder de uma lenda depende não de sua precisão referencial, mas do quanto ele pode gerar consenso e angariar as energias imaginativas dos participantes (1984, p. 41).

---

sua interação sociável são diferentes daquelas que operam entre amigos íntimos, estranhos e outros tipos de relações com pessoas conhecidas.

[9] Para Simmel (1950, p. 52), "em uma conversação puramente sociável, o tópico é meramente o meio indispensável por meio do qual a própria troca viva de discursos revela suas atrações [...] Para que qualquer conversação permaneça satisfeita com sua mera forma, ela não pode permitir que qualquer conteúdo se torne significativo em seu próprio direito. Assim que a discussão... faz a descoberta da verdade de seu propósito... ela cessa de ser sociável e se torna uma inverdade com relação à sua própria natureza".

Do ponto de vista conversacional, apontar as imprecisões dos fatos utilizados em lendas é inapropriado e provavelmente será visto como uma tarefa exaustiva e precisa, que perde o foco.

Eisenstadt argumenta que esse estilo legendário provavelmente utilizado entre conhecidos familiares. Além disso, a combinação dos discursos sociável e público pode ativá-lo, uma vez que se encontra entre o estilo informal do primeiro e o estilo sério do segundo. Como veremos nos capítulos que se seguem, o discurso legendário aparece frequentemente nas conversações aqui estudadas.

2. *Chique cínico*. Esse termo foi utilizado por Eliasoph (1991), que o credita ao Reverendo F. Forrester Church. Ela afirma:

> Falantes chiques cínicos tiram vantagem da ignorância e da falta de poder, fazendo-as parecer intencionais e mesmo exagerando-as. Eles afirmam exaustivamente, embora algumas vezes sutilmente, que não se importam, que não caem na besteira de perder seu tempo com algo que não podem influenciar [...] (ELIASOPH, 1991)

Eliasoph gravou entrevistas feitas na rua com pessoas comuns a respeito da questão "Contra o Iraque", entre outras. Ela descobriu que muitos dos entrevistados adotavam esse estilo irreverente. Ela afirma que o propósito dessas pessoas na interação era "mostrar uma distância entre elas e o mundo da política; preservando a si mesmas enquanto indivíduos; absolvendo a si mesmas da responsabilidade pelo que entendem como corrupção e absurdo na vida política". O tom era irônico, promovendo uma distância segura e um ar de condescendência com relação aos políticos e à vida pública.[10]

Devido à sua função autodefensiva, o estilo chique cínico é mais comum entre conhecidos familiares do que entre amigos próximos e íntimos. É provável que esse estilo apareça especialmente no discurso público sociável, em que há risco de o falante ser considerado ou visto como "idiota" diante de uma plateia. Assim, nossas conversações em grupos de pares encorajam ativamente esse estilo de discurso se comparado, por exemplo, com a conversação privada entre amigos próximos.

---

[10] Eisenstadt (1984) utiliza um conceito semelhante para descrever um estilo conversacional que ela chama de *niilismo convencional*. Nesse estilo, as pessoas entendem os compromissos privados que estabelecem com os outros e com as instituições transformando-os em piada. "A conversação dramatizava e distorcia as características negativas, tornando-as grotescas e engraçadas", escreve ela. Os exemplos dados por essa autora incluem histórias sobre o exército, conversações entre estudantes de graduação a respeito de seus professores na universidade e conversações sobre médicos. Ela observa que essas ofensivas niilistas eram geralmente direcionadas contra alvos poderosos a respeito de quem os interlocutores compartilhavam uma dependência. Tipicamente, tais ofensivas eram expressas no estilo legendário, mencionado anteriormente.

Avaliação pelos participantes

Ao final da longa discussão nos grupos, perguntávamos aos participantes a respeito de suas reações. Quase 90% dos grupos fez algum comentário expressando sentimentos positivos sobre a experiência. As exceções não expressam sentimentos negativos, mas apontam para sugestões específicas sem oferecer uma avaliação mais geral. Normas de *politesse* para convidados podem explicar o apoio que eles nos deram, mas seus comentários tipicamente refletem satisfação com sua própria *performance* na atividade de produzir uma boa conversação.

Cerca de 20% dos grupos também relatou ansiedade ou nervosismo inicial, mas todos explicitamente indicaram que esses sentimentos passaram quando a conversação foi se desenvolvendo ao longo do tempo. Muitos participantes mencionaram que conversar com pessoas que conhecem familiarmente era muito útil para deixá-los mais à vontade na discussão. Frequentemente comparavam a conversação com outras situações de discurso público ou sociável, como aquelas que acontecem na igreja ou em grupos sindicais, ônibus, bares ou discussões em sala de aula. Os trechos seguintes, resultantes de conversações em três grupos diferentes, refletem uma visão amplamente compartilhada da experiência das conversações em grupo.

Personagens

- *Carol, responsável pelos registros financeiros de uma empresa, cerca de 30 anos.*
- *Lil, processadora de dados, cerca de 20 anos.*
- *Cissy, motorista de ônibus, cerca de 40 anos.*

Carol: No que se refere a um grupo como esse, é muito mais relaxante, porque você conhece todo mundo.

Lil: É verdade.

Carol: Você não tem que se preocupar se alguém está olhando para você e fazendo...

Cissy: Dizer as palavras erradas. E todos estamos no mesmo nível.

Personagens

- *Bill, bombeiro, cerca de 40 anos.*
- *Ken, bombeiro, cerca de 30 anos.*
- *Larry, bombeiro, cerca de 50 anos.*
- *Ron, bombeiro, cerca de 40 anos.*
- *Paul, bombeiro, cerca de 50 anos.*
- *Joe, bombeiro, cerca de 50 anos.*

Bill: É interessante. Eu nunca tinha tido uma conversação tão intrigante.

E por um tempo tão longo. Eu não me socializo esse tanto só no quartel do corpo de bombeiros. É legal sentar e expressar diferentes pontos de vista...

Ken: Você está sendo gravado, e os agentes federais vão ter acesso a tudo o que você diz.

(risos)

Larry: Foi a primeira vez para mim, mas eu gostei da experiência.

Ron: Eu me senti à vontade.

Bill: Eu aprendi muito.

Paul: Gostei da experiência.

Ken: Eu sempre expresso meus sentimentos, opiniões e críticas de forma clara, então é legal poder falar com outras pessoas.

Joe: Ainda bem que você faz isso sem distribuir alguns socos, não é?[11]

(risos)

Personagens

- *Ida, responsável pelos registros financeiros de uma empresa, cerca de 60 anos (quase setenta).*
- *Nancy, secretária, cerca de 40 anos.*
- *Arlene, responsável pelos registros financeiros de uma empresa, cerca de 40 anos.*
- *Ruth, supervisora de escritório, cerca de 50 anos.*

Ida: Foi maravilhoso.

Nancy: Nos convida a pensar sobre diferentes tópicos. Isso é realmente interessante, porque, vou dizer a você, odeio sair e sentar para conversar, porque muitas das conversações com pessoas de quem sou amiga são totalmente entediantes.

Ida: Ô, coitada!

Nancy: É geralmente fofoca, e eu odeio fofocas.

Arlene: Isso é mesmo entediante.

Nancy: Esta foi a noite mais inteligente que tive há tempos...

Ruth: Eu fiquei com um sentimento nítido do quão inadequado é o meu conhecimento sobre esses tópicos, e talvez eu tenha ganhado algo esta

---

[11] No original, Ken utiliza a expressão "not pull any punches", que significa expressar-se claramente a respeito de suas opiniões. Joe, por sua vez faz uma piada usando a expressão "throw punches" que se refere a um dos significados do termo *punch*: socar. (N.T.).

noite. Talvez na próxima vez que eu ler os jornais irei olhar de maneira um pouco diferente o conteúdo dos artigos.

Nancy: – Hum-hum.

Em suma, as conversações em grupos de pares aqui utilizadas representam uma forma híbrida de interação social: o discurso público sociável entre conhecidos familiares. O componente do discurso público significa que os participantes estão cientes de falar para uma plateia e não meramente com outras pessoas presentes em uma sala. Além disso, essa é uma plateia educada, representada por pesquisadores universitários e, para os grupos compostos de pessoas negras, elas estão conscientes de que falam para um público invisível de pessoas brancas.

O propósito de criar uma conversação para os outros, marca essas pessoas claramente como uma forma diferente de uma interação puramente sociável. Normas a respeito da escolha e da mudança de tópicos nas conversações, que são normalmente aplicadas, são aqui suspensas. Mas outras formas de interação sociável entre conhecidos familiares são utilizadas. Por exemplo, o estilo legendário, que combina elementos de uma conversação séria e jocosa em um amálgama complexo, parece especialmente apropriado para o discurso público sociável. De modo semelhante, a postura chique cínica, que permite que os falantes se distanciem da política, conduz a esse estilo legendário e é encorajada pelas normas dessa interação.

Os comentários dos participantes sustentam a ideia de que eles veem a situação como uma combinação de elementos familiares e incomuns. Obviamente suas interações sociáveis típicas não são constrangidas como essas, mas isso tem alguns aspectos positivos. Normas contra uma conversação séria podem ter alguns elementos de ignorância pluralística, e isso aparece como um alívio para algumas pessoas quando essa norma particular é suspensa. Além disso, estar ciente da presença de um auditório amplia a sensação de ser levado a sério pelos outros, e com boa razão. Pesquisadores universitários os convidaram, foram à casa delas e ofereceram dinheiro para que expressassem seus pontos de vista.

O discurso da mídia

Cada questão política tem um discurso público relevante: um conjunto particular de ideias e símbolos, que são usados em vários fóruns públicos para construir sentido a respeito dessa questão. Tal discurso evolui ao longo do tempo proporcionando interpretações e sentidos para eventos de ocorrência recente. Um arquivista pode catalogar metáforas, *slogans*, imagens visuais, apelos morais e outros dispositivos simbólicos que o caracterizam. O catálogo estará organizado e claro a partir do momento em que os elementos estiverem interconectados e sustentados juntos por um enquadramento organizador central.

Esse discurso acontece em muitos fóruns: conferências, palestras, audições, livros e revistas, televisão, filmes e jornais. Ele não se restringe cuidadosamente a entidades caracterizadas como "notícias e questões públicas", mas abrange também rudemente a publicidade e o entretenimento. Uma ampla variedade de mensagens da mídia pode ensinar valores, ideologias e crenças, promovendo imagens para a interpretação do mundo, estando os *designers* conscientes ou não desse intento.

Meios de comunicação de audiência nacional e geral são apenas um conjunto entre esses conjuntos de fóruns, mas seu discurso domina os termos em que uma questão é discutida. Eles possuem um papel duplo e complexo. Por um lado, são produtores do discurso. Os jornalistas contribuem com seus próprios enquadramentos e inventam seus próprios *slogans* e metáforas, delineando uma cultura popular que compartilham com seus receptores. Por outro lado, eles também são, para citar Gurevitch e Levy (1985, p. 19), "um espaço em que vários grupos sociais, instituições e ideologias lutam pela definição da realidade social".

O discurso da mídia é representado neste livro por quatro fóruns nacionais midiáticos: (a) a rede de notícias televisivas; (b) relatos de notícias nacionais em revistas; (c) charges editoriais; e (d) colunas de opinião obtidas em agências de notícias.[12] Uma vez que os enquadramentos midiáticos são transportados indiretamente por meio das imagens visuais tanto quanto pela informação, era importante incluir vários modos de discursos e não só textos.

O discurso público precisa ser estudado historicamente. O discurso do momento não pode ser entendido fora desse contexto necessário. O discurso da mídia sobre cada questão é uma história que se desenvolve continuamente através do tempo. Somente ao olhar a história como um todo podemos ver modos de pensar e pressuposições, que, se antes eram tidos como inquestionáveis, agora são contestados.

Histórias possuem início e fim, mas a vida real não é tão simples. A história ligada às questões aqui exploradas termina no presente – um ponto temporário de parada, uma vez que todas essas questões permanecem na agenda pública. A pesquisa se estende a uma década, e o presente se encarrega de perpetuar os discursos sobre os temas de nosso interesse. Isso nos forçou a coletar materiais adicionais sobre três das quatro questões investigadas de modo a atualizar essas "sagas" sem-fim. O aparato que originalmente reunimos para a coleta do material já não estava mais intacto, e fomos inevitavelmente forçados a nos comprometer com amostras menos completas do que aquelas que atualizamos.

---

[12] Os detalhes de como e quais materiais coletamos estão descritos no Apêndice A.

O início da história nos apresentou problemas de um tipo diferente. O ponto em que uma história começa está relacionado ao modo como o problema é enquadrado. A história do conflito árabe-israelense, por exemplo, começou há 2.000 anos (com as guerras dos judeus contra o império romano e a subsequente dispersão dos judeus) ou no século XIX (com o início do movimento sionista)? Ou em 1948? Ou em 1967? Ou ainda em outro ponto? O modo como respondemos a essa questão reflete maneiras particulares de enquadrar a questão. E escolhas de quando começar uma história não são nunca neutras do ponto de vista do enquadramento.

Nesse caso, o propósito da pesquisa apontava para uma escolha somente um pouco menos arbitrária. Estávamos interessados no discurso público que se associava à experiência vivida de adultos que se encontravam na metade dos anos 1980. Isso nos levou a retroceder não mais do que até o fim da Segunda Guerra Mundial para as questões da energia nuclear e do conflito árabe-israelense. Para a ação afirmativa, iniciamos a história com a ordem executiva dada em 1965 pelo Presidente Lyndon B. Johnson. Para a indústria problemática, a história começa somente em 1971, quando a Companhia Aérea Lockheed pediu ajuda ao governo federal.

Tendo escolhido um início e um final, tínhamos preferência por uma amostra contínua, um filme processual do discurso público ao longo de todo o período determinado. O fato de termos buscado vários tipos de textos da mídia para neutralizar as idiossincrasias de qualquer meio particular poderia ter criado obstáculos práticos incontornáveis. Nossa solução compromissada foi focalizar o que Chilton (1987) chama de "momentos discursivos críticos", que tornam o discurso especialmente visível acerca de uma questão. Esses momentos estimulam, em vários fóruns públicos, comentários de defensores de enquadramentos diferentes, jornalistas e outros observadores.

Sobre a questão da energia nuclear, por exemplo, coletamos, em dezembro de 1953, uma notícia que se referia ao momento em que o presidente Dwight D. Eisenhower se dirigiu às Nações Unidas para falar sobre a energia nuclear, apresentando o que o discurso da mídia caracterizou como seu pronunciamento sobre os "átomos para a paz". Nesse pronunciamento, o presidente propôs tornar a tecnologia nuclear americana disponível para uma agência internacional, que teria como preocupação o desenvolvimento de usos pacíficos para a energia nuclear. Não houve nenhum momento discursivo crítico sobre a energia nuclear nos anos 1960. Nos anos 1970, nossa amostragem compreende um período do ano 1977, em que dois eventos relevantes coincidem: a iniciativa do presidente Jimmy Carter de obter apoio internacional para controlar a disseminação da tecnologia nuclear e a prisão e detenção, por duas semanas, de mais de 1.400 manifestantes antinucleares, que ocuparam o local onde o reator nuclear de Seabrook, New Hampshire, estava sendo construído. Nossos momentos discursivos críticos mais recentes incluem os acidentes em *Three Mile Island*, no ano 1979, e em Chernobyl, no ano 1986. O conjunto completo de momentos discursivos críticos utilizados para as quatro questões aqui abordadas está incluído do Apêndice A.

Momentos discursivos críticos são especialmente apropriados para o estudo do discurso da mídia. Por meio de questões continuadas, os jornalistas procuram por ganchos, ou seja, eventos tópicos que proporcionam uma oportunidade para coberturas e comentários ampliados, de longo prazo. Esses ganchos nos oferecem um modo de identificar aqueles períodos temporais em que há possibilidades de aparecimento de esforços para enquadrar questões.

Momentos discursivos críticos criam alguma perturbação. Defensores de enquadramentos particulares sentem-se compelidos a reafirmá-los e interpretar o último desenvolvimento da questão à luz desses enquadramentos. Essas características nos permitiram focalizar nossa amostra nos períodos em que os comentários foram especialmente densos. Mas isso também possui desvantagens: ficamos com uma pequena série de cenas instantâneas do discurso da mídia em intervalos irregulares, em vez de um filme, que seria o mais desejável.[13]

Se o discurso da mídia que compõe nossa amostragem realiza um bom trabalho ao buscar representar o discurso público sobre essas questões, torna-se irrelevante o fato de que as pessoas envolvidas nas conversações possam ter encontrado apenas uma pequena fração de tal discurso. Essas pessoas não se prendem à cobertura midiática nacional sobre uma questão, mas buscam seus argumentos a partir de muitas outras fontes, como a publicidade, os filmes, a mídia local e histórias geradas pela mídia e sustentadas por amigos em um fluxo comunicacional de duas (*two step flow*) ou múltiplas etapas (*multistep flow*).

Não faço a mínima ideia de como Vanessa soube da decisão da Suprema Corte para o caso Bakke, por exemplo, mas sua fonte exata não é relevante para as questões abordadas neste livro. A decisão referente ao caso Bakke é um momento discursivo crítico no discurso público sobre a ação afirmativa, e Vanessa está buscando seus argumentos nesse discurso público, independentemente do mecanismo que ela utiliza para encontrar, pela primeira vez, tal referência.

Assim, o discurso da mídia é um sistema de sentido em si mesmo, independente de qualquer demanda que alguém possa fazer sobre o efeito causal

---

[13] Essa limitação significa que algumas das diferenças que observamos ao longo do tempo podem ser reflexo de vários momentos discursivos críticos. Um acidente em uma usina nuclear, por exemplo, é um evento muito diferente da ocupação feita por manifestantes de uma área onde uma usina está sendo construída. Claro, algumas observações podem ser plausíveis para diferentes tipos de momentos discursivos críticos. Também é possível, em alguns casos, comparar diferenças ao longo do tempo, se o tipo de momento discursivo crítico é mantido constante. Por exemplo, as diferentes decisões da Suprema Corte sobre a ação afirmativa.

na opinião pública. Certos modos de enquadrar questões adquirem e perdem o destaque ao longo do tempo, e algumas pressuposições são compartilhadas por todos os enquadramentos. O discurso midiático nacional, embora seja somente uma parte do discurso público, é uma boa representação do todo. Precisamos entender o que esse discurso público diz sobre uma determinada questão, uma vez que ele é uma parte central da realidade em que as pessoas negociam sentido sobre questões políticas.

PARTE I
Enquadramentos de ação coletiva

Esta parte explora a presença de enquadramentos da ação coletiva no discurso da mídia e em conversações sobre as quatro questões aqui estudadas. O capítulo 3 examina a presença de ideias de injustiça e alvos de indignação moral. Um enquadramento de injustiça requer a consciência de atores humanos motivados, que aceitam carregar alguma parte do ônus de lidar com o mal e o sofrimento.

O capítulo 4 explora a consciência de que é possível alterar condições ou políticas por meio da ação coletiva. Enquadramentos de ação coletiva negam a imutabilidade de alguma situação indesejável e define as pessoas como agentes potenciais de sua própria história. Eles sugerem não somente que algo pode ser feito, mas que "nós" podemos fazer alguma coisa. De maneira mais específica, esse capítulo examina os modos por meio dos quais a ideia da ação cívica básica desempenhada por trabalhadores aparece (ou não) no discurso da mídia e nas conversações.

O capítulo 5 estuda o processo de definição de um "nós" em oposição a um "eles", que possuem interesses e valores diferentes. Ele examina o modo como os discursos midiático e popular definem questões em termos coletivos e, mais especificamente, como enquadramentos oposicionais são enfatizados. Finalmente, o capítulo 6 investiga a relação entre três componentes dos enquadramentos de ação coletiva e considera as implicações das descobertas realizadas para a ação coletiva.

CAPÍTULO III

Injustiça

Pesquisadores dos movimentos sociais enfatizam, com orientações diferentes, um forte componente de injustiça na consciência política que sustenta a ação coletiva. Turner e Killian (1987, p. 242) argumentam que

> [...] um movimento social é inconcebível longe de um sentido vital de que alguma prática estabelecida ou modo de pensamento está errado e deve ser substituído [...] O elemento comum nas normas de grande parte, e provavelmente de todos os movimentos, é a convicção de que as condições existentes são injustas.

Moore (1978, p. 88) concorda com esse ponto de vista:

> Qualquer movimento político contra a opressão tem que desenvolver um novo diagnóstico e solução para formas existentes de sofrimento, um diagnóstico e solução por meio dos quais esse sofrimento seja apresentado como moralmente condenável.

De modo semelhante, McAdam (1982, p. 51) afirma que "antes que a ação coletiva possa ser posta em marcha, as pessoas precisam definir coletivamente suas situações como injustas".

O principal desafio trazido por esse ponto de vista vem daqueles que aceitam que um sentimento de injustiça é necessário, mas argumentam que isso é tão ubíquo que não apresenta nenhum valor explicativo. Assim, Oberschall (1973, p. 133-134) garante que sentimentos de "ser erroneamente injustiçado estão [...] frequentemente presentes em escala menor", mas não são muito importantes, uma vez que eles "podem ser facilmente articulados com ideologias e visões de mundo mais elaboradas". McCarthy e Zald (1977, p. 1215) sugerem que sempre há infelicidade suficiente para alimentar o apoio de movimentos cívicos de base a um movimento social e, assim, o único poder explicativo está em como "sentimentos de injustiça e descontentamento podem ser definidos, criados e manipulados por empreendedores de questões e organizações".

Mas a visão cínica de que sentimentos de injustiça possuem um pequeno valor explicativo não prevaleceu, uma vez que é muito fácil para líderes e organizações articular visões de mundo mais elaboradas a sofrimentos de "pouca importância". A maioria dos analistas contemporâneos trata essa questão como um problema nada simples para explicar como as indignidades da vida cotidiana são às vezes transformadas em sentimentos compartilhados de injustiça com um alvo focalizado na ação coletiva.

Emoções diferentes podem ser estimuladas por desigualdades percebidas – cinismo, ironia sarcástica, resignação. Mas a injustiça focaliza a raiva justa, que gera revolta no íntimo dos indivíduos e trespassa a alma. A injustiça, como argumentei anteriormente, é uma cognição quente, e não um mero julgamento intelectual abstrato sobre o que é igualitário.

O impacto de um julgamento moral está intimamente relacionado às crenças sobre quais atos ou condições podem ter feito as pessoas sofrerem um dano ou uma perda que não mereciam. A dimensão crítica é a abstração do alvo. Fontes abstratas e vagas de injustiça tornam a indignação difusa e fazem com que ela pareça tola. Podemos pensar que é terrivelmente injusto quando chove no dia de um desfile do qual participamos, mas a falta de sorte ou a natureza são alvos pequenos para um enquadramento de injustiça. Quando vemos forças impessoais e abstratas como responsáveis por nosso sofrimento, somos ensinados a aceitar o que não pode ser mudado e tirar o melhor proveito possível da situação. A raiva é abafada pela seguinte questão retórica sem resposta: quem disse que a vida é justa?

No outro extremo, se alguém atribui um sofrimento desmerecido a atos maliciosos ou egoístas cometidos por pessoas ou grupos claramente identificáveis, o componente emocional de um enquadramento de injustiça irá quase certamente estar presente. A concretude do alvo, mesmo quando ele está deslocado e dirigido para longe das causas reais do dano, é uma condição necessária para o enquadramento de injustiça. Assim, a competição sobre a definição de alvos é um campo de batalha crucial no desenvolvimento ou na contenção de enquadramentos de injustiça.

De maneira mais específica, um enquadramento de injustiça requer que atores humanos motivados assumam alguma parte do ônus de tratar sobre questões ligadas a danos e ao sofrimento. Esses atores podem ser corporações, agências governamentais ou grupos específicos (em vez de indivíduos). Eles podem ser apresentados como mal-intencionados, mas o egoísmo, a ganância e a indiferença podem ser suficientes para produzir indignação.

Um enquadramento de injustiça não requer que os atores responsáveis pela condição sejam autônomos. Eles podem ser retratados como sujeitos constrangidos pelas ações passadas dos outros e por forças mais abstratas – desde que desempenhem algum papel como agentes que prolongam ou acarretam um dano injusto. Do ponto de vista daqueles que desejam controlar ou desencorajar o desenvolvimento de enquadramentos de injustiça, estratégias simbólicas deveriam enfatizar alvos abstratos que tornam a ação humana o mais invisível possível. A reificação auxilia a alcançar essa invisibilidade por meio da atribuição de culpa a entidades abstratas como "o sistema", "a sociedade", "a vida" e a "natureza humana".

Como afirma Sennett (1980, p. 180), "a linguagem do poder burocrático está frequentemente fundamentada na voz passiva, de modo que a responsabilidade é velada". Qualquer ator pertencente a um sistema de autoridade pode facilmente renegar responsabilidade passando a culpa para outro. Para os subordinados, o estratagema clássico é arquitetado com a seguinte frase: "estou apenas cumprindo ordens, não sou eu que as estabelece". Mesmo aqueles que estão no topo da hierarquia podem externar o "sistema" que os obriga assim como a todos os outros participantes, e a alteração dessa situação está ao alcance da habilidade de qualquer um.

Um dos trabalhos mais recentes de Saul Alinsky, *Rules for Radicals*, indica esse problema para administradores:

> Em uma sociedade urbana complexa torna-se cada vez mais difícil apontar quem deve ser culpado por qualquer mal particular. Há um constante jogo de empurra que, de algum modo, é visto como legítimo [...] Um grande problema é a constante mudança da responsabilidade de uma jurisdição para a outra – indivíduos e repartições, um após o outro, renegam sua responsabilidade por condições particulares, atribuindo a autoridade de qualquer mudança a alguma outra força (ALINSKY, 1972, p. 130-131).

Se a reificação não previne o desenvolvimento de um enquadramento de injustiça, uma segunda linha de defesa envolve aceitar a ação humana, mas desviando o foco para alvos externos ou oponentes internos. Uma raiva justa não pode sempre ser evitada, mas pode ainda ser canalizada de maneira segura e talvez utilizada para fazer avançar os propósitos de um indivíduo.

Para aqueles que encorajariam a ação coletiva, essas estratégias de controle social proporcionam um dilema formidável. As condições da vida cotidiana das pessoas são, na verdade, determinadas por forças socioculturais abstratas amplamente invisíveis para elas. Perspectivas críticas do sistema, ainda que acuradas, podem encorajar a reificação tanto quanto perspectivas benignas, desde que não possuam um foco nos atores humanos.

O antídoto para a abstração excessiva tem seus próprios problemas. Ao concretizar os alvos de um enquadramento de injustiça, há o perigo de que as pessoas possam perder as condições estruturais de base que produzem danos e desigualdade. As pessoas podem exagerar no papel desempenhado pelos atores humanos, não conseguindo compreender constrangimentos estruturais mais amplos e orientar mal sua raiva para alvos fáceis e inapropriados.

Não existe nenhum caminho fácil entre a cognição fria de uma análise estrutural sobredeterminada e a cognição quente da concretude que está posta em lugar errado. Enquanto os atores humanos não são centrais para o entendimento das condições que produzem danos e sofrimento, podemos apenas esperar pouca raiva que seja justa. Os alvos da ação coletiva permanecerão desfocados. Enquanto a indignação moral é estreitamente focalizada nos atores humanos, desconsiderando a ampla estrutura em que operam, enquadramentos de injustiça serão apenas uma ferramenta pobre para a ação coletiva, conduzindo à ineficácia e à frustração, e talvez criando novas vítimas de injustiça.

Para sustentar a ação coletiva, os alvos identificados pelo enquadramento precisam obter sucesso na construção de articulações entre o concreto e o abstrato. Ao conectar forças socioculturais mais amplas com os agentes humanos que são alvos apropriados da ação coletiva, podemos nos aproximar da cognição. Ao nos certificarmos de que os alvos estão conectados a forças mais amplas podendo inclusive afetá-las, podemos ter certeza de que a raiva não está mal direcionada, ou seja, direcionada de uma maneira que deixará intocada a fonte de sustentação da injustiça.

A injustiça no discurso da mídia

As práticas midiáticas possuem um efeito que se assemelha a uma faca de dois gumes: tanto estimulam quanto desencorajam enquadramentos de injustiça. Como veremos brevemente, o modo como os *media* causam um ou outro efeito difere substancialmente de acordo com a questão em causa. Mas algumas práticas de enquadramento vão além das questões e operam de maneira mais geral.

Uma parte do encorajamento a enquadramentos de injustiça é construída sob a forma narrativa, que domina o modo de contar as notícias. Muitos jornalistas entendem que escrever notícias é contar histórias, mas algumas vezes isso é tornado explícito. Epstein (1973, p. 241) descreve um memorando que Reuven Frank enviou à sua equipe da NBC News. "Toda história noticiosa deveria, sem qualquer sacrifício de probidade ou responsabilidade, possuir os atributos da ficção, do drama." As histórias deveriam ser organizadas em torno da tríade: "conflito, problema e solução", com "uma ação que aumenta em suspense" até atingir o clímax.

Essa dependência da forma narrativa tem implicações para a promoção do enquadramento de injustiça. A narrativa foca a atenção em atores motivados, em vez de focalizar as causas estruturais dos eventos. À medida que novos eventos se desdobram e mudanças aparecem nas condições da vida diária das pessoas, os agentes humanos são tipicamente identificados como agentes causais em um jogo de moralidade sobre o bem e o mal ou sobre honestidade e corrupção. Análises mais abstratas das forças culturais favorecidas pelos cientistas sociais não recebem muita ênfase ou nem mesmo chegam a participar da história.

Assim, a ênfase midiática na forma narrativa tende a concretizar alvos de modo que poderiam parecer capazes de instigar enquadramentos de injustiça. Longe de servir às necessidades de controle social das autoridades nesse âmbito, a cobertura midiática frequentemente dá às pessoas razões para ficarem com raiva de alguém. Claro que esse "alguém" não precisa ser a fonte real da injustiça, mas apenas algum substituto conveniente. Apesar de tudo, ainda que uma indignação justa possa ser encaminhada, o discurso da mídia sobre muitas questões ajuda inadvertidamente a causar um sentimento de injustiça por meio do apontamento de alvos concretos. Assim, essa ação da mídia é um obstáculo para estratégias de controle social que difundem um sentido de injustiça quando transportam as causas de danos não merecidos para além da ação humana.

Ao mesmo tempo, a personalização da responsabilidade pode ter o efeito de desestabilizar relações de poder mais amplas e as causas estruturais de uma situação ruim. Muitos autores argumentaram que a experiência total da mídia conduz à fragmentação de sentido. As notícias surgem em citações com fragmentos cada vez menores. A preocupação com a imediaticidade resulta em uma proliferação de imagens efêmeras e transitórias que não possuem nenhuma habilidade para sustentar qualquer enquadramento organizador coerente para criar sentido através do tempo. A fórmula de "notícias de ação" adotada por muitos programas de noticiário locais comprimem itens em 30 ou 40 segundos rápidos para preencher uma grade de 22,5 minutos. "Um minuto e meio só para a Terceira Guerra Mundial", como descreveu um crítico (DIAMOND, 1975).

Bennett (1988) analisa o produto das notícias como o resultado de práticas jornalísticas que se combinam para produzir fragmentação e confusão. Para ele,

> [...] a fragmentação da informação começa com a ênfase em atores individuais em detrimento dos contextos políticos nos quais eles operam. A fragmentação é assim acentuada pelo uso de formatos dramáticos que transformam os eventos em acontecimentos isolados e autocontidos.

O resultado são notícias que nos chegam "em cápsulas dramáticas superficiais que dificultam a visão das conexões entre as questões, ou mesmo o acompanhamento do desenvolvimento de uma questão particular através do tempo". Assim, a estrutura e a operação das relações sociais de poder permanecem obscuras e invisíveis.

Iyengar (1991) providencia evidências experimentais sobre como a natureza episódica da narração midiática de grande parte das questões afeta as atribuições de responsabilidade. Ele compara duas formas de apresentação – a episódica e a temática. A forma episódica, de longe a mais comum, "assume a forma de um estudo de caso ou narração orientada de um evento e retrata questões públicas em termos de instâncias concretas." De modo diferenciado, a forma temática, mais rara, enfatiza resultados gerais, condições e evidências estatísticas.

Ao alterar o formato das narrações televisivas sobre várias questões políticas diferentes ao ser apresentadas a grupos experimentais e de controle, Iyengar mostra como as atribuições de responsabilidade pelas pessoas são afetadas. De maneira mais específica, ele mostra que a exposição ao formato episódico torna menos provável que os receptores reivindiquem que as autoridades públicas sejam responsáveis (*accountable*) pela existência de algum problema e menos provável que os receptores as apontem como responsáveis por aliviar tais problemas.

A implicação dessa linha de argumento é que se as pessoas simplesmente confiam na mídia, será muito difícil encontrar qualquer enquadramento coerente, privilegiando um enquadramento de injustiça. A metanarrativa é frequentemente sobre a natureza autorreformadora do sistema, que opera para ficar livre das maçãs podres que as informações midiáticas expuseram. Se a indignação moral é estimulada pelo apontamento dos bandidos, ela é automaticamente e seguramente satisfeita com sua remoção.

Essas características complicadas e contrabalanceadas nos convidam a olhar mais de perto como o discurso da mídia trata o tema da injustiça em várias questões. Todas as questões aqui consideradas contêm experiências de danos e sofrimento como parte da história. No caso da indústria problemática, trabalhadores perdem emprego, e sua família e sua comunidade sofrem junto com eles. Na questão da ação afirmativa, as pessoas podem experimentar a discriminação e perder empregos ou oportunidades educacionais. No que se refere à energia nuclear, as pessoas podem correr o risco de sofrer os danos trazidos pela radiação e ser forçadas a evacuar seu lar. E, no caso do conflito árabe-israelense, que frequentemente assume uma forma violenta, a morte, a injúria e mudanças radicais são características constantes. Todo enquadramento possui a tarefa de interpretar a fonte desses sofrimentos e considerar como eles podem ser atenuados ou eliminados. Somente se examinarmos cada questão por vez, podemos entender até onde o discurso da mídia encoraja ou desencoraja enquadramentos de injustiça específicos.

A injustiça nas conversações

Quando conversam sobre os atores que dominam as notícias, os trabalhadores constantemente os julgam e, na maior parte do tempo, os condenam. Existem pouquíssimos heróis nessas conversações. Mas os julgamentos implícitos e explícitos não são necessariamente sobre injustiça, ou seja, sobre a crença de que indivíduos ou organizações estão operando em um modo que justifique uma indignação justa.

Existem muitos modos de romper a conexão entre a crença de que as pessoas estão sendo desmerecidamente injustiçadas por agentes humanos e a resposta emocional da indignação. A corrupção, por exemplo, raramente parece desafiar essa conexão. Uma visão chique cínica da política leva à expectativa de que a ganância e a perseguição dos próprios interesses são típicas e talvez parte da própria natureza humana. Saber que outro rico homem de negócios se aliou, de maneira conspiratória, a agentes do governo para roubar aqueles que pagam seus impostos é, nessa visão, tão normal, que a apatia e o aborrecimento são possivelmente mais acionados do que o ultraje.

Contudo, podemos também identificar uma contratendência. Há dor e sofrimento suficientes na vida cotidiana da maioria desses trabalhadores para produzir uma boa quantidade de raiva. Eles acessam esses sentimentos quando algum aspecto de uma questão sob discussão torna essas emoções relevantes. Nesse sentido, enquadramentos de injustiça oferecem ganchos para que as pessoas possam combater sua raiva contra os sofrimentos e as indignidades que experimentam em sua vida cotidiana. Uma vez que essa aproximação entre a cognição da injustiça na ampla sociedade e o sentimento de indignação não acontece facilmente nem automaticamente, podemos aprender ao olhar mais de perto como ela ocorre nessas conversações.

Devo reconhecer aqui a importância de uma limitação metodológica discutida no capítulo 2. Algo é perdido com cada transformação dessa conversação – do momento de estar lá, filmar ou gravar até o momento da transcrição escrita. Esse algo que é perdido está centrado na intensidade e na natureza das emoções expressas. Utilizamos a gravação de áudio, que perde todas as importantes pistas visuais, embora preserve ao menos as entonações de voz.

Grande parte das pistas vocais foi perdida nas transcrições, apesar da inclusão de algumas convenções utilizadas em transcrições para indicar ênfase em alguma expressão. Nossos codificadores marcaram "momentos de grande intensidade" utilizando gravadores de áudio, mas esses momentos incluíam um conjunto muito mais amplo de emoções do que a indignação e nunca alcançaram níveis satisfatórios de confiabilidade. Assim, a mensuração da injustiça nessas conversações se baseia em uma expressão empobrecida de injustiça – uma transcrição escrita – que pode subestimar sua presença na troca discursiva.

Quando a indignação deve ser captada em palavras, ela pode ser somente a ponta do *iceberg*. Parece provável que a parte mais visível não é muito diferente da parte mais escondida quando se trata de revelar quais injustiças percebidas parecem tornar os trabalhadores mais nervosos quando conversam sobre essas questões. Minha procura por enquadramentos de injustiça focalizou-se em condenações morais explícitas: "isso é totalmente errado"; "Isso é injusto"; e "Isso realmente me deixa furiosa", por exemplo.

As palavras, contudo, não são suficientes para fazer com que um trecho de conversação seja qualificado como capaz de expressar indignação moral. Às vezes a palavra "errado" é utilizada no sentido de um "engano", e não para se referir a um dano moral. Por exemplo: "Eles acham que têm a energia nuclear sob controle, mas estão enganados". O contexto precisa tornar clara a natureza moral da afirmação de uma injustiça. Contudo, mesmo quando a dimensão moral está clara, é muito comum que outros interlocutores desafiem o alvo de indignação, sugerindo que a emoção está tanto mal direcionada quanto não justificada.

Finalmente, os interlocutores às vezes qualificam suas próprias afirmações de uma forma que quebra o vínculo potencial entre a demanda de injustiça e a indignação. Eles dizem, por exemplo: "É injusto, *mas...*" e o "mas" pode incluir tanto o fatalismo de que "é a vida", quanto argumentos mais explícitos que neutralizam ou justificam a injustiça percebida.

Enquadramentos de injustiça são medidos aqui por meio da condenação moral explícita, não qualificada por argumentos compensadores e não desafiada por outros membros do grupo. O trecho a seguir é um bom exemplo dessa discussão.

Personagens

- *Marjorie, garçonete, cerca de 40 anos.*
- *Judy, processadora de dados, cerca de 30 anos.*
- *Vários outros que não falam nesta cena.*

(*A discussão em grupo está quase chegando ao fim de um debate sobre a energia nuclear*)

Marjorie: Eles deveriam ter pegado todo aquele dinheiro destinado à energia nuclear e tudo, para investir em outra coisa. Temos crianças morrendo de fome na América.

Judy: Isso mesmo.

Marjorie: Existem pessoas sem um teto. Onde estão os nossos valores? (*pausa*). Eles me enchem o saco. Eles realmente só fazem merda.

Judy: Você está sendo gravada.

(*risos*)

Marjorie: Não ligo pra isso. É óbvio. Você investe milhões e milhões de dólares em indústrias nucleares enquanto as pessoas na América estão morrendo de fome.

Judy: Certo.

Marjorie: E tem as pessoas que não possuem um lugar para morar, não importa onde estejam, se são bêbados ou... – quem quer que sejam. Existem pessoas mentalmente doentes morando nas ruas. Vi uma família de cinco pessoas. Trabalhei para os Serviços Legais em Boston e vi pessoas no Miner Hotel, mães com cinco filhos em apenas um quarto. Sobrevivendo. E não temos lugar para eles, mas temos espaços para construir indústrias nucleares. Isso é uma estupidez!

Indústria problemática

Dois dos momentos discursivos críticos em nossa amostra de textos da mídia estão centrados em grandes corporações que procuraram ajuda do governo para evitar a bancarrota. Em 1971 a *Lockheed Aircraft Company*, uma grande empreiteira da área de defesa, procurou e recebeu garantias de empréstimo do governo de Nixon no valor de 250 milhões de dólares. Em 1979 a *Chysler Corporation* buscou e recebeu garantias similares por um empréstimo de 1,5 bilhões de dólares junto ao governo de Carter.

Os relatos da mídia geralmente enquadraram essas controvérsias como uma disputa entre pragmáticos, que focalizaram as dificuldades criadas pelo fechamento dessas grandes companhias, e ideólogos, que desaprovaram o pagamento de dívidas de empresas privadas em estado de falência feito com dinheiro público. O que intrigava a maioria dos críticos, contudo, foi a grande ironia de que defensores do livre empreendimento estavam procurando auxílio do governo. Defensores dos empréstimos, como aponta a representante Bella Abzug, acreditavam no "socialismo para os ricos e no capitalismo para os pobres".

Esse tema de um duplo padrão hipócrita foi repetido incessantemente. Em 1971, um total de 50% das 36 charges e 39% de 33 colunas de opinião tocaram no assunto. As frases *socialismo para os ricos* e *bem-estar para os ricos* foram mencionadas repetidamente, e a Lockheed foi frequentemente retratada como uma grande irresponsável procurando por um auxílio fácil. Muitos críticos contrastaram a ajuda proposta para a Lockheed com a negligência dispensada aos pobres. A seguinte charge do cartunista americano Herblock expressa muito bem essa ironia.

O mesmo tema de um duplo padrão hipócrita permaneceu central no comentário a respeito do empréstimo de 1,5 bilhão de dólares para a Chrysler, efetuado oito anos antes. Por volta de 32% de 26 charges e colunas relevantes apresentaram alguma versão desse tema. A coluna de Art Buchwald, "Dando um tempo no *boom* da falência" (9 de novembro de 1979), captura o tema de forma quase completa.

Charge 3.1: Indústria problemática. (Herblock, *Washington Post*, 25 de julho de 1971. Fonte: Herblock's State of the Union (SIMONE; SHUSTER, 1972). Reprodução autorizada.

– Ei, senhor, poderia dispor de um bilhão e meio de dólares para que eu consiga chegar ao ano 1980?
– Sai da frente, seu vagabundo. Por que você não arranja um emprego como todo mundo?
– Eu tenho um emprego. Faço carros na Chrysler.
– Então por que você está aqui com esse copo na mão pedindo dinheiro a pessoas decentes?
– Parece que ninguém quer comprar os carros que faço.

– No sistema capitalista, meu amigo, o que vale é a sobrevivência daquele que está melhor preparado. Se você não pode vender um produto, então você não merece estar no mercado. Suponha que eu possa te dar um bilhão e meio de dólares. Como vou saber se você não vai usar o dinheiro para beber em vez de produzir carros melhores?

– Senhor, não se preocupe com isso. O senhor me dá o dinheiro, e eu irei diretamente para a indústria construir um dos mais bonitos automóveis que o senhor já viu.

– Por que você não construiu um antes se você sabe como fazê-lo?

– Essa é uma longa história...

– Isso é ridículo. Sou contra pedintes, ainda que eles construam automóveis.

– Não pense que estou me divertindo por estar aqui na rua, senhor. Mas mendigar pelo dinheiro dos carros é tudo o que posso fazer. Os bancos não querem me dar nada, e um monte de gente pensa que sou um perdedor. Mas se eu pudesse ter apenas um pé de meia, o senhor não me veria nessa esquina novamente...

– Se eu te desse um bilhão e meio de dólares, o que você faria de diferente?

– Tenho excelentes planos para novos modelos. Tenho até um *slogan* atualizado: "Compre um carro que está assegurado pelo Tesouro Norte-Americano". Como soa ao senhor?...

– Eu acho que sempre me sinto tocado por uma história de uma empresa azarenta. Sabe, se você fosse um cara medíocre, eu teria te deixado morrer de fome.

– Agradeço muito ao senhor. No momento em que o vi caminhando pela rua, eu disse a mim mesmo: "Eis um homem que se importa com alguém importante quando ele se mete em problemas".

Os outros momentos discursivos críticos a respeito dessa questão focalizaram problemas com a indústria metalúrgica durante os anos 1976 e 1977. O tema do duplo padrão não emergiu nessa cobertura, uma vez que companhias de aço procuraram várias formas de auxílio federal, especialmente a flexibilização de regulações ambientais e de segurança, restrições de importação e interrupção da cobrança de taxas. Nessa época, as dificuldades para os trabalhadores dispensados, sua família e sua comunidade eram uma perspectiva atual e não futura.

Das vinte e sete atribuições de culpa por esse sofrimento, somente uma culpabilizava os próprios trabalhadores. Em torno de 63% apontaram o Japão ou outros países como os principais suspeitos. A capa da revista *Time* (5 de dezembro de 1977) foi especialmente inflamada, falando de "um implacável ataque dos cortes de taxas para competidores estrangeiros" e uma "invasão estrangeira [que] causou o fechamento de velhas fábricas, forçando mais de

60.000 trabalhadores a perder seus empregos". Uma figura que acompanhava a matéria mostrava uma indústria metalúrgica em Fukuyama, Japão, com a seguinte legenda: "A competição pela supressão de taxas derrota os rivais dos EUA". Três entre cinco charges diziam às pessoas que culpassem os japoneses por seus problemas. A charge a seguir de Ben Sargent é um bom exemplo disso.

– O que está escrito no verso do seu cheque-desemprego?
– Feito no Japão.

Charge 3.2. Indústria problemática. (Sargent, *Austin American-Statesman*, 8 de dezembro de 1977). Reprodução autorizada.

Críticas à desindustrialização, que enfatizaram decisões gerenciais como a exploração da *Youngstown Sheet and Tube* pela *Lykes Corporation* (ver capítulo 4, Indústria problemática) e o fracasso em modernizar a produção, receberam pouca atenção. As próprias companhias metalúrgicas receberam somente 12% das atribuições de culpa, um número que pode ser igualado ao movimento ambiental e ao "Nader juggernaut",[14] que alegadamente forçaram regulações

---

[14] O autor faz referência a Halph Nader, advogado e político norte-americano que, no início dos anos 1960, recebeu fortes críticas com a publicação de seu livro *Unsafe at Any Speed*, por apontar a indústria automobilística americana como culpada pela morte de milhares de cidadãos em acidentes automobilísticos, que poderiam ter sido evitados com a utilização de equipamentos de segurança que, por razões de economia de custos, não eram instalados nos veículos. A palavra *juggernaut* refere-se, por sua vez, a algo que é muito poderoso, mas que possui efeito negativo. (N.T.).

caras de antipoluição e medidas de saúde sobre indústrias que se recusavam a implantar tais medidas.

Há um forte contraste entre os discursos sobre os empréstimos feitos à Companhia Lockheed e à Chrysler. Quando uma companhia estava com problemas, o discurso da mídia enfatizava a responsabilidade gerencial. A Lockheed recebeu 46% e a Chrysler 54% das atribuições de culpa quando o momento crítico do discurso se concentrou sobre sua difícil situação. Mas quando os problemas eram de todas as indústrias, a responsabilidade gerencial quase desaparecia em um discurso que enfatizava outros agentes causais.

Em suma, o discurso da mídia sobre a indústria problemática ofereceu dois potenciais enquadramentos de injustiça. Primeiro, havia a injustiça implícita no duplo padrão da política governamental de bem-estar para os ricos e poderosos, e a negligência direcionada aos pobres e fracos. Segundo, havia agentes estrangeiros, com sua força de trabalho barata e dócil, e sua ausência de constrangimentos ambientais e de proteção, que exploravam essas e outras vantagens injustas para forçar os trabalhadores americanos a deixar seu emprego. Fontes potenciais de injustiça, derivadas do capitalismo global, com as corporações multinacionais como agentes humanos, raramente apareceram, e precisamos ir além do discurso midiático nacional para captar esses enquadramentos.

Enquadramentos de injustiça nas conversações

Enquadramentos de injustiça ocorreram em menos de um terço das conversações sobre a indústria problemática. O tema do duplo padrão sobre o estado de bem-estar para os ricos tornou-se explícito em cerca de um sexto dos grupos, mas em lugar da ironia divertida dos cartunistas editoriais, ele estava ligado à indignação moral.

Personagens

- *Don, operário de construção, cerca de 20 anos.*
- *Pam, secretária, cerca de 20 anos.*
- *Alice, administradora em uma agência do Estado e estudante universitária, cerca de 30 anos.*

(O grupo está discutindo o empréstimo governamental feito à Chrysler):

Don: Esse caso aí me deixa louco, sabe.

Pam: Acho que tudo acaba na política. É o fim da linha. É a política.

Don: O bode expiatório. É uma decisão econômica.

Pam: É política. A maioria de nós pode ver isso, em um nível mais baixo, um nível menor.

Don: A Chrysler estava num ponto em que eles tinham que fazer um lance, pois estavam indo direto para o ralo. E agora ele aparece do nada e diz "ei, tudo o que quiser, quanto você quer? Você pode ter, é só me tornar o número um".

Alice: Ah, deixa disso, quando Lee Iacocca[15] precisou disso...

Don: E eles disseram, "Não se preocupe, Lee. Vamos te arranjar um livro, vamos escrever um livro para você, vamos colocar seu nome na capa, e você estará pronto."

Alice: O que me incomoda é que eu acho que eles não gastam muito dinheiro para ajudar as pessoas, mas aí eles vão e dão um contra-auxílio. E aqui eles não querem ajudar as pessoas deste país, estão cortando serviços sociais.

Don: Esse é outro assunto.

Alice: O pior de tudo é que eles dizem, "Agora vamos substituir todos esses trabalhadores e vamos gastar a quantia modesta de 75 milhões para fazer um programa de treinamento. Mas iremos dar a você um incentivo e deixaremos que você ganhe 10% da quantia destinada aos trabalhadores substituídos". Muito obrigada! Quer dizer, "treinar todas essas pessoas que deixamos sem trabalho". Nós ajudamos os trabalhadores da Chrysler a voltar ao trabalho, mas eles têm que ter os salários cortados e aceitar isso. Eles não te dizem que no segundo ano eles recebem um bônus.

Os dois terços dos grupos que não expressaram nenhuma indignação moral explícita sobre a indústria problemática frequentemente demonstraram simpatia pelas dificuldades enfrentadas pelos desempregados e seus familiares. Eles reclamavam livremente sobre as companhias, os sindicatos, o governo, o declínio da ética trabalhista e a direção à qual a sociedade está sendo conduzida. Essa compreensão geral desfocada não os conduziu à indignação, mas a um cinismo que aceita que política e justiça são parentes distantes, e isso se algum dia elas chegaram realmente a se encontrar.

Ação afirmativa

Em 1969, o conflito sobre a ação afirmativa estava centrado na indústria de construção civil. Em várias cidades muitas manifestações foram feitas por trabalhadores negros que demandavam sua entrada no negócio de construções, e isso estimulou contramanifestações de trabalhadores brancos de Chicago e

---

[15] Presidente da Chrysler Corporation. (N.T.).

Pittsburgh. O principal veículo para a ação afirmativa foi o *Philadelphia Plan*, cujo nome deriva do fato de que esta cidade foi a primeira em que foi realizado um acordo entre o Departamento do Trabalho e os contratantes federais. O plano estabelece objetivos numéricos específicos para cada construção e negócios relativos à construção, baseados na extensão das atuais vagas de trabalho preenchidas por minorias e a quantidade de pessoas disponíveis. Oficiais do Departamento de Trabalho anunciaram que "devido à deplorável proporção de pessoas empregadas entre membros de grupos minoritários" na indústria, eles estabeleceriam planos similares em outras cidades principais.

O discurso da mídia ofereceu um alvo claro de indignação moral: os sindicatos, especialmente aqueles ligados à construção. Os oponentes eram tipicamente simbolizados em charges que mostravam, por exemplo, um trabalhador do ramo de construções usando um capacete, ou às vezes o chefe da AFL-CIO,[16] George Meany. O tema recorrente em todas as oito charges desse período foi precisamente a hipocrisia e o racismo velado daqueles que se opõem à ação afirmativa. Todos os cartunistas assumiram como dado o fato de que os negros foram injustamente excluídos do ramo das construções e criticaram publicamente as piadas feitas pela oposição.

Nesse caso, o outro lado da mídia foi representado por citações de líderes de sindicatos ou trabalhadores (excetuando-se seus líderes e aqueles que ocupam postos de destaque) que eram indisfarçadamente racistas. A revista *Newsweek*, por exemplo, apresentou a seguinte opinião de um trabalhador do ramo da construção: "Fazemos todo o trabalho. Os negros estão conseguindo. Eles estão fechando o cerco e entrando em tudo. Nos 3 ou 4 últimos meses você não pode nem ligar a TV sem ver um negro. Eles estão fazendo até papel de *cowboys*" (06/10/1969, p. 57).

Dez anos depois, no período da decisão da Suprema Corte sobre o caso Weber, houve uma mudança dramática. Brian Weber era um trabalhador da indústria *Kaiser Aluminium and Chemical Corporation* em Gramercy, Louisiana. A companhia, em um acordo com o Sindicato da União dos Trabalhadores Metalúrgicos, instituiu um programa para corrigir um desequilíbrio racial entre seus trabalhadores. Deveria ser dada aos negros metade das oportunidades de acesso a um programa de treinamento até que o desequilíbrio fosse corrigido. O resultado desse programa revelou que alguns negros foram aceitos, porque eram mais novos que vários candidatos brancos que foram rejeitados.

---

[16] A Federação Americana do Trabalho e Congresso de Organizações Industriais (*American Federation of Labor and Congress of Industrial Organizations*), conhecida por sua sigla AFL-CIO, é a maior central operária dos EUA e do Canadá. É composta por 54 federações nacionais e internacionais de sindicatos dos Estados Unidos e do Canadá, representando mais de 10 milhões de trabalhadores. Seu primeiro presidente, George Meany, ocupou o cargo de 1955 a 1979. (N.T.).

Weber, que foi um desses rejeitados, afirmou que sua exclusão estava ligada à discriminação racial, proibida pela lei dos Direitos Civis.

Nessa época não havia nenhuma cobertura excessiva da mídia nem um alvo nítido de indignação moral. Defensores da ação afirmativa se apoiaram cada vez mais na ideia abstrata e complexa do racismo institucional: programas de conscientização sobre raça são necessários por causa dos efeitos estruturais continuados de discriminações passadas. Mas nenhum dos atores envolvidos no caso Weber estava se importando com esse legado.

A oposição à ação afirmativa não era mais representada pelos trabalhadores que reclamavam que os negros estavam obtendo vantagens desmerecidas, mas por neoconservadores articulados, que se posicionavam contra programas de conscientização de raça alegando ser uma violação dos direitos individuais. Os atores contra a ação afirmativa competiam diretamente com atores favoráveis no que diz respeito a demandas de vitimização e à indignação moral associada aos injustiçados. Em 1979 a história da ação afirmativa na mídia fez competir vítimas e supostos redentores, mas, quando se tratou de falar dos vilões, apareceram somente fantasmas do passado.

Em meados do governo do Presidente Reagan essa situação mudou novamente. O discurso da ação afirmativa estava mais polarizado, com dois fortes enquadramentos em competição, ambos com defensores influentes. Cada um dos principais protagonistas – o governo de Reagan e os defensores da rede de direitos civis – eram potenciais alvos de indignação, dependendo do enquadramento em exposição. A vitimização tinha se tornado um trabalho de igual oportunidade, disponível para brancos, negros e outras minorias. Havia dois enquadramentos em competição, e ambos ofereciam suas próprias razões para despertar raiva.

Boston, é claro, tinha seu próprio e especial histórico racial, que não está refletido nesse discurso midiático nacional. Por meses a fio, ao longo dos anos 1970, a atenção da mídia local estava fortemente direcionada para a amarga controvérsia sobre a real segregação no sistema público escolar de Boston. Diferentemente do discurso nacional durante os anos 1970, que apagou alvos potenciais de um enquadramento de injustiça, a movimentada controvérsia sobre as escolas em Boston ofereceu alvos precisos e personalizados.

Embora a real segregação escolar e a ação afirmativa não sejam a mesma questão, a referência ao conflito sobre o transporte escolar vem à tona repetidamente nas discussões de grupos de brancos e de negros sobre ação afirmativa, em nossa amostra de Boston. Uma vez que os discursos locais e nacionais são bastante diferentes ao apresentar alvos para enquadramentos de injustiça, não podemos nos fiar exclusivamente no discurso nacional para essa parte da análise.

Em suma, o discurso midiático nacional sobre a ação afirmativa, combinado com o discurso local sobre a controvérsia do transporte escolar, apresentou consistentemente alvos concretos de indignação moral para uso em enquadramentos de injustiça. No final dos anos 1960, esses enquadramentos foram proporcionados principalmente por defensores da ação afirmativa, mas dos anos 1970 até o momento, demandas de injustiça são abundantes com alvos concretos em todos os lados para os quais podemos apontar um dedo acusatório.

Enquadramentos de injustiça na conversação

Conversações sobre a ação afirmativa, mais do que qualquer outra questão, foram intensamente permeadas por enquadramentos de injustiça. Para quase todos os grupos compostos por trabalhadores negros e metade dos grupos formados por trabalhadores brancos, a ação afirmativa requer que eles a conciliem com um conflito moral. Os grupos de pessoas negras tomavam como dadas ou apontavam explicitamente as desvantagens permanentes dos negros na sociedade americana. Mas, como veremos no capítulo 5 (Ação afirmativa), a maioria deles também afirmava que uma pessoa deveria ser julgada como um indivíduo, independentemente de seu pertencimento a grupos distintos. Nesse sentido, eles reconheciam a possibilidade de que indivíduos brancos poderiam sofrer injustamente e que um equilíbrio de demandas de justiça era necessário.

De maneira semelhante, quase metade dos grupos compostos por pessoas brancas também tentou balancear demandas de injustiça em competição. Todos os participantes dos grupos inter-raciais e compostos por pessoas brancas endossaram a ideia de que as pessoas devem ser julgadas como indivíduos, mas metade deles evitou o conflito moral negando a existência permanente de discriminação contra os negros. A frase "Era assim então; isso é como é agora" foi o veículo de negação e a base para afirmar a isenção de responsabilidade pela discriminação por outros no passado. A outra metade dos grupos de pessoas brancas e grupos inter-raciais reconheceu que os negros e outras minorias continuam a ter desvantagens, em vez de serem beneficiados por programas de ação afirmativa.

Podemos pensar que, para grande parte dos grupos, a complexidade moral e a ambiguidade da questão seriam capazes de inibir a expressão de indignação. Talvez isso aconteça em grupos formados de trabalhadores negros, uma vez que somente 53% expressou enquadramentos de injustiça sobre a ação afirmativa, comparados com 86% por cento dos outros.[17] Mas um padrão comum parece ter sido a expressão de dupla indignação: direcionada para a discriminação contra negros *e* para o tratamento preferencial de indivíduos com base no pertencimento a grupos ao invés de suas qualificações profissionais.

---

[17] Não deveríamos nos importar muito com essa diferença. A questão da ação afirmativa é um veículo indireto para a indignação dos negros se comparada a manifestações diretas de desigualdade econômica como o desemprego e moradias precárias.

Quase 30% dos grupos compostos de trabalhadores negros manifestou raiva com relação ao modo como programas de ação afirmativa colocam brancos pobres contra negros, quando ambos os grupos sofrem injustiças não merecidas; e com relação à injustiça cometida contra todos – brancos e negros da mesma forma – ao serem atribuídas posições nas quais os negros têm maior chance de falhar por falta de treinamento. Os trechos a seguir mostram os dois modos contrastantes por meio dos quais os grupos de pessoas negras expressaram um enquadramento de injustiça acerca dessa questão. O primeiro grupo enfatiza a injustiça aos negros de uma maneira ambivalente; a raiva é direcionada contra os brancos que, diante de uma longa e contínua história de discriminação contra os negros, perguntam se eles, os negros, estão sendo vitimizados.

Personagens

- *Nancy, dona de casa e estudante universitária, cerca de 30 anos.*
- *Lucy, trabalhadora de serviços humanos, idade cerca de 30 anos.*
- *Rudy, músico, idade cerca de 30 anos.*
- *Duane, maquinista, idade cerca de 30 anos.*

Nancy: Bem, em Memphis, de onde eu venho, eu trabalhei em um banco durante seis anos e, hum, eu trabalhei organizando arquivos de escritório no Departamento de Contabilidade e no Serviço de Atendimento ao cliente atendendo ao telefone. Bem, eu sei que tive experiência para outros empregos mas seria para – tipo quando jovens mulheres brancas que chegam, sabe, sem nenhuma experiência, exceto pelo fato de que podem conhecer o chefe, ou sua esposa ou filha, e elas conseguem por outras vias. Eu não achei que era justo e tentei fazer alguma coisa a respeito, mas não havia colegas suficientes para fazer isso juntos. Mas eu não acho que isso foi justo de maneira nenhuma.

(*Depois, como resposta à charge 6 [ver Apêndice B]*)

Lucy: Onde estavam os brancos gritando "discriminação" quando estávamos sendo escravizados? (*pausa*). Quer dizer, onde eles estavam? Eu não via ninguém fazendo fila para lavar a louça dos brancos. Eu não via nenhum branco nessa fila. Não havia, não, branco fazendo fila quando tivemos que dormir no celeiro, quando eles estavam vendendo minha mãe, sua irmã e seus filhos no meio da estrada. Eu não vi nenhum branco nessa mesma fila vendendo seu próprio povo no meio da estrada. E agora eles estão nas filas dizendo que estamos recebendo tratamento preferencial porque somos negros. E subitamente, estamos começando a despertar nossa consciência para o fato de que podemos enfrentar a América branca – a parte preconceituosa da América branca, que nos mantém escravizados – e de que deveríamos ter uma oportunidade de ter um emprego também. E aí um grupo de brancos tentam se meter dizendo "Oh, agora vocês estão recebendo um tratamento preferencial". Ninguém se importou com o tratamento preferencial que eles têm recebido há 300 anos.

(*um tempo depois*)

Facilitador: Vocês já falaram muito sobre ação afirmativa, mas só para resumir, o que vocês acham que poderia ser feito a respeito da ação afirmativa?

Lucy: Eu diria que existem várias revisões a ser feitas. E não é justo. Eles pintam uma imagem muito injusta do que estão tentando fazer e do que estão dando para os negros.

Rudy: O que eu acho quando penso no que poderia ser feito para tornar real a ação afirmativa é deixar que tenhamos algumas ações afirmativas reais – e nenhuma dessas ações afirmativas que tivemos no passado, porque isso não é ação afirmativa.

Lucy: Ou mudar esse nome, pois não se adéqua ao que realmente é. A ação afirmativa não é isso que estão fazendo. Não há nada de afirmativo nisso. Acredito que a palavra *afirmativa* deve ter uma conotação positiva.

Rudy: Isso mesmo.

Lucy: E não há nada de positivo sobre o tipo de afirmação que eles nos dão. Não vejo muito como isso pode ser afirmativo.

Duane: Não vejo nada de afirmativo. Se eles querem ser afirmativos...

Lucy: Eles estão mantendo 80% e nos dando 20%.

Duane: Com as ações que eles fazem e o que eles vão fazer, eu diria ainda "me dê meus 40 acres de terra e minha mula".

Rudy: Falando em mudar de nome, o que realmente precisamos é de uma ação *drástica*.

Lucy: Isso, gostei.

O próximo grupo revela a maneira complexa e multifacetada por meio da qual a questão da ação afirmativa promove uma dupla indignação em outros grupos formados de trabalhadores negros, nos quais as demandas de vitimização por brancos são consideradas mais seriamente. Esses dois padrões de discurso sobre a ação afirmativa ocorrem com frequência quase igual em grupos formados de negros.

Personagens

- *Elizabeth, processadora de dados em uma companhia de seguros, cerca de 40 anos.*
- *Thomas, trabalhador na área de transportes, cerca de 40 anos.*

- *Emilie, responsável, em uma companhia de seguros, pelo cálculo e envio de contas a clientes, cerca de 30 anos.*

Elizabeth: Bem, para te dar um bom exemplo – das suas cotas – do processo de contratação de minorias. Tinha essa menina, e eu comecei nesse serviço na mesma época. Eu não sei se ela tinha experiência em escritórios, mas eu tinha. Começamos ao mesmo tempo, fazendo o mesmo tipo de trabalho, mas porque ela tinha estudado um tempo na universidade, eu nem sei se ela tinha algum certificado ou o que quer que fosse, mas só pelo fato de ela ter ido à universidade, eles começaram a pagar para ela um salário inicial mais alto do que para mim. E isso não era justo, porque estávamos fazendo o mesmo tipo de trabalho.

– Aqui... pegue uma outra tigela de angu... Gosto de ver quando uma pessoa está bem alimentada.
– Ei! Isso é meu.

8. O chargista parece dizer que liberais ricos querem dar oportunidades especiais para os negros às custas de brancos que também precisam de uma oportunidade que os ajude a ser bem-sucedidos. Reprodução autorizada.

Thomas: E você ainda está tentando tirar o atraso.

Elizabeth: Isso mesmo.

(U*m pouco mais tarde, perto do final da discussão)*

Thomas: Os homens brancos, aqueles que quiseram trabalhar, sempre foram capazes de conseguir um trabalho.

Elizabeth: Sim, aqueles que tiveram um pequeno empurrão, mas a gente categoriza pessoas brancas e pobres do mesmo jeito que categorizamos a nós mesmos como pobres. Eles foram sendo demitidos, e isso também não foi justo. Por que tirar oportunidades dos homens brancos pobres que estavam tentando sobreviver e cuidar de suas famílias? Porque o homem branco pobre está na mesma – na minha opinião, ele é igual a mim. Ele tá lá trabalhando, tentando sobreviver, tentando cuidar da sua família. Então, por que tirar o emprego dele só porque você tem que dá-lo para uma pessoa negra?

Thomas: Isso nos leva à charge 8. Por que tirar, privilegiar um tirando do outro quando se está sentado no meio? Por que ele simplesmente não diz...

Emilie: Isso. "Vamos dividir."

Thomas: "Por que vocês dois não dividem a minha parte para comermos."... E isso faz com que os brancos e negros pobres sintam essa animosidade um contra o outro, porque todos sentimos... Eu acho que, se os meus pais, se meu pai tivesse tido a mesma chance que o pai desse homem branco quando ele era jovem, talvez eu estaria em uma posição melhor agora. Mas ele não teve essa chance. Ele fazia o mesmo trabalho que o homem branco estava fazendo, mas ele ganhava vinte e cinco centavos por dia enquanto o homem branco ganhava cinquenta centavos por dia. Agora, que tipo de, que tipo de – o que é isso? Não estou tentando voltar há cem anos atrás, mas isso é fato.

Enquadramentos de injustiça ocorreram em 85% das discussões sobre ação afirmativa nos grupos inter-raciais e formados por pessoas brancas. Mesmo nos três grupos formados de pessoas brancas nos quais esses enquadramentos não apareceram, ao menos uma pessoa fez uma demanda explícita de injustiça, mas a teve desafiada pelos outros. Assim como no grupo composto por pessoas negras, houve tanto discussões com indignação simples, quanto com dupla indignação, refletindo diferenças ao observar se as demandas de injustiça dos outros são ou não levadas a sério. O padrão de dupla indignação apareceu em 29% dos grupos formados de pessoas negras, e em dois dos três grupos inter-raciais.

O primeiro dos exemplos mostrados a seguir ilustra um grupo de pessoas brancas cuja complexidade moral potencial é solucionada colocando uma demanda exclusiva ao papel da vítima. Mas pode-se notar que, mesmo nesse grupo que nunca reconheceu abertamente a desvantagem dos negros, a participante Judy implicitamente aceita o argumento de que oportunidades iguais nem sempre prevaleceram no passado, aceitando a legitimidade de se providenciar "medidas especiais quando estudantes estão competindo por cursos".

Personagens

Linda, enfermeira, cerca de 20 anos.

Marie, enfermeira , cerca de 40 anos.

Chris, enfermeira, cerca de 40 anos.

Judy, assistente dentária, cerca de 30 anos.

Nora, enfermeira, cerca de 40 anos.

Lil, enfermeira, cerca de 40 anos.

Linda: Por que o governo deveria pagar para uma pessoa negra ir para a escola e não para mim? Por que ela seria melhor do que eu? Eu não tive nenhuma ajuda especial para ir para a faculdade. Por que todos os meus amigos negros deveriam ter uma ajuda especial?

Marie: Isso é certo, você tinha que se virar.

Cris: Eu acho, eu acho que eles recebem muito.

Marie: E eles tudo o que eles fazem é reclamar de discriminação, e eles estão dentro, enquanto nós estamos fora. Nós somos aqueles que sofremos discriminação e não mais os negros.

Judy: Toda a questão do transporte escolar e tudo o mais. Meus filhos estão em uma escola paroquial por causa do problema com o transporte escolar; eu nunca quis mandar meus filhos para uma escola católica, nunca, porque eu odiava a escola católica quando estudava lá. Então, por que eles têm que estudar nesse lugar? Na mesma escola que eu?

Cris: Eu comprei minha casa especialmente para que meus filhos pudessem andar até a escola, e aí me disseram: "Não, os garotos negros estão vindo para essa escola e seus filhos estão indo para outro lugar." Isso não é justo; eu estava sendo discriminada.

Judy: Essa é uma verdadeira ferida que você está mexendo aqui, e se você não acha isso...(*todos riem*)

Judy: Isso é definitivamente um ponto muito delicado. Todos estão envolvidos. Mas você tem um grupo de pessoas da classe trabalhadora sentado nesta mesa, sabe, e se todas estamos nos matando de trabalhar, então Joe Shmo deveria estar trabalhando, assim como sua esposa e por aí vai. Nós não estamos recebendo benefícios do governo e eu nem quero receber, mas eu ia dizer, por que não ter – se eles não têm um emprego, por que não usá-los para tapar aquele buraco na Washington Street? É só colocá-los para trabalhar como assalariados; dar a eles um pouco de autorrespeito, e fazer com que trabalhem por um emprego.

(algum tempo depois)

Cris: Quando eu fui, quando estive na parte latina de Boston, os garotos negros e os garotos brancos...

Judy: Você tinha que se sair bem.

Cris: Todos tínhamos que frequentar a mesma escola primária, todos tínhamos que ser aprovados nos exames para entrar lá. E lá estava cheio de garotos negros. E todos tivemos que nos esforçar muito enquanto estávamos lá. Agora ei, eu deixei a escola, era muito difícil. Tiveram outras crianças negras que ficaram lá, sabe? Mas agora está igual ao exame para o corpo de bombeiros: tem um nível para os negros e outro para os brancos.

Judy: Isso não está certo.

Nora: Isso não está certo.

Lil: Eu também não acho que está certo. Deveria haver oportunidades iguais.

Judy: Talvez eles poderiam, sabe, estabelecer medidas especiais quando os estudantes estão competindo por cursos, mas não – quando chega a época do exame, não há nenhum tratamento especial! Esse é um tema muito delicado. Muito penoso.

Alguns grupos compostos de pessoas brancas reconheceram uma discriminação passada ou persistente contra os negros, mas destruíram o caminho que conduz à indignação moral qualificando imediatamente ou neutralizando a força da injustiça. Mas outros direcionaram parte de sua indignação para o tratamento dado aos negros, mesmo quando expressaram raiva diante do tratamento injusto destinado a eles. O grupo apresentado a seguir ilustra esse padrão de dupla indignação.

Personagens

- *Ida, responsável pelos registros financeiros de uma empresa, cerca de 60 anos.*
- *Nancy, secretária, cerca de 40 anos.*
- *Arlene, responsável pelos registros financeiros de uma empresa, cerca de 40 anos.*

Ida: Sabe, eu não os impedia de alcançar o que eles eram capazes de conseguir. Eu nem estava lá. (*risos*)

Nancy: Viu só, ninguém nos impediu. Então por que não deveríamos encorajar?

Ida: Eu encorajo! De verdade. Tenho alguns exemplos de experiências pessoais nas quais me senti muito mal. Muito antes de vocês nascerem, trabalhei no Departamento de Estado de Washington. E uma das minhas melhores amigas, alguém extremamente brilhante, era negra. Eu estava indo embora. Meu marido era estudante. Isso foi depois da Segunda Guerra Mundial. E eles queriam fazer uma festa para mim. Sabe, todas as mulheres queriam estar juntas. E não pudemos fazê-la em um restaurante público, porque se o fizéssemos, não poderíamos convidar essa moça para ir conosco. *Isso é errado!* Quero dizer, isso é absolutamente... (*pausa*) Fizemos a festa na casa de alguém para que ela pudesse ser incluída, pois eu não queria uma festa sem ela. Isso é muito errado.

Nancy: Oh, claro.

Arlene: É isso mesmo.

Ida: Esse tipo de coisa. Mas hoje, quando é que uma pessoa que não pode nem ler ou escrever tem uma oportunidade melhor do que alguém que possui três títulos e está batendo a cabeça na parede tentando encontrar uma oferta de emprego? Ah, fala sério!

Energia nuclear

O discurso sobre a energia nuclear foi indelevelmente marcado pelos acontecimentos de Hiroshima e Nagasaki. A atenção pública começou com imagens de uma destruição enorme e repentina, simbolizada pela nuvem em forma de cogumelo, que se formou logo depois da explosão da bomba nuclear. Mesmo quando o discurso focalizava o uso de reatores nucleares para a produção de energia, a imagem formada logo após a explosão da bomba não foi deixada de lado.

Até os anos 1970, o discurso da mídia sobre a energia nuclear foi dominado por um dualismo a respeito do tema. Boyer (1985, p. 125) aponta para a estrutura "ou...ou" de vários pronunciamentos feitos depois de Hiroshima: "Ou a civilização iria desaparecer em um holocausto cataclísmico, ou o futuro atômico seria inimaginavelmente brilhante". "Enfrentamos ou a perspectiva de destruição em uma escala que sobrepuja qualquer coisa já reportada", disse o *New York Times* em um editorial publicado um dia depois de Hiroshima, "ou a perspectiva de uma era de ouro, com mudanças sociais que irão satisfazer até o mais utópico romântico".

Enquanto a questão foi enquadrada como uma escolha entre átomos para a guerra e átomos para a paz, foi difícil ver quem poderia estar contra o desenvolvimento da energia nuclear. Na verdade, não havia nenhum discurso significativo contra a energia nuclear durante esse período, e a energia nuclear era em geral uma questão que não despertava interesse público. A energia nuclear era um símbolo incontestável do progresso tecnológico.

Na época em que ocorreu o acidente em *Three Mile Island* (TMI) a energia nuclear tinha se tornado uma questão controversa. Dois anos depois, em nossa amostra da mídia do ano 1977, no período da ocupação de um espaço em Seabrook, New Hampshire, para a construção de um reator (ver o capítulo 4, Energia Nuclear), muitas pessoas que eram contra a energia nuclear tiveram suas declarações citadas na mídia. Mas é notável a pequena quantidade de enquadramentos críticos apresentada sobre a energia nuclear; a oposição em si mesma era a história, e não as suas razões.

Mesmo quando comentários eram citados para compor o enquadramento da questão da energia nuclear, os opositores raramente sugeriram um enquadramento de injustiça e eram frequentemente vagos a respeito dos agentes humanos envolvidos. A CBS, a única emissora a fazer alguma tentativa de apresentar o enquadramento dos manifestantes, citou Harvey Wasserman, um porta-voz da *Clamshell Alliance:* "Estamos lutando contra a guerra que vem sendo travada contra o meio ambiente e nossa saúde." A metáfora da guerra implica um inimigo que a está provocando, mas ao usar a voz passiva, Wasserman não diz quem está provocando esta guerra.

As capas de revistas citaram muitos porta-vozes diferentes, incluindo Wasserman, Ralph Nader e representantes do *Friends of the Earth, Sierra Club* e do *National Resources Defense Council.* Mas nenhuma das citações selecionadas sugeriu um enquadramento sobre a energia nuclear. Em vez disso, elas focalizaram exclusivamente a estratégia de ação direta e a especulação sobre se os manifestantes seriam bem-sucedidos. Defensores da energia nuclear eram tratados como se estivessem errados nessas citações, talvez tragicamente, mas não como transgressores da moral.

Depois do acidente de TMI, houve uma inevitável busca por culpa, mas novamente ela era raramente colocada no contexto de um enquadramento de injustiça. Acidentes são, por definição, não intencionais. Assim, procura-se por negligência ou erro, mas assume-se a ausência de maldade. Nenhum dos enquadramentos mais importantes ofereceu grande coisa sobre o tema da injustiça ao explicar o acidente.

O enquadramento mais proeminente após os acidentes de TMI e de Chernobyl foi o de RUNAWAY (ver GAMSON; MODIGLIANI, 1989). Nesse enquadramento, a ação humana foi apagada. Entidades reificadas como a sociedade ou a humanidade foram escolhidas para desenvolver a energia nuclear sob a ideia errônea de que essa energia pode ser controlada quando, na verdade, não pode. Ela se tornou uma força em si mesma, para além da ação humana, um gênio poderoso que tem sido invocado e agora não pode ser forçado a voltar para sua lâmpada. Gênios provocam alvos irrisórios de indignação moral.

O enquadramento dominante sobre a energia nuclear, o enquadramento de PROGRESSO, oferece como alvo de indignação os "utopistas coercitivos" e os "neopastoralistas", que poderiam retardar nosso crescimento econômico e, assim, fazer-nos renegar nossa obrigação com os pobres e com as gerações futuras. Mas quaisquer que sejam seus pecados nesse enquadramento, o movimento antinuclear dificilmente pode ser apontado como responsável, mesmo de maneira indireta, pelos acidentes de TMI e de Chernobyl.

Depois de 1979, o enquadramento do PROGRESSO tornou-se minoritário em todas as amostras de mídia, apresentando-se gradativamente como defensivo. A revista *Times*, por exemplo, apresentou citações de Alvin Weinberg, introduzindo-o como defensor da energia nuclear e autor favorável a esse tipo de energia, que acreditava que as alternativas a essa fonte eram "tão ruins que nós provavelmente deveríamos, de modo cauteloso, continuar esse empreendimento nuclear" (Abril 9, 1979, p. 20). Esse não é o tipo de linguagem que produz rapidamente cidadãos revoltados contra aqueles que poderiam negar-lhes suas necessidades vitais de energia.

O enquadramento antinuclear mais visível, o enquadramento de ACCOUNTABILITY PÚBLICA,[18] possui um toque populista e anticorporativo, oferecendo a usina nuclear como alvo potencial para um enquadramento de injustiça. Nesse enquadramento, companhias de energia nuclear são frequentemente desonestas, gananciosas e arrogantes. Agentes públicos que deveriam monitorar as atividades dessa indústria são frequentemente seus prisioneiros. A indústria nuclear utilizou seu poder político e econômico para destruir a exploração séria de alternativas para a energia.

Após o incidente de TMI, o enquadramento de ACCOUNTABILITY PÚBLICA recebeu grande destaque, mas apareceu geralmente sob uma forma fraca. A versão forte era tipicamente exposta por meio de uma destas três ideias: (1) lucros são enfatizados a custo da segurança pública; (2) a regulação do governo é ineficaz porque os agentes públicos funcionam como promotores da indústria; ou (3) os interesses da indústria operam contra providências que garantam ampla proteção e informação para o público. A versão fraca sugere meramente alguma culpabilidade dos gerentes de companhias, com consequências negativas para o público ou para os consumidores. Nenhuma análise de razões para essa culpabilização é sugerida para além da incompetência geral, estupidez, descuido ou excessiva preocupação com a imagem pública da organização. Somente a forma forte oferece realmente um enquadramento de injustiça.

Seguindo esse critério, somente 10% dos proferimentos televisivos relevantes veiculados depois de TMI ($N=99$) ofereceram tal enquadramento de injustiça e, depois do acidente de Chernobyl, menos de 10% ($N=74$) refletiram a versão forte ou a versão fraca desse enquadramento. Quadros muito similares podem também ser apontados para os proferimentos veiculados em revistas.

Em suma, o discurso da mídia sobre a energia nuclear ofereceu poucos alvos para a formação de enquadramentos de injustiça. Embora a indústria de

---

[18] A palavra *accountability* pode ser entendida no sentido de prestação de contas. (N.T.).

energia nuclear fosse o alvo mais provável a ser oferecido, mesmo no ponto alto dos debates após o incidente em TMI, somente cerca de 10% das exibições midiáticas sobre a energia nuclear ofereceram a indústria como candidata para a indignação moral. Nenhum outro ator chegou tão perto.

Enquadramentos de injustiça nas conversações

O exemplo citado anteriormente, no qual Marjorie expressou indignação acerca dos gastos de dinheiro com energia nuclear quando as pessoas estão sem moradia e morrendo de fome na América, era um evento raro nesses grupos. Somente dois outros grupos apresentaram algum tipo de enquadramento de injustiça sobre essa questão, focalizando principalmente no quão injusto é eles terem tão pouco a dizer a respeito de uma questão que pode afetar tão diretamente sua vida pessoal. As emoções dominantes evocadas pela questão da energia nuclear são o medo e a ansiedade, mas não a indignação moral.

O conflito árabe-israelense

Israelenses e palestinos fazem demandas fortes e competitivas a respeito de injustiças históricas profundas, e essas demandas aparecem, é claro, nos enquadramentos oferecidos por seus defensores nos Estados Unidos. Mas esses não são os enquadramentos dominantes no discurso midiático americano. De fato, eles precisam competir com dois enquadramentos formidáveis que explicitamente rebaixam demandas de injustiça, tratando-as como uma distração e como um obstáculo a ser vencido.

No enquadramento VIZINHOS EM RIVALIDADE CONTÍNUA (*Feuding Neighbors*), por exemplo, o fanatismo e a incitação de queixas de longa duração estão no centro do problema. A questão não é se os Hatfields ou os McCoys têm a justiça a seu lado. O conflito ganha vida própria, promovendo novas reclamações e um senso continuado de injustiça para cada lado, na medida em que respondem à atrocidade mais recente cometida pelo outro. Nesse enquadramento, as vítimas reais são os espectadores, e não os combatentes. Eles sofrem as consequências e, no caso do conflito árabe-israelense, há o perigo de que todos nós podemos nos tornar espectadores, porque todo o mundo se envolve no conflito. Se existe indignação aqui ela é expressa como uma "praga que se abate sobre ambos os rivais",[19] trazendo ruína aos outros.

---

[19] A frase original é a seguinte: "a plague on both your houses". Essa é uma citação extraída de *Romeu e Julieta*, de Shakespeare. Enquanto o personagem Mercúcio morre, ele profere três vezes essa frase, amaldiçoando as famílias cuja rivalidade levou à sua morte. De maneira geral, essa citação é utilizada para criticar facções rivais cuja discordância traz consequências ruins aos outros. (N.T.).

Quando momentos de reconciliação ou de compromisso ocorrem, não é a justiça mas a razoabilidade e o bom senso que aparecem triunfantes.

O enquadramento oficial, INTERESSES ESTRATÉGICOS, entende a questão em termos geopolíticos e vê o Oriente Médio como uma arena de competição entre um poder superior, um campo de batalha para a guerra fria. Nesse enquadramento não se questiona qual dos combatentes tem a justiça a seu lado, mas pergunta-se sobre seu valor como vantagens estratégicas para os superpoderes. Demandas de injustiça tornam-se relevantes somente de um modo instrumental, porque podem ser manipuladas por vantagens. Assim, era comum que esse enquadramento sugerisse, durante a Guerra Fria, que as afirmações e ações soviéticas tinham intenções danosas, e eram destinadas a reforçar sua influência no mundo árabe por meio do estímulo às suas queixas e da ação de tornar a resolução pacífica de conflitos mais difícil de ser alcançada.

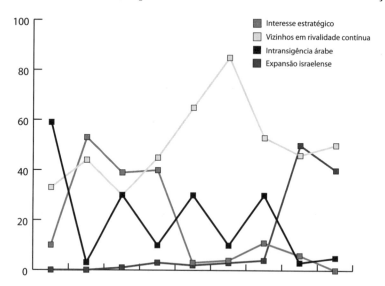

Gráfico 1: Enquadramentos presentes nas charges sobre o conflito árabe-israelense.

Selecionamos nove momentos discursivos críticos a partir da Declaração de Independência de Israel em 1948 até um período do ano 1988 referente aos três meses posteriores ao início da *intifada,* momento de uma nova iniciativa de paz proposta pelos Estados Unidos (ver Apêndice A). Com uma exceção, como evidenciado pela Fig. 3.1 referente à amostragem de charges,[20] a saliência de enquadramentos particulares depende fortemente do contexto

---

[20] As demais amostras da mídia revelam um padrão geral muito similar.

histórico; às vezes eles eram muito proeminentes no discurso e outras vezes virtualmente invisíveis.

A exceção evidente era o consistente destaque do enquadramento VIZINHOS EM RIVALIDADE CONTÍNUA, independentemente do contexto. Mesmo em seu ponto baixo, após a Guerra dos Seis Dias em 1967, esse enquadramento foi refletido em 30% das charges. Ao longo de um período de 40 anos, esse enquadramento foi exposto em metade das 390 charges; enquanto seus maiores competidores tiveram uma média de 2% do total de charges.

Os outros enquadramentos tiveram seus momentos de proeminência, geralmente competindo com o enquadramento VIZINHOS EM RIVALIDADE CONTÍNUA, em vez de competir entre si. O enquadramento INTERESSES ESTRATÉGICOS teve mais relevância no período que vai dos anos 1950 ao final dos anos 1970, quando muitas charges comentaram a queda do preço do petróleo e o papel desempenhado pelos soviéticos. Mas da visita do presidente egípcio Anwar Al Sadat a Jerusalém em 1977 até agora, o enquadramento INTERESSES ESTRATÉGICOS tem sido silenciado no discurso da mídia. De fato, a União Soviética foi relegada ao papel de ator menos importante, e a ansiedade por causa do petróleo foi transferida para o Golfo Pérsico, reduzindo a relevância soviética para o conflito árabe-israelense.

Os enquadramentos INTRANSIGÊNCIA ÁRABE e EXPANSIONISMO ISRAELENSE realmente ofereceram alvos competitivos para a indignação moral, mas era um estranho tipo de competição. Em todos os momentos, a competição não era entre esses dois enquadramentos, mas com aqueles enquadramentos que subestimavam demandas de injustiça. Era como se somente um enquadramento de injustiça fosse permitido por vez nesse fórum de discurso. Até a década de 1980, o vazio da injustiça foi preenchido pelo enquadramento da INTRANSIGÊNCIA ÁRABE, que inclusive superou o enquadramento VIZINHOS EM RIVALIDADE CONTÍNUA em 1948, alcançando maioria. Mas após a invasão israelense do Líbano em 1982, esse enquadramento devolveu o hiato de injustiça para seu rival, EXPANSIONISMO ISRAELENSE, o qual frequentemente mantém a competição com o enquadramento não partidário dos VIZINHOS EM RIVALIDADE CONTÍNUA.

Em suma, o enquadramento VIZINHOS EM RIVALIDADE CONTÍNUA, dominante no discurso da mídia nessa questão, evita tomar partido sobre as demandas de justiça feitas pelas partes em conflito. Até 1977 seu principal rival era tipicamente o enquadramento INTERESSES ESTRATÉGICOS, um enquadramento que concordava com seu rival ao subestimar a questão de qual lado estava certo ou errado. Se esses enquadramentos ofereceram alvos de indignação, eles foram tipicamente a União Soviética ou os fanáticos e extremistas de ambos os lados. E mesmo os enquadramentos que confirmam as demandas de injustiça dos combatentes não apontaram nenhum ator na sociedade americana ao qual esses sentimentos pudessem ser direcionados.

Enquadramentos de injustiça nas conversações

Enquadramentos de injustiça sobre o conflito árabe-israelense foram tão raros quanto aqueles sobre a energia nuclear. Era fora do comum para qualquer discussão sobre esse tema que os participantes assumissem a posição de uma das partes em conflito. Longe de decidir onde estava a justiça, muitas discussões enfatizaram a irrelevância das preocupações morais dos partidários de cada lado. Às vezes, como aconteceu na discussão de um grupo inter-racial transcrita a seguir, os participantes distinguiam explicitamente entre conflitos ligados à política internacional (nos quais questões de injustiça eram relevantes) e conflitos entre rivais (nos quais a retidão das partes em conflito tornam o compromisso e a resolução especialmente difíceis e improváveis).

Personagens

- *Bob, um administrador de serviços humanos, branco, cerca de 30 anos, estudante universitário.*
- *Reggie, coordenador em um fundo comum de serviços de saúde, negro, cerca de 40 anos.*
- *Dot, coordenador em um fundo comum de serviços de saúde, branco, cerca de 40 anos.*
- *Marilyn, enfermeira, negra, cerca de 30 anos.*
- *Marjorie, diretora de um escritório, branca, cerca de 40 anos.*

Bob: Não é como se não tivéssemos nenhum outro problema para resolver em nosso país. Então, isso só soma outro problema com o qual precisamos nos preocupar em termos de duas ideologias lutando, como você disse, na faixa de Gaza. Quer dizer, se eles querem se explodir em mil pedaços pelo bem de suas crenças, então tá certo.

Reggie: Eu concordo. Acho a mesma coisa.

Bob: Eu acho que... exatamente a mesma coisa com relação aos protestantes e os católicos na Irlanda do Norte.

Reggie: Hum-hum.

Bob: Eu vejo o mesmo tipo de conflitos. E, sabe, quer dizer, eu tenho outras coisas para me preocupar. Entende?

Reggie: Hum-hum.

Dot: Todas as pessoas que estão morrendo.

Bob: Quero dizer, meu porão... cheio de água, certo?

Marilyn: Você vê o mesmo... você acha o mesmo da África do Sul?

Marjorie: Não. Uh-uh.

Marilyn: Quer dizer, estamos falando de países em guerra.

Bob: Eu percebo uma diferença aqui, porque nós... eu percebo uma óbvia, uma,...

Reggie: Injustiça.

Bob: Uma injustiça sendo feita. Obrigado, Reggie. Uma injustiça contra a população negra da África do Sul. Eu não vejo necessariamente uma grande injustiça sendo cometida contra os israelenses nem contra os árabes. Eu não vejo uma grande injustiça sendo cometida no caso da tensão entre católicos e protestantes na Irlanda do Norte.

Marilyn: Hum-hum.

Bob: Então, eu, eu pessoalmente não compartilho o entusiasmo e o ardor dos participantes nesse conflito específico e, por isso, eu não posso simpatizar com eles.

Conclusão

Explosões explícitas de indignação moral foram infrequentes no curso de uma longa conversação. Elas se acenderam de maneira inesperada e aconteceram em momentos imprevisíveis, por exemplo, às vezes no final de uma discussão em que um pouco de raiva ou outra emoção forte havia sido expressa anteriormente. Embora infrequentes, poucos grupos não tiveram tais explosões. No total, mais de três quartos dos grupos tiveram conversações a respeito de ao menos uma questão em que alguém articulou um enquadramento de injustiça, expressou indignação moral sobre tal questão e foi apoiado por outros participantes.

Há uma forte relação geral entre o destaque de enquadramentos de injustiça no discurso da mídia e no discurso popular. No caso da ação afirmativa, o tema da injustiça é igualmente central e altamente visível tanto no discurso da mídia quanto nas tentativas dos trabalhadores de produzir sentido acerca da questão. Com relação à energia nuclear e ao conflito árabe-israelense, enquanto os enquadramentos de injustiça tiveram pouco destaque no discurso da mídia, as conversações sobre essas questões raramente expressaram indignação moral.

A relação causal, entretanto, é complicada e indireta. Com relação à indústria problemática, por exemplo, a despeito do fato de que o discurso da mídia frequentemente ofereceu o Japão ou os países do Terceiro Mundo como alvos potenciais de indignação moral, nenhuma dessas conversações empregou tal enquadramento de injustiça. Quando os japoneses se tornavam tópico de discussão, era tipicamente em um tom de admiração, devido aos seus hábitos disciplinados e cooperativos de trabalho. Quando os países do Terceiro Mundo apareciam nas discussões, e eles apareceram de modo frequente, trabalhadores estrangeiros que assumiram empregos na América eram dispensados da indignação moral, devido a uma presumida ausência de escolha e ao desespero que os força a aceitar os baixos salários que os americanos não aceitariam.

Por outro lado, os alvos de indignação que surgiram de maneira mais frequente nas conversações estavam limitados àqueles que possuíam visibilidade no discurso da mídia. No caso da indústria problemática, por exemplo, práticas gerais de trabalho ou companhias específicas foram os alvos mais frequentes de denúncia, assim como foi o duplo padrão de bem-estar para os ricos e de sua negação para os pobres. Foi raro encontrar um enquadramento de injustiça que fosse além dos alvos que o discurso da mídia tornou facilmente disponíveis, por exemplo, a indignação dirigida a companhias multinacionais americanas que contratam empregados do Terceiro Mundo por salários abaixo da média.

Seria enganoso, contudo, concluir que as pessoas estão imitando o que extraíram da mídia ao desenvolver esses enquadramentos de injustiça. Quando um grupo expressa indignação diante do duplo padrão, não é porque tirou a ideia de uma charge de Herblock ou de uma coluna escrita por Art Buchwald. Os participantes elaboram o *link* cognitivo por si mesmos, utilizando sua percepção de um discurso público contra o estado de bem-estar que desdenha pessoas pobres que recebem ajuda do governo, combinando tais percepções com seu conhecimento acerca do auxílio governamental para os ricos.

O uso de enquadramentos de injustiça, revela-se como um catalisador crítico para o surgimento de outros elementos de um enquadramento de ação coletiva. No próximo capítulo, exploramos o sentido que as pessoas produzem da eficácia coletiva e o potencial que pessoas comuns têm de alterar as condições de sua vida cotidiana por meio da ação coletiva.

CAPÍTULO IV

Ação

Se muitos analistas inteligentes e observadores minuciosos estão certos, poucos preciosos trabalhadores americanos possuem alguma percepção de si mesmos como agentes coletivos da história. De fato, se eu tivesse encontrado tal percepção entre esses trabalhadores de Boston, teria imediatamente suspeitado da tipicidade da amostra e concluído que nossos métodos produziram um grupo desviante. Mas se escutamos atentamente as conversações produzidas por eles, um retrato de passividade e inércia parece incompleto. Existe também um traço de rebeldia que se acende nas conversações em momentos específicos. E ele expressa um sentido de ação coletiva.

Este capítulo apresenta uma história cujo tom é dado pela expressão "apesar de". As forças que desencorajam um sentido de ação entre os trabalhadores são esmagadoras. A cultura e a estrutura social se combinam para induzir um desamparo coletivo. Somente uma saída individual parece possível, tipicamente por meio de algum tipo de experiência educacional libertária, que retira a venda dos olhos das pessoas, fazendo-as descobrir a verdade sobre algo, abrindo-lhes oportunidades. A maioria parece permanecer sujeita a forças socioculturais, que removem sistematicamente de sua consciência qualquer sentido de que eles possam alterar coletivamente as condições e os termos de sua vida cotidiana.

A maioria de nós, mesmo aqueles que possuem identidade de ativista político, gasta a maior parte do tempo e de energia sustentando nossa vida cotidiana. Flacks (1988, p. 2) afirma que isso inclui não só suprir as necessidades materiais, mas também a "atividade e a experiência designadas para sustentar a si mesmo enquanto ser humano – validar ou preencher o sentido de nossa vida, reforçar ou realçar o sentido do próprio valor, [e] obter satisfação e prazer". Essa atividade diária tipicamente toma como dado e reforça a característica cotidiana padronizada de uma comunidade ou sociedade. Raramente as pessoas têm oportunidade de se engajar em atividades que desafiam ou tentam modificar algum aspecto desse padrão, o que Flacks denomina "fazendo história".

Na medida em que a produção da história se configura como processo centralizado e hierárquico, com raras oportunidades para que trabalhadores participem em alguma das instituições que estabelecem as condições de sua vida cotidiana, eles irão inevitavelmente sentir "que eles próprios são objetos de forças históricas estranhas e que não possuem poder" (FLACKS, 1988, p. 5). A vida cotidiana e a história são experienciadas como reinos separados, porque temos uma economia política nacional dominada por corporações nacionais centralizadas e hierárquicas e por um estado nacional.

Esse impedimento estrutural à ação coletiva é reforçado por uma cultura política que opera para produzir inércia e passividade. Merelman (1984, p. 1) afirma que "uma cultura frouxamente amarrada impede os americanos de controlar seu destino político e social, pois o mundo representado por uma amarração frouxa não é o mundo das estruturas políticas e sociais que atualmente existe. Ele é, em vez disso, uma terra das sombras, que dá aos americanos uma vantagem real sobre as estruturas massivas e hierárquicas da política e da economia que dominam sua vida". Merelman analisa em particular o papel desempenhado pela televisão na promoção de uma cultura frouxamente articulada, afastando as pessoas da política e direcionando-as para uma visão privada do *self* no mundo.

Edelman (1988) aponta para o poderoso controle social exercido de maneira amplamente inconsciente, por meio da manipulação do simbolismo utilizado na "construção do espetáculo político". Problemas, inimigos, crises e líderes são constantemente construídos e reconstruídos para criar uma série de ameaças e ações de tranquilização. Assimilar essa dinâmica é ser assimilado por ela. "Para a maioria da raça humana", escreve Edelman em sua conclusão, "a história política tem sido um registro do triunfo da mistificação sobre as estratégias para maximizar o bem-estar". A ação coletiva rebelde pode mesmo fortalecer o ponto de vista dominante ao ajudar as elites políticas na construção de um inimigo estável ou de uma ameaça que justifique suas políticas e providencie uma legitimação para a repressão política.

Bennett (1988, p. xii) observa como a estrutura e a cultura da produção de notícias se combinam para limitar a participação popular.

Enquanto a distribuição do poder é exígua, e processos decisórios estão fechados, os jornalistas nunca estarão livres de sua dependência do pequeno grupo de especialistas em relações públicas, porta-vozes oficiais e líderes poderosos cujos pronunciamentos, que servem aos seus próprios interesses independentemente da verdade ou dos interesses dos outros, tornaram-se firmemente estabelecidos como a maior parte das notícias diárias.

Além disso, esses "anúncios para a autoridade" estão cercados de outros relatos "que transportam assustadoras imagens de crimes violentos, insegurança econômica e guerra nuclear. Tais imagens reforçam o apoio público a autoridades políticas que prometem ordem, segurança e soluções políticas responsivas". Admitindo que as pessoas irão duvidar da verdade ou da validade dessas promessas, Bennett argumenta que até uma aceitação mínima de pressuposições básicas sobre a realidade política é suficiente para desencorajar a maioria das pessoas de participar ativamente no processo político.

Não é nenhuma surpresa, conclui Bennett, o fato de que poucos americanos se envolvam politicamente e "a maioria não pode imaginar como poderia fazer diferença política". Podemos escapar desse envolvimento lendo publicações especializadas com uma ampla variedade de discursos, mas "aqueles que dedicam um tempo para fazer isso podem se perceber como incapazes de se comunicar com a maioria que permanece presa na armadilha armada do outro lado do muro das imagens produzidas pelos meios de comunicação de massa" (BENNETT, 1988, p. xv).

Existe uma exceção aparente a esse desencorajamento cultural da ação dos cidadãos: a campanha eleitoral. Nesse caso, numerosas vozes asseguram para as pessoas que é importante, e até um dever, exercer esse direito de escolher seus líderes. Mas, na verdade, as eleições são apresentadas como um esporte de arena no qual os candidatos competem por trinta segundos de vantagem na esperança de provocar uma resposta não mediada pelo pensamento consciente. A única ideia de ação promovida nessa cultura é individual, refletida na escolha privada do consumidor de qual produto comprar.

Os consumidores, contudo, não são tão passivos como esse argumento sugere. Muitos ocupam um amplo espaço entre seguir os impulsos consumistas e instaurar uma rebelião. Aqueles que não têm poder têm seus próprios meios de expressar oposição, o que Scott (1985) chama de "armas dos fracos". Essas formas cotidianas de resistência envolvem evasão, engano e sabotagens sutis em vez de uma ação coletiva rebelde. Scott descreve como camponeses da Malásia resistem às demandas dos poderosos por meio de estratégias familiares do cotidiano: demora para terminar uma tarefa (*foot dragging*), dissimulação, falsa obediência, furtos, ignorância fingida, calúnia, incêndio premeditado e sabotagem.

Embora esse tipo de oposição requeira pouca ou nenhuma coordenação ou planejamento e seja levado adiante por indivíduos, ele possui aspectos coletivos. Tipicamente é sustentado por uma subcultura oposicional. Willis (1977) descreve a "cultura de oposição à escola" dos meninos da classe trabalhadora britânica e como eles utilizam as armas dos fracos para evitar as demandas dos professores e dos administradores das escolas. Eles encontram modos de criar espaços livres para si mesmos dentro de um ambiente de confinamento.

De modo semelhante, Harding (1981, p. 57) insiste nos vários atos individuais de resistência dos negros em sua luta por liberdade na América. Por trás dos atos de rebelião coletiva que "acenderam a imaginação de negros e brancos da mesma forma [...] estavam atos subterrâneos e individuais de desafio, resistência, rebelião criativa, sabotagem e fuga." Esses atos, argumenta ele, ajudaram a criar uma subcultura oposicional que promoveu um ambiente de apoio para a ação coletiva".

Apesar de tudo, a evasão não é uma ação coletiva. Sua principal virtude é que não requer um sentido de ação coletiva. Aqueles que a usam estão construindo sua vida, e não a história. Mesmo Scott (1985, p. 29-30), que claramente respeita e admira as armas dos fracos, nos lembra que não devemos romantizá-las. "É improvável que elas façam mais do que afetar marginalmente as várias formas de exploração que os camponeses enfrentam". Os meninos que frequentam a escola, estudados por Willis, irão eventualmente participar de uma cultura similar contra o trabalho desenvolvida pelos operários quando assumirem trabalhos de classe operária, reproduzindo o sistema existente de relações de classe.

Assim, o resultado dessas forças socioculturais é não uma aceitação cega das representações oficiais da realidade, mas um cinismo ubíquo sobre a política entre os trabalhadores. Halle (1984, p. 191) comenta que, aos olhos de quase todos os seus trabalhadores do setor químico, a visão de que os políticos são dúbios e corruptos "é uma das mais óbvias verdades sobre a vida na América". Além disso, os políticos realmente fazem a licitação de corporações poderosas e, assim, aparecem como parte de um bloco de poder indiferenciado de interesses egoístas entrelaçados. Reinarman (1987, p. 233) descreve os trabalhadores do setor público e privado por ele estudados como pessoas que convergem "para a noção de que grandes organizações conseguem o que querem tanto de políticos quanto do governo em geral".

A sabedoria política prática diz a esses trabalhadores, como menciona Flacks (1988, p. 88), que "o arranjo da autoridade é mais ou menos estúpido e predatório. O melhor modo de lidar com ele é tentar construir seu próprio caminho, tomando o que conseguir, devolvendo o que precisa – enquanto deve estar sempre observando espaços e oportunidades para realçar sua liberdade". Gans (1988, p. 70), revendo as várias razões pelas quais as pessoas devem evitar atividades políticas, concluiu que "é surpreendente encontrar qualquer atividade cidadã tomando forma".

E realmente é verdade. Claramente existem momentos em que as pessoas decidem fazer isso sem pedir permissão a quem quer que seja, a fim de fazer algo mais do que fugir ou se libertar dos termos e das condições de sua vida cotidiana, comportando-se como agentes coletivos que podem alterá-los. Em alguma medida, nutrem um sentido de ação potencial. Será que os cientistas sociais, ao enfatizar como essa cultura de passividade é produzida e mantida, estariam promulgando outro conjunto de razões para a inação, outra forma de desencorajamento da ação? Onde estão as rachaduras nos locais onde alguma ideia de ação coletiva permanece viva, pronta para crescer e prosperar sob condições adequadas, como aconteceu de maneira tão dramática e para a surpresa de todos na Europa Oriental, por exemplo?

A grande verdade permanece: nenhum dos enquadramentos visíveis sobre qualquer uma das quatro questões consideradas aqui promove ou encoraja a ação dos cidadãos.[21] Devido à cultura política dominante, poderíamos esperar que a ação coletiva de pessoas comuns nunca entrasse nas conversações aqui examinadas. O facilitador não perguntou nada que poderia estimular esses comentários. Os participantes nunca foram instados a considerar o que poderiam ou deveriam fazer, individual ou coletivamente, acerca dessas questões. Mesmo o fechamento da pergunta final colocada para cada questão, "O que deveria ser feito a respeito da questão do(a) [X]?", evitou a ideia de ação. Pretendíamos que essa fosse uma pergunta sobre em que as políticas públicas deveriam ser implementadas, e não uma pergunta sobre o que os participantes deveriam fazer a respeito enquanto cidadãos; e eles interpretaram a pergunta nesse sentido. Apesar de tudo, a ação cidadã entrou espontaneamente na conversação em pelo menos uma questão em 81% dos grupos. Em quase 25% dos grupos houve pessoas que ou descreveram sua própria experiência, ou conheciam pessoalmente alguém que tinha participado de uma greve, uma manifestação ou um ato de desobediência civil.[22]

Em raras ocasiões a discussão a respeito de uma ação cidadã existente conduziu um grupo a ponderar sobre a relevância pessoal desse tipo de ação. O exemplo transcrito a seguir envolve um grupo que já encontramos anteriormente, quando discutiu a ação afirmativa (capítulo 3) e sua resposta geral à participação na pesquisa (capítulo 2). Esse trecho sobre a energia nuclear

---

[21] Como indicado no Apêndice A, um enquadramento é considerado visível se tem um destaque de pelo menos 10% em alguma das quatro amostragens da mídia.

[22] Basta uma única pessoa com tal experiência para torná-la um tópico da conversação. Menos de 5% dos participantes trazem à tona tais incidentes. Claro, outros podem ter tido experiências desse tipo em alguma medida, mas não as consideram relevantes para a discussão.

inclui mais participantes que não haviam se manifestado antes. Ida é a única no grupo a apoiar a energia nuclear, mas ajustou sua posição à dos outros, ao admitir que medidas de segurança precisam ser cuidadosamente monitoradas.

Personagens

- *Maggie, funcionária de escritório, cerca de 50 anos.*
- *Nancy, secretária, cerca de 40 anos.*
- *Ruth, supervisora de escritório, cerca de 50 anos.*
- *Ida, responsável pelos registros financeiros de uma empresa, final dos 60 anos.*
- *Arlene, responsável pelos registros financeiros de uma empresa, cerca de 40 anos.*

(Elas estão respondendo à pergunta feita pelo facilitador sobre o que deveria ser feito a respeito da energia nuclear)

Maggie: Eu gostaria que eles aparecessem com outra solução. Vamos organizar um grupo para encontrar outra alternativa. *(risos)* Há novamente a questão do dinheiro. Temos que pagar essas pessoas por seu tempo e pensamento.

Nancy: Cidadãos interessados.

Maggie: Bem, ok, cidadãos *livres* interessados! Bem, se eu sou uma, precisarei de um tempo, querida.

Ruth: Não estou consciente de todos os perigos envolvidos. Mas estou certa de que todas essas pessoas que estão manifestando, aquelas que não desejam as usinas nucleares nas cidades onde vivem, conhecem muito mais do que eu e talvez se todos soubessem quais são os perigos reais, não sei se ajudaria em alguma coisa.

Ida: Você tem certeza que eles sabem? Talvez alguns deles saibam.

Ruth: Se eles estão lá manifestando e dizendo que não querem seus filhos crescendo nessa vizinhança com as usinas nucleares lá, eles devem saber.

Ida: Eles provavelmente ficariam muito felizes se essas mesmas usinas nucleares estivessem fornecendo energia em outra vizinhança.

Ruth: É, provavelmente. Eu dirigi atrás de carros que tinham adesivos colados com os dizeres "Não às armas nucleares" (*No Nukes*). Eu não sabia de que diabos estavam falando. Não estou realmente informada sobre todos os perigos, mas não quero ficar no caminho do progresso.

Ida: Essa é uma questão difícil. Nós só precisamos ter fé em nossos líderes, eu acho. E espero que eles façam a coisa certa para nós, isso é tudo.

Arlene: Estou feliz que as pessoas sejam contra a energia nuclear. Eu realmente estou.

Ida: Isso impede que as indústrias avancem.

Arlene: Pode apostar. Estou feliz que as pessoas tenham a coragem e a fibra de ir lá e enfrentá-las, porque se elas não o fizessem, aqueles envolvidos com a energia nuclear iriam agir exatamente como bem lhes aprouvesse.

(*Murmúrios de concordância*)

Ruth: Então por que não estamos lá fazendo manifestações?

Arlene: Porque a gente não pode. Eu não me sinto tão forte a ponto de fazer isso, mas agora, vindo aqui estou conseguindo.

Nancy: Você não pode fazer tudo.

Ruth: Depois de hoje à noite, estou certa de que, quando lermos alguma coisa sobre esse assunto, iremos interpretar de maneira bem diferente.

Arlene: É, a conversação tem um efeito sobre nós, porque você nem sempre, você não reflete sobre isso até ser perguntada sobre algo.

Ruth: É.

Arlene: Esse assunto sempre me incomodou. Não mais.

O padrão geral que o discurso da mídia mostra como irrelevante e que desencoraja a ação dos cidadãos ainda permanece. Mas, quando olhamos mais de perto para cada questão por vez, o bloco monolítico parece mais um mosaico com padrões complexos.

Indústria problemática

O discurso da mídia sobre essa questão foi esmagadoramente enquadrado como um debate entre aqueles que eram favoráveis a um mercado livre e ilimitado, e aqueles que eram a favor de vários níveis de planejamento estatal ou de parceria no processo – uma forma de política industrial. Nas poucas vezes em que os trabalhadores apareceram como atores nesses enquadramentos visíveis, foi como trabalhadores organizados, com líderes de sindicatos como seus porta-vozes. Eles apareceram, é claro, em seu papel de vendedores individuais de sua força de trabalho e como consumidores, mas a eles não foi dado nenhum papel de contribuintes coletivos para a política destinada à indústria problemática.

Isso revela, contudo, que um dos momentos discursivos críticos que coletamos acerca dessa questão ocorreu em um momento de significativa ação dos cidadãos – um esforço comunitário de trabalhadores e outros cidadãos na área de *Mahoning Valley*, em Ohio para comprar e dirigir a *Youngstown Sheet and Tube Company*. Essa companhia foi adquirida em 1969, por um conglomerado com sede em New Orleans, a *Lykes Corporation*, que a utilizou como negócio capaz de gerar muito lucro no ramo. Em vez de modernizar a companhia, a Lykes usou o dinheiro disponível para pagar a dívida que tinha assumido com a compra da *Sheet and Tube* e para financiar outras novas aquisições.

Em 1977, a Lykes tentou vender a já exaurida companhia, mas não encontrou nenhum comprador entre outras companhias metalúrgicas estrangeiras e nacionais. Em setembro, anunciou que iria fechar permanentemente sua maior fábrica na área, despedindo 4.100 empregados. Aproximadamente 3.600 empregos adicionais seriam perdidos em meio aos efeitos sobre os abastecedores locais e os negócios de varejo. Enquanto isso, a União dos Trabalhadores Metalúrgicos da América – tendo sua principal arma, a greve, amplamente inutilizada pelas mudanças internacionais na indústria metalúrgica – tentou desesperadamente se agarrar às vitórias conquistadas no passado, mas parecia incapaz de qualquer iniciativa.

Como resposta, um amplo grupo de líderes religiosos formou a *Ecumenical Coalition of the Mahoning Valley* com a intenção de procurar uma solução para a crise. Seguindo a sugestão de trabalhadores metalúrgicos locais, começaram a explorar a possibilidade de formar uma comunidade combinada de trabalhadores e comprar a *Sheet and Tube*. Alperovitz e Faux (1982, p. 355) descrevem esse processo como algo capaz de incorporar "preocupações com empregos em vez da preocupação com o *welfare*, com a ajuda vinda da iniciativa própria e com a ampla participação em vez de depender das decisões a ser tomadas por responsáveis ausentes".

A nova companhia seria conhecida como *Community Steel* e seria dirigida por um conselho formado de 15 membros, com seis membros eleitos pelos trabalhadores da companhia, seis pelos acionistas e três pela base mais ampla da corporação comunitária. Milhares de residentes penhoraram suas economias para formar um fundo que seria usado para comprar a fábrica. E a coalizão recebeu uma garantia do Departamento de Habitação e Desenvolvimento Urbano para conduzir um estudo de viabilidade. Eventualmente, o plano vacilou quando o governo de Carter falhou em apoiar as garantias de empréstimo, mas o esforço de dois anos empreendido pelos cidadãos para adquirir a *Sheet and Tube* foi claramente a maior e mais importante tentativa de tornar uma fábrica propriedade de uma comunidade de trabalhadores.

O que está visível no discurso da mídia nacional? Quando os jornalistas estão cobrindo uma questão que se desdobra a longo prazo, como o declínio da indústria metalúrgica problemática, eles procuram por um gancho a partir do qual poderão amarrar sua história. O governo de Carter proporcionou um desses ganchos quando ofereceu um plano de seis tópicos para lidar com os problemas da indústria metalúrgica no final de 1977. Se havia uma história no esforço feito para a compra da *Sheet and Tube* alguns meses antes, essa era uma excelente oportunidade para incluí-la. Esse caso estava recebendo uma extensiva cobertura da mídia local. Esforços de cidadãos comuns desse tipo são novelísticos o suficiente, e era muito cedo para saber qual seria o final. A secretária do Departamento de Habitação e Desenvolvimento Urbano, Patricia Harris, estava pedindo por "novos modelos de envolvimento da comunidade para solucionar esses problemas" (ALPEROVITZ; FAUX, 1982, p. 355). Poderíamos esperar que a pressuposição normal nesse discurso, a de que a ação cidadã é irrelevante, poderia muito bem ser suspensa em um exemplo como esse.

Escolhemos um período de duas semanas após o anúncio do plano da administração de Carter para auxiliar a indústria metalúrgica de modo a compor a amostragem dos comentários da mídia. Nossa amostra compreende seis colunas de opinião, cinco charges e três histórias de revistas de notícias a respeito da indústria metalúrgica. Não trabalhamos com nenhuma cobertura de emissoras televisivas. Procuramos em vão por qualquer referência à ação cidadã no *Mahoning Valley*, centro da indústria metalúrgica.

Quatro das cinco charges representavam trabalhadores, geralmente caracterizados pela lancheira, um boné de trabalhador ou o capacete. Esses trabalhadores estavam preocupados, mas sempre passivos. Eles nunca foram o sujeito do que estava acontecendo, mas sempre seus desafortunados objetos.

Com uma exceção, a cobertura de capa das revistas de notícias também apresentou trabalhadores exclusivamente em seu papel de vítimas ou beneficiários das ações dos outros. Funcionários ou porta-vozes de indústrias expressaram seus planos para manter ou repor empregos para os operários metalúrgicos ou reclamaram do modo como as importações japonesas estavam retirando o emprego dos metalúrgicos. A capa da *Times* estava repleta de críticas severas ao Japão, mas continha ao menos uma pequena insinuação de que os trabalhadores podem ser agentes. A capa incluiu uma foto de um grupo cuja maioria eram homens brancos de meia idade, muitos deles vestiam jaquetas esportivas com camisas abertas no colarinho, em pé diante da cerca da Casa Branca, olhando diretamente para a câmera. Um desses homens segurava um cartaz de piquete onde se podia ler *"Save the Steel Valley"*. A imagem tinha a seguinte legenda: "Operários metalúrgicos dos Estados Unidos fazendo piquete na Casa Branca: apelo melancólico por qualquer coisa". A história que acompanhava a foto mencionava uma coalizão de executivos industriais, "homens de sindicatos", e congressistas de áreas produtoras de aço que "fizeram grande pressão para que a Administração de Carter fizesse alguma coisa".[23]

Os trabalhadores metalúrgicos apareceram em todas as seis colunas de opinião, mas nunca como agentes. Havia numerosas referências aos trabalhadores como vítimas perdendo seus empregos. Mas o colunista James Reston pensou que eles parcialmente atraíram essas referências para si mesmos, repreendendo

---

[23] Revista *Time*, 5 dez. 1977, p. 58.

os trabalhadores americanos que "cada vez mais condenam a integridade do trabalho e rejeitam a autoridade de seus gerentes" e citando, em tom aprovador, um funcionário do Departamento de Trabalho do anterior governo de Nixon, o qual afirmava que os trabalhadores "não pensam mais que o trabalho duro dá resultado" e "cada vez mais resistem à autoridade em suas companhias, comunidades, igrejas ou governos".[24]

O colunista Nicolas von Hoffman fez uma alusão à companhia *Youngstown Sheet and Tube,* mas fez referência somente à fusão entre a Lykes, sua proprietária, e outro conglomerado, a *LTV Corporation,* que já tinha comprado previamente a *Jones and Laughlin Steel.*[25] No que se refere à ação dos cidadãos para adquirir a *Sheet and Tube,* von Hoffman ou a considerou irrelevante, ou não sabia sobre ela.

A ação dos trabalhadores apareceu de maneira alegórica em uma coluna de Art Buchwald sob a forma de uma "delegação de elfos" confrontando Papai Noel sobre a falta de empregos em sua fábrica de brinquedos.[26] O Papai Noel explica que a situação "está fora de seu controle", desde que ele vendeu sua fábrica para um conglomerado que só se importa com a quantidade de dinheiro que pode ganhar ou perder. Um elfo "exige" saber, em primeiro lugar, por que ele vendeu a fábrica, e o Papai Noel explica o quanto precisava de capital e não podia competir com as outras companhias. "Você sabe como eu me sinto a respeito de vocês, pequenos companheiros", Papai Noel diz aos elfos. "Eu trabalhei com vocês durante toda a minha vida, mas o que posso fazer quando os japoneses começam a enviar bonecas da atriz Farrah Fawcett para cada chaminé por um quarto do preço que conseguimos fazer aqui?" Os elfos aceitam pesarosamente um Natal de desemprego, enquanto o Papai Noel lhes diz "Sinto muito, mas a vida é feita de altos e baixos". Isso também vale para a ação coletiva.

Ação nas conversações

Apesar de sua ausência no discurso da mídia, 43% das conversações sobre a indústria problemática referiu-se espontaneamente à ação coletiva desempenhada pelos trabalhadores. Nem todos os grupos foram simpáticos a essa ação. Em quatro grupos, em que todos os participantes eram brancos, comentários foram direcionados contra a habilidade dos sindicatos em proteger trabalhadores moles ou desmotivados, apelando para a ameaça de greve se a companhia tenta demiti-los. Em outros três grupos, comentários desrespeitosos foram feitos sobre a ineficácia de greves ou, de modo mais geral, de sindicatos.

---

[24] Coluna de James Reston, 2 dez. 1977.

[25] Coluna de Nicholas von Hoffman, 10 dez. 1977.

[26] Coluna de Art Buchwald, 11 dez. 1977.

Referências simpáticas, contudo, ocorreram em 30% dos grupos e tenderam a reaparecer com maior frequência nas discussões finais. Às vezes elas apareciam na mesma discussão que continha referências depreciativas, como no exemplo a seguir:

Personagens

- *Carol, responsável pelos registros financeiros de uma empresa, cerca de 30 anos.*
- *Cissy, motorista de ônibus, cerca de 40 anos.*
- *Constance, funcionária de escritório em uma companhia de seguros, cerca de 30 anos.*
- *Sally, funcionária de escritório em uma companhia de seguros, cerca de 20 anos.*

Facilitador: Vocês diriam que tudo o que aconteceu sobre essa questão da indústria problemática afetou pessoalmente vocês, amigos seus ou alguém em sua família?

Carol: Amigos.

Facilitador: Você pode nos contar um pouco mais sobre o que aconteceu com eles?

Carol: Bem, eles foram, eles saíram, fizeram piquetes, lutaram pelo que queriam. Mas não chegaram a nenhum resultado. No final, a companhia faliu. E agora eles estão desempregados.

(*mais tarde*)

Facilitador: Nós conversamos sobre nós mesmos e sobre as outras pessoas que conhecemos. Vocês podem imaginar grupos mais amplos em nosso país que podem ganhar ou perder dependendo das políticas estabelecidas para a indústria problemática? O que foi feito no caso na indústria problemática?

Sally: Que tal o caso das enfermeiras? Como quem participou de piquetes por mais, como as pessoas do *Carney Hospital*. Elas fizeram piquetes até conseguir o que queriam. É como esse exemplo?

Cissy: O que elas fizeram funcionou.

Sally: Realmente funcionou, porque elas conseguiram o que queriam, certo? Elas não foram demitidas. Ainda estão trabalhando. Então, conseguiram o que queriam.

Facilitador: Mais alguém tem um exemplo?

Constance: É como no caso dos grandes sindicatos. As pessoas poderiam ver se pudessem ganhar mais dinheiro. Uma companhia de seguros poderia ter um sindicato. E os funcionários da companhia fariam piquetes até que o sindicato lhes conseguisse mais dinheiro, e voltariam para o trabalho.

(*mais tarde, quando respondiam à charge 4*)

Constance: Essa charge está dizendo que essa companhia conseguiu o que queria, certo?

Facilitador: O que você acha?

Constance: Ela diz, bem, eu tenho o que quero, então você pode adeus, eu não preciso mais de você. Eu tenho o que queria, o que realmente queria, você vai para fora. Então. Eu vou para outro lugar.

Sally: É como eu disse antes, é como a companhia de seguros onde trabalhamos. Eles nos pagam salários baixos, mas damos a eles o que querem. "Deem a eles esse salário, que é o que queremos dar para eles. Esqueça. Se eles não querem, podem ir embora". Algumas pessoas de sindicato, que possuem um sindicato, elas têm que lutar pelo que querem, ok? Eles têm que nos dar o que nós queremos. E esse cara aqui esborrachado no chão? Isso significa que vai estar por baixo – ele tem que pegar o que derem para ele.

Cissy: É, ele foi atropelado em cheio.

Não havia nenhuma evidência em quaisquer dos 30% dos grupos que tiveram uma discussão de apoio à ação coletiva no caso da indústria problemática, de que o discurso público foi a fonte da simpatia manifesta pelos participantes. Eles precisam olhar necessariamente para além desse discurso, considerando seu próprio conhecimento experiencial e sua sabedoria popular para encontrar os recursos capazes de sustentar essa simpatia. Na verdade, uma substancial minoria faz isso.

"Adeus, parceiro"

Fred Wright. Copyright, United Electrical, Radio and Machine Workers of America (UE). O chargista parece dizer que as companhias estão prontas para esquecer sua parceria com os trabalhadores e para se mudar para áreas nas quais podem pagar baixos salários sempre que isso atenda a seus interesses.

Ação afirmativa

A história da ação no discurso da mídia sobre a ação afirmativa é muito mais complicada. Em algum momento, a ação dos cidadãos teve um lugar proeminente, mas enfraqueceu rapidamente nos anos 1980. Os três momentos discursivos críticos mais recentes que coletamos focalizam as decisões da Suprema Corte, não um espaço óbvio para enfatizar a relevância da ação dos cidadãos. Mesmo com o tipo de estímulo que o evento manteve constante, há uma mudança dramática na centralidade do movimento pelos direitos civis a partir da decisão tomada no caso Bakke em 1978 até a decisão tomada no caso dos Bombeiros de Memphis em 1984.

Podemos perceber essa mudança de maneira mais dramática no modo como a história foi tratada na televisão. Visualmente, a ação afirmativa estava ligada ao movimento pelos direitos civis e às expressões contemporâneas que implicavam sua contínua relevância. Em 1978, todas as três redes de televisão mostraram um vídeo de uma manifestação feita por mulheres e minorias em São Francisco protestando contra a decisão tomada no caso Bakke. Nesse vídeo havia tomadas de piquetes e protestantes em marcha, signos e faixas dizendo "Lute contra o racismo, reveja Bakke" e "Abaixo a Bakke". Heróis e heroínas do movimento pelos direitos civis, como Julian Bond, Jesse Jackson e Coretta Scott King foram entrevistados, junto com porta-vozes da *National Association for the Advancement of Colored People* (NAACP), da *Urban League*, da *Southern Christian Leadership Conference* (SCLC) e da *Congressional Black Caucus*. Eles foram, é claro, identificados oralmente e de maneira impressa. A emissora ABC mostrou tomadas de Martin Luther King em uma cerimônia na Casa Branca com o Presidente Lyndon Johnson para a assinatura do Ato dos Direitos Civis.

No ano seguinte, na época da decisão sobre o caso Weber, essa mesma mensagem visual ainda estava lá, embora tenha se tornado mais inexpressiva. Duas das redes televisivas mostraram a convenção da NAACP em Louisville, e a ABC incluiu tomadas da audiência, ressaltando mulheres e homens negros cantando, batendo palmas e balançando o corpo no ritmo da música. A CBS não cobriu a convenção, mas utilizou vários porta-vozes de grupos ligados aos direitos civis.

Esse conjunto positivo de imagens do movimento pelos direitos civis no final da década de 1970 certamente não colocou em desacordo a cobertura da mídia sobre a ação afirmativa e o discurso oficial. Eleanor Holmes Norton, uma mulher negra, chefiou a *Equal Employment Opportunity Commission* (EEOC) e foi a principal porta-voz do governo Carter sobre o assunto. Norton, uma jovem advogada recém-formada pela *Yale Law School*, ajudou a escrever o resumo para o desafio que o *Mississippi Freedom Democratic Party* iria fazer em 1964 à bancada composta pela delegação branca do Mississippi na Convenção

Democrática Nacional. Ela tinha uma longa história de participação tanto no movimento pelos direitos civis quanto no movimento de mulheres. Norton respondeu à decisão tomada no caso Bakke deixando claro que a EEOC iria continuar seus esforços de realização de ações afirmativas. "Minha leitura da decisão", disse ela, "é que não somos obrigados a fazer qualquer coisa que seja diferente do modo como fizemos as coisas no passado, e nós não vamos fazer".[27]

Depois da divulgação da decisão do caso Weber, Norton expressou a satisfação do governo Carter com o fato de que "a Corte parece ter se livrado da questão da discriminação às avessas que está na lei de discriminação trabalhista. Como resultado da decisão tomada no caso Weber, trabalhadores e sindicatos não precisarão mais temer o fato de que esforços conscienciosos para abrir oportunidades de trabalho estarão sujeitos ao desafio legal".[28] A inclinação dos jornalistas para adotar as visões oficiais do mundo atuou nesse exemplo para apoiar uma visão simpática do movimento pelos direitos civis e pela ação dos cidadãos a ele associada.

Em 1984, o discurso oficial sobre a ação afirmativa sofreu uma mudança. Nos primeiros anos do governo Reagan a ação afirmativa teve pouca prioridade, mas houve uma pequena adoção da retórica da oposição. O Departamento de Trabalho afrouxou as regras para os empreiteiros federais e os requerimentos para a ação reparadora, mas o Secretário do Trabalho, Raymond J. Donovan, justificou isso como um mero modo de reduzir a quantidade de burocracia. "Esse pacote regulatório mantém a salvaguarda necessária para grupos protegidos, enquanto remove a carga burocrática para os empregadores".[29]

Diferenças internas no governo de Reagan aparentemente preveniram um recuo completo dos esforços conduzidos pelo Procurador-Geral Assistente, William Bradfort Reynolds, para proibir todos os "programas de consciência de cor". Outros funcionários desse governo na EEOC, no Departamento de Trabalho e na Comissão dos Direitos Cívicos defenderam algumas formas de ação afirmativa.

Em 1984, quando a Suprema Corte enfrentou o conflito entre a ação afirmativa e "tempo de casa" (funcionários mais antigos em uma empresa), ao ter que decidir quem deveria ser demitido primeiro no caso dos bombeiros de Memphis, o grupo de Reynolds ganhou a batalha interna no governo de Reagan. O Departamento de Justiça produziu relatórios nesse e em outros casos, argumentando que todos os programas de consciência de raça eram ilegais, mesmo quando adotados em resposta a um inegável passado de

---

[27] Revista *Time*, 10 jul. 1978.

[28] *NBC News*, 27 jun. 1979.

[29] *New York Times*, 25 ago. 1981, p. 1.

discriminação contra os negros. Quando a Suprema Corte sustentou a primazia do "tempo de casa", ainda que isso possa significar que muitos daqueles dispensados fossem minorias recentemente empregadas sob um acordo de ação afirmativa, Reynolds chamou a decisão de "animadora", e o Advogado Geral, Rex Lee, disse, "Essa decisão é um sucesso total".[30]

Diferentemente da cobertura feita em decisões anteriores, o movimento pelos direitos civis desapareceu virtualmente da cobertura visual da questão e apareceu em formas que obscureciam ou negavam sua relevância. Nenhum piquete, nenhuma pessoa acompanhando marchas, nenhum símbolo de atividade de um movimento social apareceu em qualquer um dos programas de noticiário televisivo, tampouco algum ícone do movimento pelos direitos civis. A *National Association for the Advancement of Colored People* (NAACP) foi a única organização de direitos civis representada por porta-vozes. Além disso, em duas das três redes de televisão, funcionários do governo Reagan chamaram a decisão contra o programa de ação afirmativa de Memphis de favorável aos direitos civis. Clarence Pendleton, Presidente da Comissão dos Direitos Civis (e negra) aplaudiu a decisão como "um golpe poderoso para os direitos civis, e não um golpe poderoso contra os direitos civis".[31]

Em suma, o discurso da mídia nacional sobre a ação afirmativa realmente retratou a ação dos cidadãos como parte da história, mesmo quando o gancho para as notícias permaneceu nas decisões da Suprema Corte, que estão supostamente isoladas da pressão popular. O movimento pelos direitos civis é uma história sobre pessoas comuns fazendo história; ele legitima, embora retrospectivamente, a ação coletiva como uma força positiva para a mudança. Sobre essa questão o discurso da mídia não desestimula uniformemente um sentido de ação coletiva entre os cidadãos; em alguns contextos, ele pode mesmo ser visto como um discurso que o apoia.

Mas toda coisa boa tem sua origem em uma situação ruim. Essa parte da história somente estava presente no período em que o discurso oficial apoiou as conquistas dos ativistas dos direitos civis. Quando o discurso oficial mudou de uma postura simpática para não simpática, a história da ação afirmativa também mudou; o movimento pelos direitos civis perdeu sua visibilidade, e a ação dos cidadãos perdeu sua relevância no discurso da mídia sobre a questão.

Ação nas conversações

Uma discussão espontânea sobre a ação coletiva ocorreu em 38% das conversações sobre a ação afirmativa; em três quartos, os retratos foram positivos e de

---

[30] Revista *Time*, 25 jun. 1964, p. 63.

[31] *NBC News*, 12 jun.1984.

apoio. As histórias que as pessoas contaram eram sobre um período anterior – os anos 1960 ou 1970 – e incluíam tanto o movimento pelos direitos civis quanto ações contra o transporte escolar ao longo do árduo conflito sobre o fim da segregação no sistema público escolar de Boston. Considerando o intervalo de tempo, a permanente saliência e a presença conversacional desses episódios sugerem uma vivacidade especial na memória, como podemos ver nos exemplos a seguir:

Personagens

- *Gertrude, secretária, negra, cerca de 30 anos.*
- *Robert, guarda-costas, negro, cerca de 20 anos.*
- *Danny, representante de serviços para clientes em uma companhia de aluguel de veículos, negro, cerca de 20 anos.*

Gertrude: Eu fico imaginando quanta diferença a ação afirmativa poderia fazer. Estou certa de que ela ajuda tanto quanto um posto de trabalho. Se eles não tivessem isso, muitas companhias não iriam contratar negros.

Danny: Ok.

Gertrude: E algumas outras minorias. Mas muitas dessas outras minorias estão tão unidas, que elas dizem, "tire o emprego deles". De qualquer forma, eles abrem seu próprio negócio depois.

Danny: Aqui em Massachusetts.

Gertrude: E essas crianças saem da escola com louvor. Então, o que tem de errado com as pessoas e as crianças negras?

Danny: Hum-hum. Nada. Eles são simplesmente mimados ou estão dentro do esperado.

Gertrude: Eles não estão dentro do esperado. É simplesmente isso.

Robert: Você sabe o que isso significa? Eles não lutaram. Eles não tiveram que lidar com um monte de coisas que, quero dizer, você é muito jovem (*dirigindo-se a Danny*), mas você pode entender essas coisas, certo? Eu queria ir para a..., marchar com eles.

Danny: Manifestação?

Robert: É, com Martin Luther King. Eu queria ir. Eu tinha 13 anos naquela época. Eu estava na história negra e queria saber sobre aqueles linchamentos que eles geralmente faziam nas manifestações. E acho que eu nutria um pouco de hostilidade em mim. Eu estava aqui, na Blue Hill Avenue, durante as manifestações tumultuadas de 1967. Sabe do que estou falando? E ouvi a respeito de Watts, disso e daquilo.

O segundo exemplo é de um grupo realizado na parte sul de Boston, um centro de oposição branca ao plano ordenado pela Corte de terminar com a segregação escolar:

Personagens

- *Peter, cozinheiro, cerca de 20 anos.*
- *Gabriele, auxiliar de enfermagem, cerca de 20 anos.*
- *Tim, motorista de carro que realiza viagens curtas entre duas localidades, cerca de 20 anos.*
- *Bill, trabalha com manutenção de telefones, cerca de 20 anos.*

(Eles estão no meio da discussão de uma pergunta do facilitador se teriam sido afetados pessoalmente por alguma coisa que tenha acontecido e que estivesse ligada à ação afirmativa.)

Peter: Eu perdi um ano de escola por causa do problema dos transportes escolares. Minha mãe não queria que eu fosse para a escola. Eu morava perto de *Southie High*, certo, e eu não podia ir para essa escola. Sabe, quando a questão do transporte escolar começou, minha mãe não queria que eu fosse pra lá, porque ninguém mais estava indo, sabe? Tinha várias músicas do tipo "Nós não vamos."

Gabriele: Por que os negros tinham que embarcar no ônibus escolar para ir para a escola? Quero dizer, por que eles têm que misturar brancos e negros? Se eles estão felizes do jeito que estão, deixem eles quietos. Houve tanto problema por causa do transporte escolar, sabe?

Tim: Eu sei. Veja quantas pessoas largaram a escola por causa desse problema do transporte escolar. Teve gente que foi apunhalada, assassinada e coisas do tipo.

(Mais tarde, ao discutirem o que deveria ser feito sobra a ação afirmativa)

Peter: Eu não quero ver a questão do transporte escolar se repetir. Eu vi pessoas levando... Eu morava pertinho da escola, sabe? Eu costumava vir para casa almoçar e, do portão da escola até em casa, eu caminhava um quarteirão, e eu via pessoas levando surra de taco, eu vi um carrinho de bebê sem o bebê dentro, uma brincadeira estúpida. [A polícia] perseguia pessoas à noite nos becos, porque as pessoas costumavam, sabe, aterrorizar a escola. [A polícia] costuma sair da escola à noite – "Vamos perseguir todo mundo." Eu nunca vou me esquecer disso. Nunca. Nunca na minha vida. Eu moro perto da escola. Eu assisti tudo da minha janela. Cara, vem aqui – eles chamavam, "vem jogar cartas", *(risos)*, certo? Eu sabia o nome desse cara, quando eu tinha por volta de sete, oito, nove anos – eu vi todos os dentes dele serem arrancados por um cassetete. Ele veio até a minha casa, minha mãe deixou ele entrar, sabe, sem nenhum dente na boca, e aí ele saiu da escola.

Tim: Dê uma dentadura para ele e mande-o embora da escola.

Bill: Isso diz tudo.

Embora fossem raras essas experiências de ação coletiva, permanecem especialmente vivas na memória e disponíveis como um recurso para a discussão da questão. As referências expressam frequentemente ambivalência: experiências de ação coletiva são às vezes associadas com ansiedade e medo, e com um sentido de excitação por participar da construção da história. As pessoas trazem essas experiências para a conversação sem ser induzidas a fazê-lo, embora os incidentes relevantes possam ter acontecido muitos anos antes.

Somente na questão da ação afirmativa apareceram diferenças raciais significantes. Quase metade dos grupos formados de pessoas negras mas somente 6% dos grupos de pessoas brancas tiveram discussões que predominantemente apoiavam a ação dos cidadãos ($p<.01$). Os grupos compostos de pessoas negras recorreram ao movimento pelos direitos civis e, de maneira geral, à luta dos negros. Os grupos de trabalhadores brancos tiveram menor probabilidade de trazer qualquer ação coletiva para sua conversação sobre essa questão, focalizando-se, quando o faziam, com maior probabilidade no movimento contra o transporte escolar em vez de ressaltar o movimento pelos direitos civis. Esses grupos também fizeram principalmente comentários negativos sobre a ação coletiva contra o transporte escolar, independentemente de suas opiniões sobre a ação afirmativa.

Uma discussão simpática à ação coletiva teve claramente relação com a simpatia pelos objetivos de tal ação, e isso varia de uma questão para outra. Muitos grupos de trabalhadores negros enquadraram a ação afirmativa como o último capítulo de uma longa e interminável história sobre a luta dos negros por inclusão. E o movimento por direitos civis apareceu como um capítulo inicial bem-sucedido nesse esforço. Mas esse enquadramento foi raramente apresentado na discussão entre os trabalhadores brancos a respeito dessa questão. Assim, dada essa diferença no enquadramento geral da questão, não causa nenhuma surpresa o fato de que o movimento pelos direitos civis tenha raramente desempenhado um papel significativo nas conversações sobre essa questão entre os trabalhadores brancos.

Energia nuclear

O discurso a respeito da energia nuclear também contém uma história sobre a ação dos cidadãos. No final dos anos 1950 e início dos anos 1960, um movimento contra o teste de armas nucleares na atmosfera chamou a atenção pública para o amplo leque de perigos da radiação. O leite, "o alimento da natureza mais próximo da perfeição", como anunciava a indústria publicitária, foi acusado de conter estrôncio-90. Uma famosa publicidade, patrocinada pelo *Committee for a Sane Nuclear Policy* (SANE), preveniu o público com a seguinte frase: "O Doutor Spock está preocupado".

Uma parte dessa crescente preocupação pública a respeito dos perigos da radiação converteu-se em uma preocupação com a energia nuclear. Foram realizados debates locais sobre o licenciamento de alguns reatores. Mas depois da passagem do *Limited Test Ban Treaty*, de 1963, as preocupações com a radiação retrocederam no discurso da mídia.

A ação dos cidadãos tornou-se parte da história da energia nuclear com o crescimento do movimento antinuclear nos anos 1970. Uma de suas maiores conquistas foi desencadear práticas midiáticas particulares, que abriram o discurso – mas de forma restrita. Antes do anos 1970, os jornalistas não aplicavam a norma do equilíbrio para a energia nuclear. Sua aplicação é desencadeada pela controvérsia. Operacionalmente isso requer seja uma ação dramática ou extensiva dos cidadãos que assumem uma postura desafiadora, seja uma oposição pública às políticas de energia nuclear estabelecidas pelas elites poderosas. Nenhuma dessas ações ocorreu até o início dos anos 1970.

A norma de providenciar um equilíbrio em questões controversas é vaga, mas ela tende a ser interpretada de certos modos específicos. Nos relatos das notícias, o equilíbrio é proporcionado pela citação de porta-vozes com opiniões que competem entre si. Para simplificar a tarefa, há uma tendência em reduzir a controvérsia a duas posições concorrentes: uma oficial e uma alternativa, defendida pelo mais poderoso membro da política. Em muitos casos os críticos podem compartilhar com as vozes oficiais o mesmo enquadramento subentendido e pressuposições tidas como dadas, diferindo apenas ligeiramente.

O movimento antinuclear, assim como muitos, consistia em uma ampla coalizão de organizações de movimentos com diferentes enquadramentos sobre a energia nuclear e diferentes estratégias para alterar a política nuclear. Um estudo da cobertura de emissoras de televisão para os dez anos que antecedem o acidente em *Three Mile Island* (TMI) revelou um elevado aumento na cobertura total da questão da energia nuclear, começando em 1975. Nos primeiros meses de 1979, antes do acidente, as redes de televisão tinham divulgado vinte e seis histórias relacionadas à energia nuclear.[32]

O movimento antienergia nuclear tendeu a ser representado por porta-vozes da *Union of Concerned Scientists* (UCS) e por Ralph Nader em segundo lugar. Porta-vozes de grupos de ação direta, como a *Clamshell Alliance*, eram raros, embora suas ações – especialmente a ocupação do espaço onde se localizava o reator nuclear de Seabrook, New Hampshire, em 1977 – às vezes recebessem extensa cobertura.

Selecionamos uma amostragem do discurso da mídia em um período de duas semanas, na primavera de 1977, cobrindo tanto a ação em Seabrook

---

[32] *Media Institute* (1979).

quanto o esforço do Presidente Jimmy Carter para ganhar apoio internacional para controlar a proliferação da tecnologia nuclear. Essa amostra deu origem a quinze segmentos televisivos, dois relatos em revistas de notícias, seis charges e cinco colunas de opinião.

A cobertura televisiva focalizou exclusivamente o rico visual da ação coletiva em Seabrook e suas sequelas, excluindo a iniciativa de Carter. O governador de New Hampshire, Meldrim Thomson, que apoiava a construção do reator de Seabrook, ajudou inadvertidamente a transformar o que poderia ter sido uma ação cidadã fracamente visível em uma grande história em desenvolvimento. Os 1.414 manifestantes que foram presos, não foram autorizados a sair do tribunal, como havia sido previsto pela *Clamshell Alliance*, mesmo depois de prometerem voltar quando convocados. Em vez disso, foram acusados de invasão criminal e sentenciados a pagar uma quantia que variava de $100 a $500 para esperar o julgamento em liberdade. A maioria se recusou a pagar, então eles foram levados para cinco espaços de estocagem de arsenal da Guarda Nacional e lá foram mantidos por 12 dias, enquanto equipes de vídeo, redes de televisão e jornalistas da mídia impressa chegavam à cidade. Cada uma das redes de televisão produziu matérias em cinco dias diferentes, embora às vezes fosse meramente uma curta atualização.

A história televisiva era sobre um conflito polarizado: de um lado, o Governador Thomson e seus aliados; de outro lado, a *Clamshell Alliance*. O confronto era sobre a possibilidade de terminar ou não a construção do reator de Seabrook. A questão central era quem iria ganhar, por isso houve poucos comentários diretos sobre a energia nuclear. Mas a cobertura apresentou imagens da ação dos cidadãos na questão da energia nuclear, quando implicitamente colocou a questão: que tipo de pessoa é contra a energia nuclear?

Para um espectador de televisão surdo, a resposta poderia parecer ser pessoas que usam mochilas e jogam *frisbee*. Todas as três redes de televisão apresentaram essas imagens em mais de uma matéria especial. Os telespectadores podiam ver barbas e cabelos longos, bandanas, *buttons* com os dizeres "Abaixo as armas nucleares", pessoas tocando guitarra e gente costurando. Fora do tribunal, depois que os manifestantes foram soltos, os telespectadores viram a felicidade das famílias que se reencontravam, com muitas crianças em torno.

As imagens visuais não têm um significado fixo. Alguém que acredita que os especialistas conhecem melhor a realidade pode ver crianças e ambientalistas extremistas, que parecem que não serão felizes enquanto não transformarem a Casa Branca em um santuário para pássaros. Um telespectador mais simpático pode ver amor, cuidado, jovens desinibidos que estão socialmente integrados e preocupados com o ambiente que compartilham.

Algumas diferenças entre as redes televisivas se fizeram notar nas palavras que acompanharam essas imagens. A cobertura da CBS e da NBC deixou o trabalho interpretativo para o telespectador, mas a ABC ofereceu sua própria interpretação. Foi dito aos telespectadores que aquele era o mesmo tipo de pessoas que estava envolvido em manifestações contra guerras, "manifestações à procura de uma causa". A rede ABC permitiu que dois membros da *Clamshell Alliance* falassem por si mesmos, citando sua determinação em vencer ("Temos que parar a construção do reator a qualquer custo"), enquanto omitia qualquer citação relacionada às suas razões para agir.

Os manifestantes foram apresentados de modo relativamente simpático pela cobertura das revistas de notícias. Tanto a *Time* quanto a *Newsweek* mencionaram o compromisso dos manifestantes com a não violência, e a *Newsweek* acrescentou o não envolvimento dos manifestantes com drogas, armas e brigas. As fotos que acompanhavam as matérias reforçavam as imagens mostradas na televisão dos mochileiros; a *Newsweek* os chamou de maltrapilhos e mencionou que eles jogavam *frisbee*, tocavam violão e liam Thoreau. A *Time* também citou o editor do jornal *Manchester Union Leader*, William Loeb, que comparou a *Clamshell Alliance* a "soldados pertencentes a um violento grupo militar nazista sob a influência de Hitler", mas a caracterizou de um modo que a descreditava, rotulando-a de "conservadora abrasiva".

As charges e as colunas, com uma exceção, ignoraram o movimento antinuclear em seus comentários sobre a questão. Somente Jeremiah Murphy mencionou os protestantes antinucleares, relacionando-os com as imagens, da década de 1960, dos protestantes contra a guerra – barbados maltrapilhos, de cabelos longos e mulheres sem sutiã. Alguns desses manifestantes, escreveu Murphy, "realmente não sabem por que estão protestando e – pior ainda – nem se importam".[33]

Depois de 1977, o movimento contra a energia nuclear, ainda que tenha sido ou não tratado de forma simpática, tornou-se visível, uma parte estabelecida do discurso da mídia sobre a questão. Quando compusemos a amostra da cobertura da mídia, após o acidente de Chernobyl, encontramos todas as três emissoras de televisão mostrando protestantes antinucleares na América ou na Europa, em um total de oito exemplos distintos. Os signos utilizados pelos manifestantes lembravam aos telespectadores que "Chernobyl pode acontecer aqui" ou "Chernobyl está por toda parte".

Diferentemente da ação afirmativa, nenhum governo nacional promoveu ou apoiou alguma vez a ação dos cidadãos no caso da energia nuclear. A atenção da mídia a esse caso aconteceu a despeito do desestímulo oficial. Embora nenhuma ação coletiva desde 1977 tenha chegado perto da visibilidade nacional dedicada à ocupação de Seabrook, o movimento antinuclear obteve sucesso em manter a ação cidadã visível no discurso sobre a questão. A generalização de que o discurso

---

[33] Coluna de Jeremiah Murphy, 2 maio 1977.

da mídia suprime uniformemente qualquer sentido de ação coletiva parece de novo seriamente incompleta para a energia nuclear e talvez mesmo enganosa.

A ação nas conversações

O destaque da ação dos cidadãos no discurso da mídia se reflete também nas conversações, com uma discussão espontânea sobre o movimento contra a energia nuclear em mais de metade (54%) dos grupos. Contudo, referências positivas e negativas estão mais ou menos equilibradas: somente 29% dos grupos apresentam discussões predominantemente simpáticas.

Em um grupo em que os participantes estavam divididos sobre os méritos da energia nuclear, um participante favorável a ela reclamou que o reator de Seabrook não havia sido inaugurado depois de todo dinheiro investido em sua construção. "O lugar está construído, está pronto para ser inaugurado", afirmou. "Mas não estão deixando ele ser aberto. Os manifestantes não estão deixando que ele seja inaugurado."

Comentários negativos, contudo, tinham mais probabilidade de depreciar a ação coletiva do que de condenar sua eficácia. Um participante fez referência a "todos aqueles que estavam protestando. Algumas pessoas loucas, espalhadas e segurando as mãos umas das outras, que não querem deixar os outros passarem para fazer o que tem que ser feito lá". Mas discussões a respeito da ineficácia frequentemente insinuavam o lamento de que a ação coletiva não fosse mais significativa, como no exemplo a seguir, extraído de um grupo inter-racial já visto anteriormente (capítulo 3, "Conflito árabe-israelense").

Personagens

- *Reggie, coordenador em um fundo comum de serviços de saúde, negro, cerca de 40 anos.*
- *Marilyn, enfermeira, negra, cerca de 30 anos.*
- *Marjorie, diretora de um escritório, branca, cerca de 40 anos.*
- *Susie, recepcionista em uma agência de enfermagem, branca, cerca de 20 anos.*

(Eles estão respondendo à pergunta do facilitador sobre quais grupos mais amplos no país são afetados pelos acontecimentos ligados à questão da energia nuclear.)

Reggie: A raça humana! A raça humana. Todos estão preocupados com isso; por isso é que escrevi no negócio lá [o questionário]. Todo mundo! Toda a raça humana.

Marilyn: Toda a raça humana.

Marjorie: O que é que eles dizem? "Uma bomba nuclear pode arruinar todo o seu dia". (*risos*)

Marjorie: Contudo, sabe o que eu fico me perguntando? Se todas as pessoas – bem, nem todo mundo – uma boa maioria das pessoas pensa desse modo [contra a energia nuclear] como o governo vai continuar agindo – quero dizer, nós não temos nenhum poder?

Susie: É porque eles estão ganhando dinheiro com isso.

Marjorie: Quero dizer, você vai lá, participa de uma passeata e carrega seu pequeno pôster e canta uma musiquinha...

Reggie: O que isso vai provocar? Isso não vai levar a lugar algum. Quero dizer, isso desperta a consciência das pessoas.

Marjorie: ...e o governo mantém.

Susie: A maioria das pessoas é contra a energia nuclear, eu acho.

Marjorie: A maioria? Psshhh!

Susie: A maioria, mas o governo não está fazendo nada a respeito.

Marjorie: Se eu fosse louca, eu iria beber.

Em três dos grupos compostos de trabalhadores brancos, alguém mencionou amigos ou parentes que se engajaram em atos de desobediência civil. Esse tipo de ação coletiva parece obter um respeito relutante, mesmo se a pessoa que estava discutindo essa questão fosse geralmente a favor da energia nuclear.

Personagens

- *Mike, supervisor de custódia, cerca de 40 anos.*
- *Bob, administrador em uma universidade, cerca de 30 anos.*

(Mike afirmou anteriormente que "A energia nuclear é definitivamente o caminho que o país vem tomando". O grupo está respondendo à pergunta do facilitador sobre se algum acontecimento ligado a essa questão havia afetado pessoalmente os participantes.)

Mike: Eu tenho um primo que foi preso em Seabrook.

(risos)

Mike: E eu acabei tendo uma discussão feia com ele. Ele estava me explicando os motivos que o levaram a estar lá, e eu disse a ele por que ele tinha sido preso. E eu ainda acho que ele estava errado. Mas se uma pessoa acredita nisso, e é o que ela quer fazer, então é a prerrogativa dela. Depois de pagar 25 dólares, fizemos as pazes.

(risos)

Bob: Você pagou a fiança para ele?

Mike: Não.

(Algum tempo depois, quase no final da conversação.)

Mike: Não estou próximo de uma usina de energia nuclear. Ah, gente, eu tenho um primo em Seabrook, a coisa está no quintal dele praticamente, então eu não posso me sentir do mesmo modo que ele.

Bob: É.

Mike: Até onde isso me diz respeito, *eu* acho que esse é o caminho que o país vai tomar. Os manifestantes estão provavelmente um pouco mais envolvidos no assunto, porque está acontecendo muito próximo do local onde moram. Eles provavelmente sabem um pouco mais sobre o assunto. Eles provavelmente têm mais panfletos sobre o assunto. Eles encontram pessoas mais radicais do que eu, porque são as pessoas que vão lá nas indústrias nucleares e protestam, fazem piquetes, mesmo na chuva. Olha, eu acredito na convicção das pessoas, se é isso que elas querem fazer, se é nisso que elas acreditam de verdade, ok. Mas eles têm que provar isso para mim.

O conflito árabe-israelense

A ação nacional de cidadãos, realizada por americanos vinculados a acontecimentos do passado, é parte de uma rotina da reportagem sobre conflitos internacionais. Assembleias e manifestações de grupos étnicos são esperadas, são devidamente descritas e tipicamente escrutinizadas por sua relevância eleitoral, ou seja, pelo comportamento de um conjunto de eleitores. Essa ação tem seu valor de notícia especialmente aumentado quando qualquer grupo étnico mais amplo se revela contrariado com políticos eleitos que pertencem a um partido que o grupo tenha apoiado no passado. A mensagem geral nesse caso encoraja implicitamente a ação dos cidadãos: se grupos étnicos nacionais são consideravelmente grandes e coesos – e, assim, possuem uma importante alavancagem eleitoral – a ação coletiva é importante.

A cobertura da ação dos cidadãos no caso do conflito árabe-israelense se encaixa nesse quadro geral, mas com algumas complicações. A ação coletiva feita por pessoas em outros países tem sido frequentemente uma parte central da história, mas a ação nacional dos cidadãos tem sido estritamente um relato de rotina de uma questão étnica menos importante, conectada com um assunto central. De 1948 a meados da década de 1970, mobilizações feitas por grupos de judeus americanos para apoiar Israel durante suas várias guerras foram uma parte padrão da cobertura midiática. Durante a guerra de outubro de 1973, por exemplo, a revista *Time*, comentou o seguinte, "Mobilizações, passeatas e encontros estão acontecendo em todos os lugares". O artigo descrevia eventos em Los Angeles e Chicago, e mostrava uma imagem de um grande grupo de manifestantes com símbolos e bandeiras de Israel, apresentando a

Ação

seguinte legenda: "Habitantes de Nova Iorque reunidos na prefeitura para manifestar seu apoio a Israel na Guerra do Oriente Médio".[34] Manifestações de menor porte feitas por árabes-americanos em apoio aos protagonistas árabes da guerra também foram mencionadas rapidamente.

Em 1982, a ação cidadã nacional ainda era considerada uma história étnica, mas com uma nova reviravolta. Coletamos o discurso da mídia durante a invasão de Israel ao Líbano e pouco depois dos massacres nos campos de refugiados em Sabra e Shatilla pelas forças cristãs libanesas sob o controle de Israel. A revista *Newsweek* contrapôs a confusão de protestos "mudos" feitos pelos judeus americanos às críticas mais audíveis feitas em Israel. A legenda que acompanhava duas imagens de manifestações utilizou a citação "Há uma necessidade de falar", e junto com essa citação havia a frase "Manifestações contra o primeiro-ministro de Israel, Menachem Begin, em Boston e San Francisco".

Dentro da comunidade judaica americana, especialmente desde 1982, tem havido um aumento nas críticas públicas à política do governo de Israel e ocasionalmente elas incluíram críticas à inação ou passividade dos Estados Unidos. Mas preocupações acerca da política dos Estados Unidos no Oriente Médio são tipicamente expressas em vários fóruns de discussão pública ou em conversações e reuniões privadas, não por meio de uma ação cidadã envolvendo pessoas comuns.

É difícil encontrar nessa cobertura alguma tendência geral no discurso da mídia de tornar invisível a ação dos cidadãos. Quando isso ocorre, é dado o seu direito como parte da história. Mas a ação dos cidadãos é invariavelmente enquadrada como parte das políticas étnicas dos judeus e, em menor medida, da comunidade árabe-americana. O subtexto é que a ação dos cidadãos sobre a questão do conflito árabe-israelense é relevante somente porque expressa as preocupações e a identidade desses dois grupos étnicos particulares. Para os trabalhadores que compuseram nossa amostragem, e 99% deles não possuem nenhum vínculo forte com esses grupos, a ação cidadã sobre o conflito árabe-israelense é implicitamente definida como irrelevante no discurso da mídia.

Ação nas conversações

As conversações refletiram amplamente o subtexto. A ação cidadã nacional de qualquer tipo relacionada ao conflito árabe-israelense nunca surgiu nas conversações. A ação coletiva estrangeira – em particular o terrorismo – foi frequentemente parte da discussão, mas os falantes sempre assumem o papel de vítimas inocentes potenciais.

---

[34] Revista *Time*, 29 out. 1973, p. 56.

Conclusão

Não defendo que essa análise pormenorizada do discurso da mídia sobre as quatro questões aqui estudadas nos obriga a abandonar a generalização de que a cultura política americana desestimula sistematicamente a ideia de que cidadãos comuns podem alterar os termos e as condições de sua vida cotidiana por meio de suas próprias ações. Mas essa mensagem tende a ser mais equivocada em algumas questões do que em outras e, em alguns contextos especiais, um sentido de ação coletiva é até desenvolvido.

A generalização parece mais forte para o discurso sobre a indústria problemática. Uma ação cidadã importante na indústria metalúrgica comprometida com um grau de encorajamento oficial permaneceu, apesar de tudo, invisível no discurso midiático nacional. No caso da ação afirmativa, a ação dos cidadãos era visível quando um governo simpático ao movimento pelos direitos civis estava no poder e se tornava amplamente invisível quando o discurso oficial se tornava contra esse movimento. A simpatia oficial pela ação dos cidadãos pode, então, alterar sua depreciação ou sua invisibilidade normal e encorajar os jornalistas a tratar esses atores coletivos como atores relevantes na arena de discussão política.

Na questão da energia nuclear, a ação dos cidadãos tornou-se e permaneceu visível apesar do discurso oficial, que a depreciou e tentou diminuir sua importância. Aparentemente, existem circunstâncias nas quais o discurso da mídia iria descrever um movimento como um ator importante mesmo sem o estímulo oficial. Finalmente, ainda que a ação cidadã dos americanos esteja presente e seja tratada de maneira simpática no discurso sobre o conflito árabe-israelense, ela é relevante e estimulada somente para os judeus-americanos e os árabes-americanos como uma expressão legítima da política étnica. Em decorrência disso, a ação cidadã desempenhada por outros grupos ou em outro contexto que não seja étnico é considerada irrelevante.

O papel da mídia em caracterizar a ação coletiva parece, em um nível substancial, alterar-se de acordo com questões específicas, mantendo-se variável e inconstante. Assim, ao considerarmos a interpretação que os trabalhadores possuem da ação coletiva, parece-nos mais útil diferenciar o discurso da mídia pelo domínio temático. Se sua interpretação da ação coletiva se difere de uma questão para a outra, talvez isso reflita algumas dessas diferenças na cultura política de uma questão específica.

As conversações aqui examinadas proporcionam abundantes evidências de cinismo sobre a política e o governo, da crença em sua dominação por grandes empresas e da impossibilidade de trabalhadores, como os membros dos grupos, alterarem os termos de sua vida cotidiana. Todos os temas ligados aos trabalhadores americanos e já presentes em estudos realizados são aqui reproduzidos. Eu não apresentei evidências acerca desses pontos com base nas conversações, mas simplesmente aceitei essas premissas como ponto de partida para a análise.

O cinismo, contudo, é parcialmente situacional. A situação de interação, como mencionado no capítulo 2, estimula o cinismo chique. As pessoas são frequentemente menos cínicas no âmbito privado do que poderiam indicar os espaços públicos que frequentam e, em qualquer evento, elas não são consistentemente cínicas. Toda vez que acontece um movimento como o "Solidariedade" na Polônia ou como a "Revolução de Veludo" na Tchecoslováquia, somos lembrados de que essa caracterização do desamparo e da resignação é incompleta.

Parte dessa incompletude é alimentada por uma ênfase exacerbada no modo como o discurso da mídia contribui para o controle social. Ele realmente o faz, sob muitos aspectos e em muitas questões, mas há uma ampla variabilidade entre as questões. A cobertura da mídia mantém viva e ajuda a transmitir imagens, de maneira frequente e inconsciente, de protestos de grupos.

No caso da energia nuclear em particular, um forte argumento pode ser usado, uma vez que o discurso da mídia tem sido mais de ajuda do que de impedimento para o movimento antinuclear. Ter manifestantes contra armas nucleares levados tão a sério não é útil para nenhuma agenda oficial, uma vez que eles promovem modelos potenciais para a comunidade próxima, onde alguém pode desejar construir um reator nuclear. De fato, funcionários em indústrias nucleares e no governo, os quais podem considerar a encomenda de um novo reator, precisam certamente ser dissuadidos pela possível perspectiva de um protesto local prolongado com extensiva cobertura da mídia.

Imagens amplificadas pela mídia de uma ação cidadã bem-sucedida em uma questão podem se generalizar e ser transpostas para outras questões. O repertório da ação coletiva apresentado como um amplo escopo de questões políticas no discurso da mídia – entre boicotes, greves e manifestações, por exemplo – pode ser facilmente separado do contexto particular no qual é apresentado e adaptado a outras questões. Apesar das diferenças no discurso da mídia, discussões simpáticas à ação coletiva ocorreram de maneira frequente tanto no caso da indústria problemática quanto no caso da energia nuclear. Mas também é verdade que essa discussão focalizou mais as greves do que o esforço da comunidade de trabalhadores em adquirir companhias, uma possibilidade que a negligência da mídia manteve fora da consciência das pessoas.

Ainda que o discurso midiático nacional torne irrelevante a ação dos cidadãos, a mídia local e o conhecimento experiencial frequentemente proporcionam consciência de sua relevância potencial. É preciso somente que uma pessoa introduza o tópico por meio de seu conhecimento pessoal para estimular os outros a trazer, sob a forma de exemplos, o que eles ouviram ou leram sobre o assunto. O resultado é que a maioria dos grupos (57%) teve uma discussão favorável à ação coletiva em pelo menos uma questão, e a maioria (81%) trouxe esses problemas de alguma forma para a conversação. Embora o sentido conferido a essa ação tenha variado de questão para questão, a tendência geral para discutir a ação coletiva de maneira favorável foi igualmente forte em grupos formados por participantes brancos e negros.

Uma discussão favorável à ação coletiva é, contudo, muito diferente de um enquadramento maduro de ação coletiva. Acredito que somente modelos de ação coletiva bem-sucedida são uma parte comum de como esses trabalhadores negociam sentido a respeito de três das quatro questões aqui exploradas. A ação coletiva potencial que essa negociação implica pode ser ativada quando está integrada com os outros componentes dos enquadramentos de ação coletiva. Mas antes de chegarmos a essa parte da história, precisamos observar com mais cuidado o componente final: a identidade coletiva.

CAPÍTULO V

Identidade

Ser um agente coletivo implica ser parte de um "nós" que pode fazer algo. O componente "identidade" dos enquadramentos da ação coletiva diz respeito a um processo de definição desse "nós", tipicamente em oposição a um "eles", que possui interesses ou valores diferentes. Como sugere Melucci (1989), movimentos sociais elaboram e negociam esse sentido através do tempo, e alguns até transformam a questão de "quem somos" em uma parte importante de seu discurso interno.

É útil pensar nas identidades coletivas como três níveis entrelaçados: *organizacional, movimento e solidariedade de grupo*. O nível organizacional refere-se a identidades construídas em torno de instituições que dão mobilidade ao movimento: o empregado de um sindicato ou uma pessoa leal a um partido. Esse nível pode ou não estar imbricado em um nível de movimento, que é mais amplo que qualquer organização particular. A identidade dos ativistas da paz, por exemplo, raramente se apoia sobre uma organização; as pessoas apoiam diferentes esforços, em momentos diferentes, enquanto subordinam todas as organizações ao seu movimento identitário mais amplo. Finalmente, o nível do movimento pode ou não estar entrelaçado a uma ampla identidade de grupo solidária construída em torno do espaço social ocupado pelas pessoas, por exemplo, trabalhadores ou mulheres negras.

Às vezes, esses diferentes níveis estão integrados de maneira tão estreita que se transformam em um único amálgama: um movimento tem origem em um grupo solidário específico, com total apoio deste último, e uma determinada organização aparece para incorporar o movimento. Frequentemente, contudo, os diferentes níveis estão separados. Muitos americanos da classe trabalhadora, por exemplo, se identificam com trabalhadores, mas não possuem nenhuma identificação com seu sindicato e acreditam que o movimento dos trabalhadores é algo que aconteceu há 50 anos.

Este capítulo se concentra sobre o nível da solidariedade de grupo. De maneira mais específica, examina o quanto as pessoas utilizam sua localização social ao enquadrar as quatro questões aqui analisadas e em que medida o discurso da mídia estimula esse processo de enquadramento. Em que medida as categorias de classe, raça e gênero são importantes nos entendimentos que os participantes dos grupos focais produzem acerca da política, e em que medida eles veem as questões como se fossem incorporados um "nós" e um "eles"?[35]

Um enquadramento de ação coletiva precisa colocar duas partes em antagonismo. Alguns grupos tentam mobilizar seus membros por meio de um "nós" que inclui todos. O pronome "nós" pode indicar o mundo, a humanidade, ou, no caso de questões nacionais, todos os bons cidadãos. Tal enquadramento *agregador* transforma o "nós" em um conjunto de indivíduos em vez de transformá-lo em um ator coletivo potencial. O convite para a ação nesses enquadramentos é pessoal – por exemplo, tornar a paz, a fome ou o meio ambiente sua própria responsabilidade.[36]

Não há nenhum "eles" que esteja claro nesses enquadramentos agregadores. Os alvos são não atores, mas abstrações: a fome, a poluição, a guerra, a pobreza, a doença. Essas abstrações não apontam para um alvo externo cujas ações ou políticas precisam ser modificadas. Se a poluição é o problema, e todos nós somos poluidores, então somos o alvo da ação. Nós somos o "eles" nesses enquadramentos, e nem o agente, nem o alvo são atores coletivos.

---

[35] Eu lamento não ter escolhido uma questão com um potencial maior para tornar o gênero relevante, por exemplo, o aborto. Embora sondagens de opinião pública mostrem uma lacuna de gênero muito grande e consistente a respeito da energia nuclear (as mulheres são muito menos favoráveis do que os homens), o gênero não é nunca tratado como uma clivagem social relevante nas discussões sobre a energia nuclear.

[36] Lofland (1989), McCarthy e Wolfson (1992) escreveram sobre *movimentos de consenso*, definidos por McCarthy e Wolfson como "movimentos organizados para a mudança que encontram *amplo apoio* para seus objetivos e *pouca ou nenhuma oposição organizada* da população de uma comunidade geográfica". O movimento contra aqueles que dirigem alcoolizados nos dá um exemplo. Mas um amplo apoio para os mais vastos objetivos de um movimento não nos diz muito se haverá uma oposição organizada. Isso depende de como um grupo traduz seus objetivos em imperativos de ação. Dentro de um mesmo movimento, diferentes organizações de movimentos sociais variam no modo como enquadram a questão e na forma e alvos de sua ação. Os movimentos a favor da paz e do meio ambiente são exemplos de tipos de grupos mais consensuais e mais antagonistas. Parece mais útil falar de *enquadramentos* de consenso ou *estratégias* de consenso em vez de tratá-los como uma propriedade dos movimentos.

Enquadramentos de ação coletiva, ao contrário, opõem duas partes em disputa: "nós" nos mantemos em oposição ou em conflito com algum "eles". Estes são responsáveis por alguma situação desagradável e têm o poder de mudá-la, agindo de alguma maneira de modo diferente. "Nós" e "eles" são diferenciados em vez de combinados.

Um "eles" apagado, por si mesmo, não implica um enquadramento agregador. É possível haver um "nós" claro e coletivo, enquanto o "eles" permanece vago, porque é muito esquivo. Isso é especialmente possível de acontecer quando os alvos principais de mudança são mais culturais do que políticos e econômicos. Se alguém está atacando, por exemplo, o código cultural dominante do que é normal, as decisões de governos e poderosos atores corporativos podem ser secundários. Na busca de mudança cultural, o alvo é frequentemente difundido em meio a toda a sociedade civil, e o "eles" a ser perseguido é estruturalmente esquivo.[37]

Em tal situação, os meios de comunicação de massa têm maior probabilidade de se tornarem o alvo ambivalente de ação. Como refletem o código cultural que o grupo está desafiando, eles necessariamente são um adversário. Mas uma vez que também são capazes de amplificar o desafio e expandir sua audiência, auxiliando-a a alcançar os vários locais nos quais operam códigos culturais, eles também são necessariamente um aliado em potencial. Daí a ambivalência característica com a qual tantas organizações de movimento abordam os meios de comunicação de massa.

Em suma, enquadramentos com um "nós" claro e com um esquivo "eles" são capazes de ser completamente coletivos e criadores de oposição; diferentemente dos enquadramentos agregadores, agente e alvo de ação não são combinados. Esses enquadramentos, então, são simplesmente um tipo mais complicado de enquadramento oposicional.

Individualismo

As mesmas forças socioculturais que desestimulam um sentido de ação coletiva também desestimulam a reflexão sobre questões em termos coletivos. Gans (1979, p. 51) descreve o individualismo como um valor persistente nas notícias. Os indivíduos, quando agem sob seus próprios termos em vez de coletivamente, são continuamente apresentados como uma "fonte de produtividade econômica, social e cultural" e "um meio de adquirir variedade

---

[37] J. Gamson (1989) desenvolve esse argumento em sua análise das dinâmicas e das atividades do grupo de ativistas da AIDS, ACT-UP e sua luta com o problema do "inimigo invisível". Cohen (1985) e Melucci (1989) destacam a centralidade e a importância de questões de identidade coletiva em movimentos que enfatizam a mudança cultural e tomam como alvo a sociedade civil.

cultural". Não apenas as notícias, mas também o entretenimento e a publicidade estão fortemente implicados no processo. A "cultura frouxamente articulada" promovida pela televisão direciona as pessoas para uma visão privada do *self* no mundo.

A cultura ubíqua do individualismo está também refletida na linguagem dos trabalhadores. Gans (1988, p. ix) chama tal cultura de "individualismo americano médio" e a descreve como "primeiro e mais importante, uma mistura de valores culturais e morais para lidar com a vida cotidiana e de objetivos para guiar o autodesenvolvimento e as melhorias familiares." O coração das pessoas, argumenta Gans, está em sua vida microssocial, em que elas estão preocupadas em buscar controle, segurança, conforto e conveniência para si mesmas e sua família. "Para todos os propósitos práticos", afirma ele (1988, p. x), "Washington, Nova Iorque e os outros grandes centros da sociedade americana estão, para muitas pessoas e na maior parte do tempo, em outros planetas".

Gans nunca examinou diretamente a conversação política, mas outros autores sim. Carbaugh (1988) apresenta em seu texto a discussão dos receptores acerca de questões levantadas em um popular *talk show* televisivo, *Donahue*. Sua análise rica e sutil se detém mais especificamente no que ele chama de "representação equivocada da individualidade e da comunidade." Precisamos entender essa ideia para medir os obstáculos à reflexão coletiva sobre questões políticas.

Essa representação equivocada é vista mais claramente no discurso sobre o símbolo da pessoa como "indivíduo". Carbaugh afirma que esse símbolo permite que os interlocutores transcendam as diferenças que estão implícitas quando as pessoas são avaliadas como membros de grupos sociais – homens e mulheres, negros e brancos, trabalhadores e funcionários administrativos ou outras categorias coletivas. "Ao definir as pessoas como indivíduos, os interlocutores podem revelar o que é comum entre todas as pessoas e grupos." Com esse símbolo, pode-se afirmar simultaneamente que, sendo indivíduos, somos todos parecidos, e cada um é único. Por meio do seu uso, "uma definição das pessoas é construída e permite a criação de sentidos tanto de uma humanidade comum quanto de uma humanidade separada" (1988, p. 23).

Nesse discurso, as pessoas como indivíduos têm direitos; grupos sociais e instituições não estão mais em primeiro plano. Embora o termo *direitos iguais*, por exemplo, possa ser aplicado às demandas de um grupo, assim como àquelas de um indivíduo, esse discurso privilegia os direitos dos indivíduos e torna problemática a articulação de demandas coletivas. A denúncia de injustiças baseada nas desigualdades sociais, por exemplo, precisa lidar com uma resposta culturalmente normativa, que sustenta que todos somos indivíduos, e nega implicitamente a relevância do contexto social e das diferenças de grupo.

Essa negação é ainda mais fortalecida por um discurso bastante próximo desse primeiro, que distingue o *self*, como uma pessoa única, do todo social. Nessa amostra da conversação entre americanos no programa *Donahue*, o *self* é independente, consciente e expressivo. Sua contrapartida polêmica, o papel social, é dependente, menos pessoalmente consciente e fechado. Para Carbaugh (1988, p. 98), "o self ganha uma voz por meio da retórica da liberdade individual, da escolha voluntária e da autoafirmação; o papel social ganha voz por meio da retórica da escravidão, da escolha obrigatória e da acomodação [...] Enquanto o *self* irradia a preferida humanidade do indivíduo, o papel social irradia fracamente uma não preferida qualidade daquilo que é comum".

O discurso da pessoa como indivíduo transcende diferenças étnicas, raciais e de gênero entre os trabalhadores. Para usar uma frase de Carbaugh, todos eles "falam americano". Isso também não os impede de utilizar enquadramentos oposicionais em algumas questões, mas essa conversação permanece continuamente problemática e vulnerável a contestações.

Indústria problemática

O discurso da mídia no caso da indústria problemática é remarcavelmente isento de enquadramentos oposicionais. O enquadramento mais proeminente é o de PARCERIA: estamos todos na mesma canoa furada, e todos precisamos remar e tirar água da canoa para mantê-la flutuando. Categorias coletivas como empresas, trabalhadores e governo são parte da análise, mas a questão central é a cooperação entre elas. Relações de oposição são acontecimentos passados e parte do problema que precisa ser superado. A charge 1 (Apêndice B) expressa isso.

Há importantes variações desse enquadramento. Uma versão faz do governo o parceiro mais antigo, dirigindo uma política industrial, e outra faz das empresas o parceiro mais antigo, tendo o governo como facilitador. Essas duas variações fazem dos trabalhadores os parceiros mais jovens, e nenhum desses parceiros pode ser caracterizado como oposição.

O adversário mais importante do enquadramento de PARCERIA é o enquadramento de LIVRE-INICIATIVA, que questiona a ideia de cooperação sem introduzir uma componente de oposição. Esse enquadramento enfatiza o caráter de autocorreção do sistema do mercado, no qual os fracos e os ineficientes sempre perdem para os fortes e os eficientes. Precisamos deixar que esse mecanismo do mercado opere sem atrapalhar seu andamento com a intervenção do governo. Tais versões desse enquadramento possuem um forte componente antitrabalho, mas elas não são realmente voltadas para a criação de oposição. Elas retratam sindicatos poderosos que operam contra os interesses reais dos trabalhadores, fazendo com que os produtos americanos não sejam mais competitivos. Nesse enquadramento, a restrição salarial é o interesse coletivo dos trabalhadores e igualmente dos patrões.

O enquadramento da FUGA DE CAPITAL, que é oposicional, é parte de um discurso público mais amplo.[38] Nesse enquadramento, a raiz do problema são as decisões de investimento tomadas por corporações multinacionais privadas em busca de uma força de trabalho dócil, desorganizada ou fácil de ser intimidada. Dentro dos Estados Unidos isso significa mudar-se de regiões sindicalizadas para regiões não sindicalizadas. Fora dos Estados Unidos, isso significa investir em países com governos autoritários, que suprimem a organização da classe trabalhadora, frequentemente com o uso de violência. Mas esse enquadramento oposicional é invisível no discurso nacional da mídia sobre a indústria problemática.[39]

Enquadramentos oposicionais nas conversações

Um tema central na vasta literatura sobre a ausência de consciência de classe entre os trabalhadores americanos é o que Williams (1950) chama de "tradição seletiva". Os trabalhadores pensam e falam de maneiras diferentes sobre classe social quando estão no trabalho e quando estão em casa, em sua comunidade. Para Katznelson (1981, p. 6), essa divisão subjetiva é também válida para os trabalhadores braçais que vivem próximo às fábricas onde trabalham.

Na parte sul de Chicago [...] indústrias metalúrgicas colossais não se distinguem das comunidades que as cercam e que abrigam seus operários. Nas indústrias, esses trabalhadores se veem como mão de obra (em oposição às companhias metalúrgicas e, ocasionalmente, ao capital de maneira geral); e, como mão de obra, eles são quase militantes. O idioma comum da vida na indústria é aquele da classe. [...] Assim que esses trabalhadores se arrumam e vão para casa, eles param de ver a si mesmos principalmente como trabalhadores. Em East Side e Hegewisch, em Irondale e Slag Valley, eles são croatas, mexicanos, poloneses.

Desenvolvido por Halle (1984), o estudo apurado dos trabalhadores de uma indústria química em New Jersey sugere três caminhos sobrepostos nos quais a classe aparece no discurso deles.

1. A vida no trabalho. O foco aqui é em sua posição no sistema de produção e centra-se no símbolo do "homem trabalhador". "Trabalhadores braçais

---

[38] Ver Bluestone, Harrison e Baker (1981) para uma apresentação não técnica desse enquadramento, dirigida aos ativistas do movimento dos trabalhadores e seus aliados.

[39] Como indicado no Apêndice A, a visibilidade é definida em termos de uma pontuação de destaque de ao menos 10% em qualquer uma das quatro amostragens da mídia.

[homens] na América referem-se a si mesmos como 'homens trabalhadores', mas raramente como 'classe trabalhadora'" (HALLE, 1984, p. 204).

Ao realizar algumas entrevistas com esses trabalhadores, Halle (1984) pediu que explicassem o que queriam dizer com o termo e obteve um ou mais do seguinte conjunto de ideias: homens trabalhadores fazem um trabalho físico, perigoso ou sujo, um trabalho maçante e de rotina, um trabalho em fábricas, e/ou um trabalho supervisionado. O termo não é, para eles, simplesmente uma categoria descritiva, mas moral. Eles executam um trabalho "real" comparado com aqueles que trabalham com a parte burocrática de escritórios e "ficam sentados o dia todo" ou são extremamente bem pagos para realizar um trabalho prazeroso, que não exige muito esforço físico.

Existem claramente elementos de consciência de classe nesse símbolo. Ele conecta as características das atividades dos trabalhadores braçais com a ideia de uma mão de obra produtiva, sugerindo que somente aqueles cujo trabalho envolve tais características são realmente produtivos. Diretores e, em geral, altos e baixos setores nos quais trabalham funcionários de colarinho branco não são produtivos. Essa ideia reflete uma solidariedade mais geral com trabalhadores braçais que transcende seu status particular na indústria química. Podemos encontrar nessa ideia uma versão cristalizada da teoria trabalhista de valor.

Como afirma Halle (1984), se a consciência de classe desse tipo é amplamente difundida, ela é também muito limitada. Já que muitos desses trabalhadores usam tal ideia, isso implica maior hostilidade com relação aos pobres e às grandes indústrias. Além disso, *pobre* torna-se um substituto para negros e hispânicos, que não são homens e mulheres trabalhadores, mas pessoas que dependem do auxílio do governo e que relutam em trabalhar. A ideia de pobre também contém um sexismo mais ambivalente, insinuando que "o trabalho braçal é para homens e não para mulheres, e uma insinuação relacionada a essa, a de que funcionários de colarinho branco de baixos setores são menos produtivos" (HALLE, 1984, p. 219). Isso atrapalha a construção de alianças entre trabalhadores braçais e trabalhadores de colarinho branco pertencentes ao baixo escalão.

Finalmente, embora implique uma visão crítica do sistema de produção, o símbolo do homem trabalhador não está associado com nenhuma crença ou possibilidade de uma organização alternativa. Trabalhadores não recebem uma recompensa justa se comparados com diretores menos produtivos, mas isso implica uma necessidade de aumentar a recompensa relativa, e não de mudar o sistema.

2. A vida fora do trabalho. Quando os trabalhadores da indústria química investigados por Halle usaram o termo *classe*, eles focalizaram sua vida fora do local de trabalho – especialmente onde vivem, seu padrão e seu estilo de vida. Sua ocupação ou relação com os meios de produção é amplamente irrelevante

aqui. Eles vivem em bairros com outras pessoas que têm renda semelhante, e somente uma minoria são trabalhadores braçais. Fora do trabalho, não são homens trabalhadores, mas "classe média" ou "classe média baixa".

Esse discurso os distingue dos ricos e dos pobres, mas obscurece a linha divisória entre eles. Para aqueles que veem os pobres como majoritariamente negros e hispânicos, qualquer racismo contido em sua identidade de homens trabalhadores apresenta o mesmo efeito. O sexismo tácito, contudo, é removido; sua identidade de classe aqui é baseada na família, e não em um gênero específico.

3. Populismo. Os trabalhadores às vezes empregam um terceiro conjunto de imagens de classe centrado em símbolos como, *pessoa simples*, *pessoa comum*, *pessoas ordinárias* ou simplesmente *o povo*. Essa categoria ampla é utilizada em contraposição aos *ricos e poderosos*, ao *governo*, às *grandes indústrias*, etc. O governo e as grandes indústrias são combinados em imagens de poder nas quais interesses econômicos corporativos subvertem e dominam políticas e decisões tomadas no âmbito político. A distinção entre a vida no trabalho e a vida fora dele torna-se irrelevante nessas imagens de classe.

Essa forma de consciência de classe pode ser mobilizada por causas tanto mais conservadoras quanto progressistas. Movimentos nacionalistas e nativistas a têm utilizado para apoiar mobilizações contra novos imigrantes e minorias. Mas, como observa Halle (1984, p. 302), ela também contém oportunidades para uma política baseada na luta pela "dignidade do trabalhador, por condições de trabalho justas e seguras, para um vigoroso movimento de sindicatos, para um igual tratamento de homens e mulheres trabalhadores, sejam brancos, sejam negros".

As pessoas cujas conversações analisamos neste livro diferem da amostragem de Halle em três pontos importantes. As pessoas que ele estudou eram do sexo masculino, quase todos brancos e pertencentes a setores industriais relativamente bem remunerados. Nossos trabalhadores são de raças e gêneros variados e têm sua origem no setor de serviços, que não é bem remunerado. Existem algumas diferenças primordiais no discurso deles, especialmente na maneira como a raça e a classe se combinam e na ausência do sexismo incluído no conceito de homem trabalhador. Mas essa distinção geral entre os três tipos de discurso de classe permanece altamente útil para entendermos como esses trabalhadores de Boston produzem sentido acerca de questões políticas.

O trabalho de Halle sugere que o discurso de classe específico que as pessoas usam, se é que elas o fazem, depende da natureza da questão. Ele lança a hipótese de que eles respondem como trabalhadores em casos de desemprego, de seguro desemprego, de fechamento de fábricas e quando medidas protecionistas são utilizadas para beneficiar os produtores, e não os consumidores de determinados produtos. Em muitas outras questões, contudo, eles respondem como pessoas da classe média ou como populistas, ou ainda com uma combinação dessas identidades de classe. A indústria problemática é claramente uma questão que deveria engajar qualquer identidade de classe enraizada no local de trabalho.

Aqui é importante ter cautela a fim de interpretarmos as conversações sobre essa questão. Enquadramentos oposicionais de classe às vezes entraram na discussão sem induções de qualquer tipo, mas o *design* da pesquisa incluiu dois esforços específicos para estimular tal discurso. A primeira provocação foi a mais geral e simplesmente convidava o grupo a considerar a relevância de amplas clivagens sociais. O facilitador dizia: "Vamos falar sobre a possibilidade de qualquer grupo mais amplo de pessoas poder ser afetado. Ou seja, quais grupos nesse país podem ganhar ou perder com a aplicação de determinadas políticas no âmbito da indústria problemática?" Notem que nada nessa questão sugere algum conteúdo particular sobre as categorias relevantes. Nesse sentido, a escolha das categorias de classe, em vez de algum outro conjunto ou nenhum, não é resultado da provocação do facilitador.

Todavia, utilizamos também uma provocação muito mais específica na questão da indústria problemática, uma charge da FUGA DE CAPITAL com um tema de conflito de classe (ver a charge 4, Apêndice B). Ao apresentar a charge, o facilitador disse aos participantes que o "chargista parece dizer que as companhias estão prontas para esquecer tudo sobre sua parceria com os trabalhadores e para se mudar para áreas nas quais elas podem pagar baixos salários sempre que isso atenda aos seus interesses. O que vocês pensam a respeito disso?".

Dado o aumento da especificidade das provocações, o ponto no qual o discurso de classe aparece primeiramente nos diz algo importante sobre a saliência das clivagens de classe para o entendimento que o grupo formula sobre a questão da indústria problemática. E se esse discurso não aparece sob a provocação de uma charge que explicitamente o sugere, parece seguro concluir que o discurso de classe é irrelevante para o entendimento que os participantes formulam sobre essa questão.

A análise aqui realizada traça uma distinção entre formas fracas e fortes do discurso de classe. A forma fraca inclui qualquer uso de categorias de classe para entender a questão em discussão, sejam elas populistas, sejam baseadas no trabalho ou no consumo, independentemente da insinuação de uma relação de oposição. A forma forte inclui dois elementos adicionais que a tornam oposicional: oposição implícita ou explícita, tensão ou conflito entre categorias sociais e a identificação coletiva insinuada nesse uso da linguagem "nós"/"eles".[40]

---

[40] Os participantes utilizam frequentemente a segunda pessoa do plural em vez da primeira para se referirem a si mesmos. Por exemplo: a frase, "Eles irão tomar qualquer coisa que puderem de você, toda vez que você permitir" é tratada como equivalente a "Eles irão tirar qualquer coisa que eles puderem tirar de nós todas as vezes que permitirmos".

Quase dois terços dos grupos (65%) fizeram algum uso das categorias de classe ao discutir a questão da indústria problemática. Contudo, a classe apareceu de maneira espontânea em somente 19% dos grupos e somente em 41% antes do forte estímulo da charge sobre a FUGA DE CAPITAL. Quando o uso dessas categorias aconteceu, ele foi modesto e esporádico. A categoria de classe não era a primeira escolha para a maioria dos grupos e apareceu, na maioria dos grupos, somente depois de uma provocação. Um pouco mais de um terço dos grupos (35%) utilizou enquadramentos oposicionais de classe em algum momento da conversação sobre a indústria problemática.

As pessoas não foram consistentes no tipo de categorias que utilizaram e ficaram divididas entre as versões populista, consumista e baseada no trabalho. Frequentemente uma única pessoa começava a usar um termo – digamos, *trabalhadores* – e mudava na sentença seguinte para *pessoas comuns* ou *pessoas pobres*. Metade dos grupos que utilizou categorias de classe usou alguma combinação de termos.

A linguagem mais comum do discurso de classe era, contudo, populista, ilustrada pelos símbolos de "pessoas com dinheiro" e "pessoas comuns", como aparece no exemplo mostrado a seguir. Michael, que anteriormente havia criticado os sindicatos e expressado um enquadramento de PARCERIA, mencionando negócios ligados à eletrônica, ao qual ninguém respondeu, parece inicialmente criar um tom oposicional, mas rapidamente ameniza seu discurso e elimina esse tom com uma piada.

Personagens

- *Sally, empregada de escritório em uma empresa de lavagem a seco, cerca de 20 anos.*
- *Marie, caixa de supermercado, cerca de 20 anos.*
- *Michael, gerente de escritório em uma companhia de computação, cerca de 30 anos.*

(*Eles estão respondendo à charge sobre o enquadramento de PARCERIA, mostrada no Apêndice B.*)

Sally: É uma charge.

(*risos*)

Facilitador: O que você quer dizer com isso?

Sally: Não acho que isso pode acontecer. Não acho que irá acontecer, porque existem tantas pessoas desonestas por aí. Admitindo que você queira ver as indústrias crescerem e tudo o mais, mas eu ainda acho que alguém está ganhando algo em algum lugar.

Marie: É legal dar um emprego para as pessoas e construir indústrias e coisas do tipo, mas eu não sei, para fazer isso, eu acho que você tem que conhecer alguém e estar no lugar certo, eu acho.

Sally: Eu acho que a maioria das pessoas que têm dinheiro é desonesta. Estou certa que algumas delas tiveram que lutar para chegar onde estão, mas eu acho que a maioria delas trapaceia e rouba do país e não pensa nas pessoas comuns debaixo delas para chegar aonde estão.

Michael: Bem, vou concordar com isso. Algumas pessoas com dinheiro, elas alimentam a ganância, sabe?

Sally: *A maioria* das pessoas.

Michael: Bem, olhe para mim, eu sou rico. Eu não sou ganancioso, sou?

(*risos*)

O discurso de classe, usando categorias de classe baseadas na produção, apareceu nos grupos, mas de maneira rara. O grupo destacado no exemplo seguinte é o mesmo que encontramos anteriormente (capítulo 3) discutindo a energia nuclear, no qual Marjorie denunciou um sistema de valor ("eles me enchem o saco"), que pode encontrar lugares para construir usinas nucleares, mas não quer lidar com os desabrigados.

Personagens

- *Daniel, trabalha com mudanças, cerca de 30 anos.*
- *Marjorie, garçonete, cerca de 40 anos.*
- *Cliff, mecânico, cerca de 30 anos.*
- *Betty Ann, auditora de impostos, cerca de 30 anos.*
- *Paul, trabalha trocando pneus, cerca de 30 anos.*

Facilitador: Quais grupos mais amplos neste país podem ganhar ou perder com as políticas adotadas no caso da indústria problemática?

Daniel: Bem, todos os sindicatos perdem.

Facilitador: Ok, em que sentido?

Daniel: Todos os sindicatos. Porque todos estão perdendo seu poder; estão todos perdendo seus membros. Veja todas essas pessoas sendo demitidas e todos os sindicatos tendo que devolver todos os ganhos que elas conquistaram ao longo dos anos. As indústrias estão exportando todos os seus empregos para países que estão além-mar. Então, elas têm muito mais poder de pressão sobre o trabalhador. Todos os patrões estarão ganhando mais dinheiro, porque sai mais barato construir carros fora.

Facilitador: Hum-hum.

Daniel: Mas eles nem ligam para onde ganham dinheiro, porque o dinheiro está em primeiro lugar. Eles ganham em cima do suor de todos os trabalhadores que estão aqui.

(Mais tarde, eles discutem a compra da Quincy Shipyard pela General Dynamics no contexto do auxílio que o governo havia dado à Chrysler Corporation.)

Marjorie: Ela [General Dynamics] pediu auxílio?

Cliff: Não. De qualquer modo, a Dynamics estava roubando o governo às escuras. Eles só deslocaram os empregos para outros países além-mar.

Betty Ann: A General Dynamics estava roubando o governo. Eles eram todos contratados pelo governo e simplesmente o estavam roubando.

Paul: É, 1.000 dólares por uma cafeteira. Isso é que é um grande contrato, General Dynamics. Eles não saíram prejudicados; eles simplesmente não saíram – a Quincy Shipyard não era rentável o suficiente, ou coisa do tipo.

Daniel: E isso não prejudicou a General Dynamics – fechar a Quincy. Eles fizeram isso em seu próprio benefício. As únicas pessoas que foram prejudicadas foram os trabalhadores.

Paul: Eles compraram estaleiros em toda aquela área.

Esse tipo de discurso oposicional de classe baseado no trabalho é uma rara exceção, e não algo que acontece comumente. As distinções que Halle (1984) observou parecem desmanchar-se quando aplicadas a casos particulares ou, dito de outro modo, quando questões como a da indústria problemática produz um discurso de classe, ele é, ao mesmo tempo, fundado no trabalho e no consumo. O fechamento de indústrias não só estimula a identidade de algumas pessoas como trabalhadores mas também invoca imagens de queda da classe média para a situação de pobreza.

Enquadramentos fundamentados na raça. Os grupos formados por trabalhadores brancos e negros tiveram igual probabilidade de incluir enquadramentos oposicionais de classe em suas discussões sobre a indústria problemática, mas quase 60% dos grupos de trabalhadores negros também utilizaram categorias raciais.[41] Era comum combinar nessas discussões raça e classe por meio de um discurso em que negro é sinônimo de pobre, e branco é equivalente a rico. Cerca de dois terços das conversações que utilizaram a raça ou combinaram categorias de raça e classe foram oposicionais. Na maioria delas, as categorias

---

[41] Isso também ocorreu em um grupo formado de trabalhadores brancos. Grupos de participantes brancos não usam categorias raciais explicitamente, mas podem fazer isso de modo implícito, quando empregam categorias como *pessoas comuns* ou *trabalhadores*. Como tais símbolos excluem pessoas de cor não está claro, e as evidências apontadas por Halle (1984) sugerem que podem frequentemente implicar trabalhadores brancos.

surgiram de forma completamente espontânea, antes mesmo da provocação sutil sobre grupos mais amplos que poderiam perder ou ganhar. Nenhuma das charges provocou o uso de categorias raciais.

O resultado da utilização de categorias de classe entre grupos formados por participantes negros foi um aumento significante na proporção geral de enquadramentos oposicionais sobre a indústria problemática. Enquanto somente 24% dos grupos de trabalhadores brancos utilizaram alguma forma de enquadramento oposicional nessa questão, 65% dos grupos de trabalhadores negros empregaram esse enquadramento ($p < .05$).

Ação afirmativa

Contrariamente à questão da indústria problemática, o discurso da mídia, no caso da ação afirmativa, enfatizou fortemente os enquadramentos oposicionais. Visualmente, ela construiu uma história sobre o conflito entre trabalhadores negros e brancos. Especialmente nos primeiros anos, as representações de trabalhadores brancos usando capacete simbolizavam a oposição às demandas de trabalhadores negros por inclusão. A charge de Paul Conrad (ver charge 5.1) expressa esse enquadramento dominante.

Ação reparadora. (Paul Conrad. Copyright, 1969, Los Angeles Times. Reprodução autorizada.)

Imagens televisivas contaram uma história parecida. Em 1972 somente a ABC veiculou um "testemunho" de 30 segundos durante o período que definimos para coletar nossa amostra, e seu segmento de 4 minutos mostrou duas cenas com trabalhadores da construção civil usando capacete e outra cena com operários metalúrgicos usando macacão. Em 1978 e 1979 os capacetes apareceram em todas as três redes de televisão. Em 1984 na época da decisão acerca do caso dos bombeiros de Memphis, os capacetes usados na construção civil e na metalurgia foram substituídos pelos capacetes dos bombeiros e os quepes dos policiais, mas a mensagem visual permaneceu a mesma. Os colunistas e as capas das revistas de notícias frequentemente citaram líderes sindicais ou trabalhadores comuns em oposição a líderes dos direitos civis dos negros.

Nos anos mais recentes, o enquadramento dominante da AÇÃO REPARADORA foi fortemente desafiado por diferentes versões do TRATAMENTO NÃO PREFERENCIAL. A fonte da situação oposicional é diferente para esses enquadramentos rivais. Enquanto a AÇÃO REPARADORA tem sua fonte oposicional nos atos ou estruturas de discriminação e na exclusão dos negros de muitas partes do mercado de trabalho, o enquadramento do TRATAMENTO NÃO PREFERENCIAL coloca a culpa nos programas sociais desenvolvidos como um remédio. Nesse enquadramento, o uso do critério racial e a ausência de uma desconsideração da raça é que criam uma situação oposicional, e não a discriminação.

Enquadramentos oposicionais nas conversações

A questão da ação afirmativa foi a única que estimulou um discurso sobre a pessoa como indivíduo, mas ela o fez quase universalmente. Ela foi apresentada em cada grupo inter-racial e composto de trabalhadores brancos e, em quase 60% dos grupos de trabalhadores negros. Uma vez que as conversações sobre a ação afirmativa são tão dependentes da raça, precisamos examinar seu conteúdo pelo tipo de grupo em que ocorrem.

Grupos de trabalhadores brancos. Nesses grupos, as pessoas consideram comum afirmar que todos deveriam ser julgados como indivíduos. Pessoas que têm a pele roxa ficariam especialmente gratas ao saber que muitos grupos enfatizam a irrelevância de sua cor, como na sentença "Eu não me importo se uma pessoa é negra, branca ou roxa". O trecho seguinte ilustra como esse discurso funciona em discussões sobre a ação afirmativa. Note no segundo exemplo como as tentativas de Ruth de fazer uma generalização negativa sobre os negros são enfaticamente negadas pelo uso desse discurso sobre a pessoa como indivíduo.

Personagens

• *Debbie, motorista de ônibus, cerca de 30 anos.*

- *Billie, motorista de uma van que faz serviços de entrega, cerca de 50 anos.*

(Durante a discussão inicial aberta.)

Debbie: Eu me lembro de escutar nas notícias, não muito tempo atrás, que havia um grande conflito sobre o fato de que eles promoveram um negro – acho que era um policial. Eles o promoveram, e houve muita confusão, porque disseram que ele não era o homem mais qualificado para o trabalho, e que ele foi promovido porque era negro. E isso é tão absurdo quanto *não* promovê-lo porque ele é negro. Sabe, se alguém consegue um emprego só por causa da sua raça – ainda que seja parte de uma minoria ou não – isso não está certo.

Billie: Eu gostaria que eles tivessem feito tudo certo desde o início – quando eles entraram na escola. Cada um tem o direito de ter educação, independentemente daquilo que é, ou de quem é – se eles são roxos. Eles têm tanto direito quanto qualquer outro.

Personagens

(Note-se que esse grupo apareceu anteriormente nos capítulos 2, 3 e 4.)

- *Arlene, responsável pelos registros financeiros de uma empresa, cerca de 40 anos.*
- *Ruth, supervisora de escritório, cerca de 50 anos.*
- *Ida, responsável pelos registros financeiros de uma empresa, cerca de 70 anos.*

(Durante a discussão aberta inicial.)

Arlene: Eu acho que a educação é muito importante.

Ruth: Você acha que eles têm essa determinação?

Ida: Alguns têm, outros não!

Arlene: Como qualquer pessoa.

Ruth: Não estou falando sobre os poucos que podem tê-la, mas do grupo como um todo.

Arlene: Escuta, se você pega 25 crianças da minha classe que eram todas descendentes de poloneses. Agora estamos todos falando uma mesma nacionalidade. O quê? Você pensa que somos todos *iguais*? Não. Um era preguiçoso, o outro não falava, o outro era um gênio, o outro não parava de falar. Havia diferentes tipos, e todos éramos poloneses, todos da mesma nacionalidade, entendeu? Todos no mesmo barco.

Ida: Isso se aplica para todos.

Arlene: Para todos.

Um modelo específico de nível de vida está implícito nesse discurso. Há um tempo em que alguém está crescendo e se preparando para a vida, e um tempo em que esse alguém é um adulto, vivendo em um mundo árduo.

Igual oportunidade significa dar a todas as pessoas uma chance justa de aprender e desenvolver suas capacidades individuais únicas, independentemente da raça. A educação torna-se central nesse discurso como símbolo da igual oportunidade. O *slogan* do *United Negro College Fund*, "Um cérebro é algo terrível de desperdiçar", captura perfeitamente essa crença em uma frase.

A maioria dos trabalhadores brancos gostariam de viver em um mundo em que a raça é irrelevante durante a fase de crescimento. Então, na fase adulta, cada pessoa poderia ser julgada pelo seu mérito individual e por suas conquistas. Mas em quase metade dos grupos de trabalhadores brancos (47%) houve um reconhecimento explícito de que os negros estão em desvantagem como grupo e que persiste alguma forma de discriminação racial. Isso deixa as pessoas desconfortáveis com uma política que desconsidera completamente a cor e faz com que procurem por alguma alternativa intermediária. Há uma solução que resolve esse dilema para eles: programas que dão àqueles que vêm de ambientes familiares desfavoráveis uma chance justa de competir em termos iguais à medida que vão crescendo, associada a uma desconsideração completa da cor, uma vez que a corrida pelo emprego se inicia por volta dos dezoito anos.

Grupos inter-raciais. O símbolo da pessoa como indivíduo torna-se integrativo por meio de sua ênfase em uma humanidade comum. Isso foi especialmente perceptível nos três grupos inter-raciais. Participantes brancos e negros reafirmaram isso juntos, proporcionando, assim, um escudo de proteção contra o poder divisório potencial de suas diferenças raciais.

Discutir a ação afirmativa em grupos inter-raciais é uma questão delicada. Os participantes precisam encontrar um caminho sobre um campo minado. Dois dos três grupos foram realizados com colegas de trabalho, e se alguém fizesse uma observação insensível, as feridas poderiam permanecer e afetar a atmosfera do local de trabalho desses participantes. Dinâmicas de grupo especiais operam em tal discussão. No exemplo seguinte, Lance é o único participante negro. Desde o início, Eileen foi francamente contra a ação afirmativa, e George sustenta igualmente uma posição forte de apoio a esses programas, permitindo que Lance se tornasse um tipo de mediador.

Personagens

- *Eileen, motorista de ônibus, branca, cerca de 20 anos.*
- *Lance, motorista de ônibus, negro, cerca de 20 anos.*
- *Pete, motorista de ônibus, branco, cerca de 20 anos.*
- *Carol, motorista de ônibus, branca, cerca de 30 anos.*
- *George, motorista de ônibus, branco, cerca de 30 anos.*

(Em resposta à questão aberta inicial.)

Eileen: Eu acho que isso é um monte de bobagem.

Lance: Eu concordo, eu concordo.

Eileen: Acho mesmo.

Lance: Concordo.

Eileen: Eu não acho que, se eu for branca ou negra, que eu deveria arrumar um trabalho se eu não posso fazer isso.

Lance: ... ou uma mulher.

Pete: ... ou mulher ou homem.

Carol: Certo, certo.

> (*Mais tarde, ainda durante a discussão aberta.*)

George: O homem negro sempre foi minoria, ele sempre foi explorado, sempre foi pisado.

Eileen: É, mas agora *nós* somos a minoria, George, se você abrir bem os olhos, vai ver isso.

Carol: Mas ele não teve a mesma – a mesma oportunidade para estudar?

George: Como ele poderia ter tido, se ele *nunca* teve a educação de um homem branco?

(*Após um desacordo extremo entre Eileen e George sobre se negros tiveram uma educação igual*)

George: Nós privamos as minorias. É.

Lance: George, está tudo certo, está tudo bem.

(*Todos falam ao mesmo tempo. Algo ininteligível foi dito e seguido de risadas.*)

Lance: George, você está bem.

Eileen: Lance, ele gosta de você.

> (*risos*)

> (*Mais tarde, perto do final da discussão.*)

George: Lance, se não fosse pela ação afirmativa, você não estaria aqui.

Lance: E daí? Eu estaria fazendo outra coisa.

Eileen: (*dirigindo-se a George*) Não, ele provavelmente estaria.

Carol: Ele poderia, porque é um lutador e tem objetivos.

Eileen: (*dirigindo-se a Lance*) Você subiu para o topo daquela lista.

Pete: Se eles não tivessem políticas de ação afirmativa, você estaria trabalhando em algum lugar quase decente. Você tem essa personalidade e você é um bom motorista.

Lance: Pode crer que eu estaria.

A afirmação compartilhada da individualidade e das qualificações de Lance conduziu o grupo de maneira segura através do campo minado. George e Eileen discordaram de maneira radical, levando o grupo a brincar sobre um convite a resolver essa disputa no estacionamento, sem criar uma clivagem racial. A representação da pessoa como indivíduo uniu até mesmo esses rivais.

No contexto da ação afirmativa, os participantes negros – uma minoria em todos os três grupos inter-raciais – afirmaram suas qualificações para o trabalho que realizam, contra qualquer suspeita não dita que defendesse que eles não tinham o direito de estar onde estão por meio de seus próprios esforços individuais.

Personagens

- *Rick, aprendiz de encanador, negro, cerca de 20 anos.*
- *Thomas, oficial da guarda florestal montada, negro, cerca de 20 anos.*
- *Quatro outros homens, com empregos variados, brancos, cerca de 20 anos. (Durante a discussão aberta no início da dinâmica de grupo.)*

Rick: Todo emprego que eu tive, eu fui elogiado pelo que fiz, e não pelo que sou ou pelo que queriam que eu fizesse. Eu não me importo se fui contratado por uma razão, ok, enquanto eu puder fazer um bom trabalho e eu sei que eu mereço meu pagamento. Eu não estou lá à toa – "Bem, vamos querer você sentado no escritório, descansando ou assistindo *The Three Stooges* o dia inteiro, e ainda assim vamos pagar você". Entendeu?

(um pouco mais tarde)

Thomas: Eu me sinto satisfeito todos os dias. Você não se sente, ei, eles – como eu disse, é um teste para o serviço civil – tem um monte de gente esperando para tomar sua vaga. Eles te dizem para chegar às 8 horas, você deveria estar lá. Eles não vão te ligar e dizer "Ei, saia da cama. Você deveria estar no trabalho".

(risos)

Grupos de trabalhadores negros. O simbolismo da pessoa como indivíduo é um discurso americano, e é uma parte tanto da cultura afro-americana quanto de outros grupos. Mesmo nos 40% dos grupos nos quais esse discurso não ocorreu, parece correto assumir que ele seria entusiasticamente afirmado se o facilitador tivesse colocado a questão. Nos grupos de trabalhadores negros há uma menor necessidade de afirmação de uma humanidade comum, uma vez que eles frequentemente afirmam sua experiência compartilhada como negros, e nenhuma clivagem racial potencial os ameaça.

A existência contínua da desigualdade racial foi um pressuposto tido como dado em quase todos os grupos de trabalhadores negros. Nenhum deles negou a centralidade da raça entre os elementos que afetam suas oportunidades econômicas. Contudo, os 60% dos grupos de trabalhadores negros que incluíram o discurso da pessoa como indivíduo enfrentaram uma complicação adicional ao utilizá-lo para entender a ação afirmativa. Ao conversar sobre a ação afirmativa, eles tinham que integrá-la à sua crença de que alguma forma de discriminação contínua permanece um fato da vida.

Personagens

- *Charles, trabalha com serviços de manutenção da cidade, cerca de 40 anos.*
- *Roland, supervisor de vendas em uma loja de departamentos, cerca de 20 anos.*
- *Lucinda, empregada de escritório, cerca de 40 anos.*
- *William, motorista de caminhão, cerca de 40 anos.*

Facilitador: Vocês diriam que qualquer coisa que tenha acontecido no caso da ação afirmativa os afetou pessoalmente ou algum de seus amigos ou parentes?

Charles: Bem, a ação afirmativa depende de como você olha para ela porque – no que nos diz respeito, nós que somos minoria, eles olham para a gente como se tudo fosse afirmativo quando cometemos algum erro. Sabe? Não há nenhuma flexibilidade nisso – afirmativa, você fez algo errado e é isso, acabou, sabe?

Roland: Uma coisa que eu não quero que aconteça comigo quando eu ficar mais velho é ser contratado só porque sou negro.

Lucinda: Você quer ser contratado porque você é bom no que faz ou...

Roland: … porque sou qualificado para o serviço.

Lucinda: É, claro.

Roland: Não porque sou negro. Eu não quero me enquadrar em nenhum sistema de cota ou algo do tipo.

William: Agora, isso é – como você é negro, você não – você não se encaixa, você não está qualificado.

Roland: Certo, mas estou contente que tenhamos essa ação afirmativa, porque se não tivéssemos, eu não teria conseguido nem – nem mesmo meu emprego.

Lucinda: Dito de outro modo, você não teria ficado do lado de dentro.

Roland: Certo, é isso.

Personagens

- *Ellie, empregada de escritório em um hospital, cerca de 40 anos.*
- *Connie, conselheira de planejamento familiar, cerca de 20 anos.*

(*O grupo responde à questão final sobre o que deveria ser feito sobre a ação afirmativa.*)

Ellie: Se esse é o único – eu acho que se esse é o único caminho pelo qual os negros e minorias vão ter para, sabe, conseguir seu – eles não vão conseguir nunca o que lhes é devido. Mas acho que a ação afirmativa é necessária, ela é um veículo necessário para assegurar que as pessoas – que negros e minorias realmente tenham algum tipo de abertura, pela qual eles possam conseguir algo – mas até onde eu sei, acho que a ação afirmativa é só outro arrimo. Sabe? Outro meio de espalhar a real questão de que os negros são iguais, minorias são iguais, todo mundo é igual, e que eles deveriam ser capazes de fazer qualquer coisa que desejem, conseguir qualquer emprego e educação, na medida em que eles próprios se sintam bem consigo mesmos, busquem e façam o que desejam. Tipo, eles deveriam ter um passe livre para fazer tudo isso sem ninguém barrando a porta e dizendo, "Bem, você é negro, eu preciso de você aqui, porque você é um número, e eu preciso desse número".

Connie: Está certo.

Ellie: Eles não se preocupam se você é uma pessoa ou um ser humano, ou se está qualificado; esqueça.

Os participantes alcançaram a integração repudiando a ideia da ação afirmativa como tratamento preferencial ou vantagem não merecida e afirmando-a em teoria como um meio de promover oportunidades iguais para indivíduos aos quais elas têm sido negadas. Mas, na prática, muitos são céticos em acreditar que a ação afirmativa terá sucesso em vencer a desigualdade racial contínua, e alguns duvidam que essa ação tinha a pretensão de ser bem-sucedida nesse sentido.

Para grupos formados de trabalhadores negros que duvidavam da eficácia da ação afirmativa, ela se torna o pior dos dois mundos e cria uma situação em que ninguém ganha. A ação afirmativa falha em promover oportunidades iguais e, ao mesmo tempo, estigmatiza os negros e provoca ressentimentos compreensíveis entre os brancos. Ainda que os grupos de trabalhadores negros reconheçam a contínua relevância da raça para as oportunidades econômicas, eles afirmam sua preferência por uma sociedade na qual as pessoas são julgadas como indivíduos, e não como membros de um grupo. A discriminação racial obviamente viola essa norma, mas eles esclarecem o quão ofensiva ela é, mesmo quando outros bem-intencionados negam seu *self* específico, tratando-os como parte de uma categoria social. O trecho abaixo nos traz um exemplo especialmente contundente dessa reação.

Personagens

- *Waverly, auxiliar de enfermagem, cerca de 20 anos.*
- *Robert, cozinheiro, cerca de 30 anos.*
- *Tessie, babá, cerca de 30 anos.*

(Os participantes respondem se eles foram afetados pessoalmente.)

Waverly: Eu fui dispensada de um emprego. Eles simplesmente perderam todos os empregos em um só dia, e aí eles tiveram uma reunião na parte da tarde. E todos nós perdemos nossos empregos. Eu me senti injustiçada, mas não havia alguma coisa que eu podia dizer. Meu chefe me disse, e a mulher do meu chefe – e não estou com preconceitos contra eles – mas ela me disse "Eu sempre vou ter emprego. É com 'essa gente' que estou preocupada".

Robert: O que ela quis dizer com "essa gente"?

Waverly: Quando ela disse "essa gente", eu sabia que ela estava sendo preconceituosa, então, quando eu perdi meu emprego, eu não me importei muito com isso.

Tessie: Então, quando você estava no seu trabalho, você sentia como se eles sempre olhassem para você como "essa gente"?

Waverly: É, o tempo todo.

Tessie: Isso provocava mentalmente algo em você.

Waverly: Eu fiquei chocada quando ela disse isso. Sabe, porque eu trabalhei com eles antes desse emprego. Eu trabalhei com eles.

Robert: Você não teria se sentido derrotada apesar de tudo.

Waverly: Antes de ela ter dito isso, ela sempre, sabe, quando ela se mudou para outro centro de enfermagem, e ela me chamou para trabalhar para ela, ela me ligou e me perguntou, e eu disse que não poderia. Então ela me perguntou por que, e eu não disse a ela que o motivo tinha sido o que ela disse, mas foi o que eu senti. Ela sempre me olhou como se fosse muito melhor e mais importante do que eu.

Apesar do poder desse discurso sobre a pessoa como indivíduo, enquadramentos oposicionais ocorreram em 78% das conversações sobre a ação afirmativa. Em quase metade dos grupos de trabalhadores brancos (47%), os enquadramentos oposicionais misturaram categorias de classe e raça – e em metade deles, esses enquadramentos apareceram de maneira espontânea. Na outra metade, seu aparecimento foi estimulado pela charge DIVIDIR E CONQUISTAR (ver Apêndice B), que mostra um trabalhador de colarinho branco, ele mesmo sendo branco, saboreando um jantar caprichado, tomando uma tigela de um trabalhador branco e oferecendo-a a um trabalhador negro. O facilitador disse aos participantes que "o chargista parecia dizer que liberais ricos querem dar oportunidades especiais para os negros em detrimento dos brancos que, por sua vez, também precisam de oportunidades". Esse enquadramento específico da ação afirmativa é invisível no discurso da mídia, exceto em ocasiões nas quais é exibido de maneira escarnecedora.

A troca discursiva a seguir, realizada entre os participantes de um grupo de trabalhadores brancos, é típica de conversações que articulam raça e classe em enquadramentos oposicionais que incorporam esses dois elementos. Esse é o mesmo grupo cujo discurso anterior sobre a indústria problemática ilustrou um discurso de classe populista.

Personagens

- *Marie, caixa de supermercado, cerca de 20 anos.*
- *Sally, empregada de escritório em uma empresa de lavagem a seco, cerca de 20 anos.*

(*Os participantes respondem à questão inicial sobre a ação afirmativa.*)

Marie: Eu acho que está certo. Acho que todo mundo deveria ter uma oportunidade de fazer o que acha que é certo para eles, sem se importar com a cor, raça ou o que for. Eles são, acima de tudo, seres humanos.

Sally: Eu não quero ser preconceituosa, mas tomo isso como se eles fossem ajudar os negros, os hispânicos e outras minorias. O que eles pensam, que todas as pessoas brancas daqui são pobres garotos ricos ou algo do tipo? Eles não querem nos ajudar aqui? Só as pessoas negras?

Marie: É, isso é verdade.

Sally: Quer dizer, eles foram injustiçados ao longo dos anos, as pessoas negras e tudo o mais, por pessoas que lhes impuseram estereótipos. "E você bebe dessa fonte, vai para o fundo do ônibus". Mas as coisas mudaram agora, eu acho. Você está sempre ouvindo, "Doe para o *United Negro College*", e tenho certeza que várias pessoas o fazem. (*risos*) Não sou nem um pouco preconceituosa, mas acho que existem muitas pessoas brancas aqui também, que estão sendo – isso deveria, como ela disse, ser igual para todo mundo, conseguir todo o tipo de educação escolar que eles querem.

(*Mais tarde, em resposta à charge que se refere ao enquadramento DIVIDIR E CONQUISTAR*)

Sally: Eu concordo. Estou de pleno acordo. Eu acho que realmente os negros precisam de oportunidades, e eu acho que eles...

Marie: ... todo mundo precisa de oportunidades.

Sally: Muitas vezes, é como se as pessoas não gostassem de você porque elas te impõem estereótipos se você é negro. Você pode vir de uma boa família e tudo o mais, mas eles têm preconceito. Admitam ou não. E eles não vão contratar um negro. Eles preferem contratar um branco do que um negro. Mas eu não acho que eles deveriam dar tudo para os negros. Há muitas, muitas pessoas brancas por aí que precisam de ajuda tanto quanto os negros.

Combinar raça e classe é mais comum nos grupos formados por trabalhadores negros. Eles fazem tal articulação por meio de um discurso em que negro é sinônimo de pobre, e branco, sinônimo de rico. O exemplo a seguir ilustra essa combinação entre raça e classe tão imparcialmente comum.

Personagens

- *Reba, assistente social que lida com casos de deficiência mental, cerca de 40 anos.*
- *Gladys, gerente de propriedades, cerca de 40 anos.*

(Os participantes discutem a questão final sobre o que deveria ser feito sobre a ação afirmativa.)

Reba: Vamos olhar para isso do seguinte modo. Se você sempre teve, como se diz, um pequeno pedaço de chão ou algo do tipo. E você tem essa terra e nunca fez nada com ela. Você nem liga para ela. Ela foi deixada para você por várias gerações. E, de repente, alguém chega e diz, "Ei, nessa terra poderiam ser construídas casas para cerca de cinco mil pessoas", ou algo do tipo. Entende? O problema é, eles sabem que é deles, eles não querem fazer nada com isso, mas impedir que você tenha acesso. Eles vão se apegar a isso e vão segurar sem querer soltar. Uma vez que você tem, é difícil perder. É como um rico se tornando pobre. Nós somos pessoas pobres, então estamos acostumados a ser pobres, ok? Podemos nos ajustar, sobreviver. Mas pense em alguém que é rico e, de repente, ele acorda pobre no dia seguinte. Ele se mata. Ele vai lá e da um tiro em si mesmo.

Gladys: Comete suicídio.

Reba: Eles não aguentam enfrentar. Nós aprendemos com as durezas e com as coisas a ser capaz de enfrentar. As pessoas brancas são muito egoístas, e elas não vão desistir do que elas têm. Elas passam 400 anos em sua casa, que foi herdada de seus avós. Você vai comprar essa casa e ela custa o dobro, porque você chega lá e é negro, entendeu? Você sabe que essas pessoas vão brigar com você com energia e determinação.

Em suma, a presença do discurso privilegiado sobre a pessoa como indivíduo complica, mas não impede a presença de enquadramentos oposicionais sobre a ação afirmativa baseados na raça, classe ou em uma combinação dos dois. Isso ocorreu em 88% dos grupos formados de trabalhadores negros e em 76% dos grupos de trabalhadores brancos. Embora a maioria deles tenha empregado categorias raciais, 27% dos grupos usaram enquadramentos oposicionais baseados na classe ou em alguma combinação de raça e classe.

Energia nuclear

Há elementos de enquadramentos oposicionais de classe no discurso da mídia sobre a energia nuclear, com indivíduos a favor e contra competindo diretamente pela lealdade dos trabalhadores. A classe aparece no enquadramento de PROGRESSO, favorável à energia nuclear, por meio de uma associação entre a energia nuclear, o crescimento e o desenvolvimento econômicos. O progresso tecnológico, simbolizado pela energia nuclear, é o motor do crescimento econômico; o crescimento promete empregos e um alto padrão de vida para pessoas pobres e trabalhadores.

O elemento oposicional entra quando aqueles que são contra a energia nuclear são representados em termos de classe – como os filhos indulgentes dos ricos que têm tudo o que querem. Eles possuem, ou têm esperado por eles, empregos seguros e podem se dar ao luxo de ignorar os imperativos do crescimento econômico. Esses "utópicos coercitivos" (McCRAKEN, 1977, 1979) pretendem impor sua visão anticrescimento aos outros em detrimento dos reais interesses dos trabalhadores. Esse enquadramento convida o espectador a olhar para os mochileiros, os tocadores de violão, os jogadores de *frisbee*, enfim, para os maltrapilhos manifestantes de Seabrook nesses termos oposicionais de classe (ver capítulo 4). Pessoas contrárias à energia nuclear se opõem aos interesses de classe dos trabalhadores.

Um enquadramento antinuclear, o enquadramento de ACCOUNTABILITY PÚBLICA, oferece um discurso de classe oposicional na questão da energia nuclear. "Se a Exxon fosse dona do Sol, será que teríamos energia solar?", questiona tal enquadramento. A raiz do problema é a organização da produção nuclear por corporações que só pensam em lucrar, o que minimiza sua prestação de contas e seu controle pelo público. Os funcionários dessas companhias são representados como desonestos, gananciosos e arrogantes; não se pode confiar no que dizem. Funcionários públicos, que deveriam monitorar as atividades da indústria, são frequentemente escravos dela.

Nas mãos da organização de movimentos, tal como *Critical Mass*, há claramente um enquadramento oposicional, embora pareça estar baseado mais no populismo do que na produção. Contudo, quando aparece na mídia, mesmo essa forma populista torna-se diluída. Enquanto foi percebido um caso que retratava "o povo *versus* interesses", nenhuma identidade específica, por exemplo, "trabalhadores", foi acionada. A identidade de classe foi diluída pela reunião de trabalhadores e de profissionais da classe média em um "público" amorfo. A charge de Herblock (ver Apêndice B, charge 10) é típica do modo como esse enquadramento apareceu. Se ainda há um traço de discurso oposicional de classe aqui, ele certamente está presente sob uma forma atenuada.

Em suma, havia uma pitada de enquadramento oposicional de classe no discurso da mídia sobre a energia nuclear, mas ela não proporcionou um tom predominante. A mensagem para os trabalhadores está misturada e confusa, uma vez que o enquadramento de PROGRESSO, a favor da energia nuclear, sugere que ela é de interesse dos trabalhadores, e o enquadramento de ACCOUNTABILITY PÚBLICA sugere que ela é do interesse de elites poderosas. Além disso, embora esses dois enquadramentos sejam continuamente visíveis no discurso da mídia, o enquadramento mais proeminente desde 1979, o da FUGA, não possui nenhum aspecto oposicional.

Enquadramentos oposicionais nas conversações

Enquadramentos oposicionais sobre a energia nuclear apareceram em somente 14% das conversações, e mesmo nessas poucas vezes, assumiram formas diferentes e apareceram de maneira esporádica. Menos de 10% das conversações utilizaram enquadramentos oposicionais de classe, e nenhuma incorporou a versão oferecida pelo enquadramento do PROGRESSO. Pessoas contra a energia nuclear não eram sempre descritas de maneira positiva, mas ninguém nunca as apresentou como adversários de classe em nenhuma discussão. O discurso de classe, que ocorreu ocasionalmente, foi inteiramente do tipo populista, direcionado contra a ganância corporativa.

Enquadramentos oposicionais baseados na raça apareceram em bem menos de um quinto dos grupos formados de trabalhadores negros. A energia nuclear foi apresentada como uma tecnologia dos brancos, fora dos interesses das pessoas negras. Como afirmou uma mulher em resposta à pergunta do facilitador se eles conheciam pessoas que foram afetadas pessoalmente pelo que tinha acontecido no caso da energia nuclear, "[as pessoas] aqui no gueto não se envolvem com isso, ok? Elas querem viver e não morrer agora. E se elas vão morrer, é certo que não será por causa disso. Elas vão morrer com o próprio prazer, não por causa de uma coisa experimental do homem branco que eles têm por aqui, sabe". Mas de maneira mais típica, a relevância da raça foi explicitamente negada e, no total, houve muito poucas diferenças entre os grupos formados de brancos e de negros no que se refere ao enquadramento sobre a energia nuclear.

O conflito árabe-israelense

A única identidade coletiva invocada pelo discurso da mídia sobre essa questão é a identidade nacional dos americanos. O ângulo étnico é enquadrado em termos de grupo de interesse, em vez de em termos oposicionais. Árabes e judeus americanos são reconhecidos como detentores de identificações partidárias e de um interesse especial pelo conflito. São observadores que apoiam um lado ou outro, mas não são atores importantes. Qualquer relação oposicional entre esses grupos étnicos tem um destaque mínimo e, em qualquer evento, eles representam uma minoria da população. Nenhuma clivagem social nacional de classe ou raça foi tratada como relevante no discurso da mídia.

Enquadramentos oposicionais nas conversações

Enquadramentos oposicionais nunca ocorreram em grupos inter-raciais ou formados de trabalhadores brancos, mas enquadramentos baseados na raça ocorreram em 24% dos grupos de trabalhadores negros. Eles não foram baseados em nenhuma sugestão de solidariedade racial entre negros e árabes como pessoas de cor. Somente uma única pessoa em um grupo sugeriu isso, mas ninguém mais a apoiou ou aceitou a sugestão como relevante. Os usos ocasionais que aconteceram enfatizam o sacrifício desproporcional que os negros e outras pessoas de cor enfrentaram, com custos humanos resultantes da intervenção estrangeira. O exemplo apresentado a seguir envolve o mesmo grupo que vimos anteriormente discutindo a ação afirmativa. Mas, desta vez, Charles está sozinho na tarefa de desenvolver o enquadramento.

Personagens

• *Charles, trabalha com serviços de manutenção da cidade, cerca de 40 anos.*

(*O facilitador apresenta a charge 13, sobre o INTERESSE ESTRATÉGICO. Ver Apêndice B.*)

Facilitador: O chargista parece dizer que o conflito árabe-israelense é parte de um grande jogo de xadrez no Oriente Médio entre os russos e os Estados Unidos, no qual cada parte está tentando usar seus aliados para ganhar vantagem sobre o outro. O que vocês pensam sobre isso?

Charles: Bom, é como você disse; as duas superpotências estão negociando a guerra. Mas, infelizmente, no mundo em que eles estão negociando, nós negros estamos presos no meio de tudo. Nós temos experiência, nós já vimos isso.

Facilitador: Hum-hum.

Charles: Cerca de seis meses atrás, vimos o que aconteceu em Berlim com a explosão de uma bomba em uma discoteca. Um homem negro morreu. Apareceu na primeira página da revista *Time*. Eles não dizem um homem negro, dizem um americano. Nosso presidente, nosso atual presidente, Ronald Reagan – estou dizendo que ele está por trás de uma norma contra as pessoas negras. Quando digo que nosso presidente colocou um homem negro na primeira página da *Time*, certo? Então, ele foi lá e bombardeou a Líbia. As pessoas negras. Eu não ligo para o que disseram, terroristas ou algo do tipo. Negros. Nós bombardeamos Grenada, eles são negros. Há muitas pessoas, e pessoas negras, que não sabem disso.

Facilitador: Hum-hum.

Charles: As pessoas que foram mortas lá eram negras. Você escuta sobre Cuba. Todo mundo diz, "Oh, mataram gente em Cuba, mataram..." Eles são negros. A maioria das ilhas, a maioria das ilhas do oeste da Índia, quase todas as ilhas são afro. Afro-porto-riquenhos, afro-jamaicanos, afro-barbados, afro-tudo. E nós fomos mortos nessa ação.

Facilitador: Hum-hum.

Charles: Não foram pessoas brancas que morreram.

Esses enquadramentos oposicionais são não partidários com relação ao conflito árabe-israelense. Eles apoiam um enquadramento de VIZINHOS EM RIVALIDADE CONTÍNUA, no qual os espectadores inocentes que são feridos são desproporcionalmente pessoas de cor.

Conclusão

As preocupações primeiras dos trabalhadores se referem à sua vida imediata e cotidiana, mas isso não significa que eles pensam somente como indivíduos e membros familiares para produzir sentido acerca de questões políticas Nem significa que, por eles afirmarem fortemente que toda pessoa é um indivíduo único e que deveria ser julgada como tal, isso os impede de pensar coletivamente. Uma variedade de identidades coletivas mais amplas é, de fato, trazida à tona enquanto os participantes conversam sobre política.

Talvez o achado mais surpreendente é que 86% dos grupos utilizaram um enquadramento oposicional em pelo menos uma questão. Eles não necessariamente utilizaram esse enquadramento durante toda a discussão, e às vezes ele não apareceu até que a questão do facilitador ou uma charge tivessem auxiliado a estimulá-lo. Apesar de tudo, ele ocorreu com regularidade suficiente em um grande conjunto de grupos para nos ajudar a concluir que esse elemento dos enquadramentos de ação coletiva estava presente em seu pensamento e era amplamente compartilhado.

Em algumas questões, os enquadramentos oposicionais pareciam presentes apesar de pouco, devido ao seu destaque no discurso da mídia. A indústria problemática e o conflito árabe-israelense quase não foram enquadrados em termos oposicionais.[42] No caso da energia nuclear, a questão é mais complicada, com a presença de enquadramentos de classe oposicionais em rivalidade, mas oferecidos sob uma forma fraca ou equivocada. Somente no caso da ação afirmativa, o discurso da mídia foi fortemente oposicional.

Enquadramentos oposicionais nas conversações são uma combinação imperfeita. Assim como no discurso da mídia, eles aparecem mais frequentemente na ação afirmativa, mas se complicam pela presença de um discurso privilegiado sobre a pessoa como indivíduo, que transcende diferenças raciais. No caso da indústria problemática, eles apareceram em quase metade das conversações, apesar de sua ausência no discurso da mídia. Na questão da energia nuclear e do conflito árabe-israelense, os enquadramentos oposicionais foram tão silenciados nas conversações quanto na mídia e, no caso da energia nuclear, talvez ainda mais.

Certos aspectos da situação tornam mais provável o aparecimento dos enquadramentos oposicionais. Com a exceção de três grupos inter-raciais, os outros eram homogêneos com relação à raça e à classe – as duas clivagens sociais aqui examinadas. O fato de compartilharem uma mesma situação social tornou mais fácil para eles a ação de invocar uma identidade coletiva compartilhada. Um enquadramento oposicional não introduz uma clivagem no grumo, mas chama a atenção para um vínculo comum.

Podemos ver esse efeito mais claramente nos três grupos inter-raciais, em que um enquadramento oposicional baseado na raça nunca ocorreu, mesmo na questão da ação afirmativa, em que ele foi comum nos grupos de trabalhadores brancos e negros. A presença de uma clivagem social externa dentro do grupo suprime a expressão de um enquadramento oposicional e promove ou um enquadramento oposicional substitutivo baseado na classe, ou um discurso que enfatiza a pessoa como um indivíduo e nega a relevância da situação social.

De modo geral, os grupos formados de trabalhadores negros fizeram significativamente um maior uso dos enquadramentos oposicionais do que os outros, atingindo em média 1,94 conversações sobre questões que incluíam esses enquadramentos, comparados com 1,05 nos grupos restantes ($p < .05$). Esse grande uso parece fácil de entender. Ser negro é uma identidade coletiva ubíqua na sociedade americana, e ela aparece em muitos grupos ligada

---

[42] Refiro-me aqui aos adversários dentro da sociedade americana. Um enquadramento oposicional americano-japonês é bem visível na indústria problemática, e os pares conflituosos russos-americanos e árabes-israelenses são centrais para o enquadramento dessa questão.

a questões que não estão somente relacionadas à ação afirmativa. Não há nenhuma identidade coletiva comparável no caso dos brancos, e a introdução de um enquadramento oposicional baseado na raça em questões como a indústria problemática ou a energia nuclear iria, sem dúvida, parecer estranho e racista na maioria dos grupos de trabalhadores brancos. Mas os grupos de trabalhadores negros também usam mais enquadramentos oposicionais baseados na classe, sugerindo que enquadramentos oposicionais podem usar a generalização para incluir mais de uma identidade coletiva.

Os diferentes elementos dos enquadramentos de ação coletiva – identidade, ação e injustiça – não existem isoladamente, mas frequentemente se apoiam de maneira recíproca. O próximo capítulo explora a relação entre esses elementos e sua conexão com a consciência política a partir do modo como se expressam na conversa e na ação.

CAPÍTULO VI

Conversa e ação

Conversar sobre política com amigos na sala de estar de um deles seguindo as regras dos pesquisadores acadêmicos está bem longe da ação. Imagine que essas conversações a respeito da energia nuclear, por exemplo, estivessem ocorrendo em uma comunidade em que um requerimento estivesse atualmente esperando autorização para a construção de um novo reator nuclear. Imagine que, além disso, existissem grupos antinucleares ativos manifestando contra a construção desse reator e ameaçando ocupar o local. Contextos de ação desse tipo mudam dramaticamente a importância dos enquadramentos de ação coletiva tornando-os imediatamente e pessoalmente relevantes.

A consciência política, como observaram muitos estudiosos dos movimentos sociais, é constituída no processo de ação coletiva. Fantasia (1988), por exemplo, revela como "culturas de solidariedade" são construídas por trabalhadores enquanto interagem entre si, ao longo do tempo, em contextos de ação concreta. Ideias emergem, mudam e são submetidas ao escrutínio e à negociação, assim como eventos e condições são interpretados e reinterpretados. Esse autor contrapõe tal fato à "crença de muitos acadêmicos e ativistas radicais de que a consciência é necessária para que as pessoas tenham uma compreensão intelectual ou 'conduta correta' na sociedade antes que possam mudá-la". De maneira similar, Marshall (1983, p. 272) questiona "a crença amplamente sustentada entre observadores acadêmicos de que a consciência é, de alguma forma, necessária para que homens e mulheres lidem intelectualmente com a sociedade antes que possam pretender mudá-la".

A visão de que a consciência precede e causa a ação pode estar implícita em muitos trabalhos sobre a consciência da classe trabalhadora, mas poucos (se existem) observadores dos movimentos sociais aceitariam isso. Nos últimos quinze anos, a maioria dos estudos sobre movimentos sociais tem dado ênfase à consciência, ao comprometimento, à solidariedade e à identidade coletiva como processos que se desenvolvem de modo simultâneo, influenciando-se e reforçando-se mutuamente. Ninguém esperaria que trabalhadores utilizassem enquadramentos de ação coletiva de maneira extensiva quando conversam sobre questões políticas dissociadas de qualquer contexto significativo de ação.

O contexto apropriado dá vida a elementos nascentes, se eles aí estão. O contexto de ação mais provável apresenta-se como uma ameaça ao padrão de vida cotidiana das pessoas – o fechamento de uma indústria, a instalação de uma usina nuclear ou depósito de lixo tóxico, um chamado de reservas militares, etc. Não há nada de automático ou de certo a respeito do modo como as pessoas irão reagir a esses eventos. Qualquer ameaça ou privação pode ser interpretada de modos diferentes. A desenvoltura com a qual enquadramentos de ação coletiva – integrados e plenamente desenvolvidos – são construídos depende do quanto as pessoas já compartilham os elementos constitutivos desses enquadramentos.

É difícil construí-los a partir do nada. Se as pessoas já compartilham um sentido de indignação moral e de injustiça, se pensam em si mesmas como um "nós" em oposição a um "eles", e se compartilharam "modelos de pessoas" que são como elas mesmas, ou seja, que atuam para mudar as condições em que vivem, a matéria-prima está presente. Se um ou mais de um desses fatores está ausente, o processo será mais demorado e tem maior probabilidade de ser abortado em algum ponto de seu desenvolvimento.

Enquadramentos de ação coletiva são não somente agregados de atitudes e percepções individuais mas também o resultado da negociação de sentidos compartilhados. Examinar como seus elementos são construídos na conversa não nos aproxima de um contexto de ação, mas as conversações são um produto *coletivo*. A dinâmica da liderança de opinião e as pressões normativas que aparecem nos grupos não distraem as pessoas do que elas realmente pensam, mas são uma parte natural do processo coletivo em que a consciência política é negociada.

Os elementos dos enquadramentos de ação coletiva estavam claramente mais presentes para alguns grupos do que para outros e, em algumas das questões, muito mais para uns do que outros. Contudo, enquadramentos de ação coletiva completamente desenvolvidos que integram os três elementos foram, na verdade, raros. Para ser mais preciso, isso aconteceu em 22% das conversações sobre a ação afirmativa, em 5% das conversações sobre a indústria problemática, e simplesmente não aconteceu nas conversações acerca da energia nuclear ou do conflito árabe-israelense. A combinação desses elementos é parte da dinâmica de construção de enquadramentos de ação coletiva ao longo do tempo. Embora essa combinação raramente tenha acontecido nessas conversações tão separadas da ação, podemos aprender mais analisando como os três elementos (que foram por tanto tempo tratados separadamente) foram entrelaçados por alguns grupos na discussão de certas questões.

A injustiça como chave para a integração dos três elementos dos enquadramentos de ação coletiva

Injustiça e enquadramentos oposicionais

Não há nenhuma necessidade lógica de que um enquadramento de injustiça seja também um enquadramento oposicional. As pessoas podem ser tratadas de maneira desagradável por meio da estupidez ou da falta de atenção daqueles que estão perseguindo seus próprios interesses egoístas ou por instituições e programas que refletem prioridades com foco deslocado. A injustiça pode ou não incluir um "eles" claramente definido, que está perpetrando a injustiça contra um "nós". Do mesmo modo, tampouco um enquadramento oposicional implica necessariamente uma injustiça. Os adversários podem ter interesses conflitantes que os levem ao conflito mas não atuem de uma maneira que provoque indignação moral.

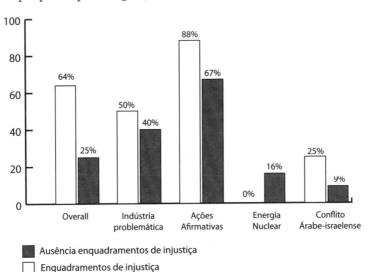

Gráfico 6.1: Enquadramentos de injustiça e enquadramentos oposicionais.

Apesar de tudo, existem boas razões teóricas para esperar que os grupos usem um enquadramento de injustiça, quando procuram entender uma questão, de modo a também incluir elementos oposicionais no pacote interpretativo. Um enquadramento de injustiça torna o grupo ofendido um coletivo, e não um indivíduo. O que alguém sofreu pessoalmente é compartilhado por um "nós" implícito. Uma indignação justa sem um "eles" a quem se dirigir é difícil de ser sustentada. É frustrante e confuso estar com raiva e não saber a quem dirigir essa raiva. Um enquadramento oposicional ajuda a resolver essa tensão por meio da interpretação e do direcionamento do componente emocional de um enquadramento de injustiça. Assim, deveríamos esperar que esses enquadramentos se correlacionassem.

Como mostra a FIG. 6.1, há uma forte relação geral entre eles. Quando enquadramentos de injustiça apareceram nas conversações sobre as questões aqui estudadas, quase dois terços (64%) dos grupos utilizou também enquadramentos oposicionais. Esse percentual caiu para 25% nas conversações que não empregaram enquadramentos de injustiça ($p < .001$). Em questões como a energia nuclear e o conflito árabe-israelense, em que enquadramentos de injustiça foram raros, enquadramentos oposicionais foram igualmente raros. No caso da ação afirmativa, em que enquadramentos de injustiça foram muito difundidos, os enquadramentos oposicionais também apareceram em maior quantidade. E, mesmo quando a questão foi controlada, enquadramentos oposicionais tenderam a ser mais comuns nas discussões sobre a ação afirmativa e sobre a indústria problemática, que também utilizaram enquadramentos de injustiça.

Injustiça e apoio à ação cidadã

Afirmo, mais uma vez, que não há nenhuma razão para que a adoção de um enquadramento de injustiça precise de uma discussão favorável da ação dos cidadãos sobre essas questões e vice-versa. Um indivíduo pode sentir uma injustiça e, ao mesmo tempo, desconhecer os esforços feitos por cidadãos comuns para alterar esse quadro ou, se ele souber desses esforços, pode pensar que são fúteis ou imprudentes. Alguém pode ser favorável àqueles que protestam contra a energia nuclear, porque eles mantêm as autoridades focadas no que deve ser feito sem postular qualquer injustiça ou incitar nenhuma raiva justa.

Mas novamente há bons motivos teóricos para esperar uma conexão entre o enquadramento de injustiça e o apoio à ação cidadã. Se uma situação injusta é vista como imutável, ela provavelmente não conduzirá à indignação moral. Um enquadramento de injustiça implica a possibilidade de mudança. Uma ação coletiva feita por cidadãos comuns pode não ser o melhor meio para alcançar essa mudança, mas ao menos essas pessoas estão se esforçando. A indignação impulsiona em direção à ação e predispõe a uma resposta positiva para aqueles que tentam realizá-la.

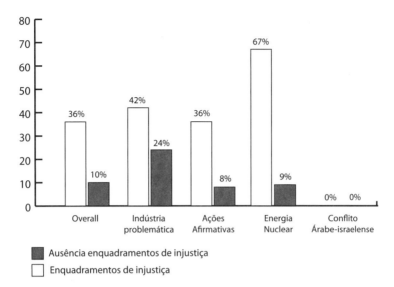

Gráfico 6.2: Injustiça e apoio à ação coletiva.

Como revela a FIG. 6.2, a relação hipotética está claramente presente. Mais de um terço das conversações com enquadramentos de injustiça contém alguma discussão favorável à ação coletiva acerca da questão em pauta. Somente 10% dos grupos que não apresentaram um enquadramento de injustiça incluíram tal atenção positiva ($p < .001$). Não deveríamos dar muita importância às diferenças relacionadas à energia nuclear, uma vez que houve somente três exemplos de enquadramentos de injustiça. Mas no caso da ação afirmativa e no da indústria problemática, grupos que apresentaram enquadramentos de injustiça revelaram substancialmente uma maior probabilidade de incluir discussões de apoio à ação coletiva.

Enquadramentos oposicionais e apoio à ação cidadã

A utilização de enquadramentos oposicionais para entender uma questão foi completamente independente da discussão favorável à ação dos cidadãos nessas conversações. Somente cinco grupos nunca empregaram um enquadramento oposicional em alguma das questões, mas três desses cinco tiveram discussões de apoio à ação coletiva ao tratar de alguma questão. Dos quinze grupos que utilizaram enquadramentos oposicionais em duas ou mais questões, idênticos 60% tiveram discussões favoráveis. No caso na indústria problemática e da energia nuclear, houve vinte e uma discussões nas quais a ação coletiva foi apoiada, mas somente três grupos também utilizaram enquadramentos oposicionais. Além disso, um desses três não conseguiu associar as duas ideias em um pacote comum.

Somente nas discussões sobre a ação afirmativa nos grupos compostos por trabalhadores negros uma associação comum foi feita entre enquadramentos oposicionais e apoio à ação coletiva. Quase metade das conversações (47%) integrou, em um pacote comum, discussões favoráveis aos esforços feitos pelos direitos civis dos negros e um enquadramento oposicional que se aproxima do modelo de um enquadramento de ação coletiva madura.

Conclusão

O componente de injustiça de um enquadramento de ação coletiva facilita a adoção de outros elementos: aumenta a atenção dedicada a movimentos sociais que pretendem reparar injustiças e estimula a simpatia em direção a seus esforços em termos de ação coletiva, mesmo quando as pessoas não estão prontas para se juntar a tal ação. O componente de injustiça promove uma identificação pessoal com qualquer coletividade que está sendo injustiçada, promovendo também a busca por alvos que sejam responsáveis pelas injustiças não merecidas e sofridas pelos membros dessa coletividade ou grupo. Assim, ela é a chave para integrar os três elementos dos enquadramentos de ação coletiva.

PARTE II
Como as pessoas negociam sentidos

O processo de negociação de sentido a respeito de questões públicas é mais amplo do que o da construção de enquadramentos de ação coletiva. Na primeira parte do livro, focalizei nos elementos desses enquadramentos devido ao meu interesse pelo tipo de consciência política que é mais relevante para os movimentos sociais. A parte II se afasta dessa preocupação imediata para lidar com questões mais gerais sobre como as pessoas constroem sentidos para as notícias da mídia.

O capítulo 7 explora as estratégias de recurso que as pessoas utilizam nesse processo. Em que medida elas utilizam o discurso da mídia como recurso primário em contraposição ao conhecimento que obtiveram a partir de suas experiências pessoais e da sabedoria cultural popular? Até que ponto elas integram esses recursos em um enquadramento compartilhado a respeito de diferentes questões?

O capítulo 8 investiga a importância das ressonâncias culturais em possibilitar que as pessoas integrem recursos diferentes. Em que medida as ressonâncias entre enquadramentos de questões e temas e contratemas culturais mais amplos contribuem para a habilidade que as pessoas têm de utilizar múltiplos recursos ao construir sentido acerca de uma questão?

O capítulo 9 avalia a complicada conexão entre o quão interessadas e envolvidas as pessoas estão em uma questão e como ela afeta sua vida cotidiana. Em que medida o engajamento na discussão de uma questão pode ser estimulado pelo discurso da mídia independentemente de qualquer experiência direta de suas consequências? Em que medida a intensidade do interesse das pessoas em uma questão afeta as estratégias de recurso que elas utilizam e seu sucesso em integrar vários recursos?

A segunda parte deste livro é uma tentativa de entender o processo geral de como as pessoas constroem sentidos acerca de questões públicas. Finalmente, as respostas têm importantes implicações para a presença ou a ausência de enquadramentos de ação coletiva. O capítulo 10, que apresenta as conclusões da pesquisa, reúne as duas partes, revelando como os enquadramentos que articulam com sucesso diferentes recursos no processo de construção de sentido têm maior possibilidade de se tornar enquadramentos de injustiça.

CAPÍTULO VII

Mídia, sabedoria popular e experiência

Imagine que cada questão é uma floresta através da qual as pessoas precisam encontrar um caminho. Elas não são, claro, florestas virgens. Os vários enquadramentos presentes no discurso da mídia proporcionam mapas que indicam pontos eficazes de entrada, oferecendo sinalizações nas várias encruzilhadas, assinalando os pontos de referência importantes do território e avisando dos perigos apresentados por outros caminhos. Contudo, muitas pessoas não seguem as rotas indicadas e frequentemente seguem errando, dando voltas e fazendo suas próprias trilhas.

Do ponto de vista dos errantes, o discurso da mídia é um recurso cultural para ser usado no processo de entendimento e de conversação acerca de uma questão, mas é um dos muitos recursos disponíveis. O discurso da mídia também não é necessariamente o recurso mais importante quando se trata de determinadas questões, se compararmos, por exemplo, com a própria experiência dessas pessoas e com as de outras pessoas importantes em sua vida. Geralmente elas encontram seu caminho através da floresta usando uma combinação de recursos, incluindo os que carregam consigo.

Recursos conversacionais

Quando apresentam uma opinião, as pessoas geralmente explicam aos outros as bases que fundamentam suas conclusões. Espalhados nas conversações citadas nos capítulos anteriores estão vários exemplos de afirmações

O discurso da mídia

Todos os grupos mostraram, em cada questão discutida, alguma consciência de que há um discurso público em torno dessas questões, mesmo se eles fazem um uso mínimo de tal discurso e frequentemente se desculpam por não terem um melhor domínio sobre ele. De fato, a maioria dos grupos recorreu a ele de algum modo, mesmo se os participantes não conseguiram articulá-lo com outros recursos. Em algumas questões – e em alguns grupos na maioria das questões – o discurso público foi o recurso principal ou mesmo exclusivo que eles utilizaram na construção de sentido. Outros recursos apareceram somente de maneira esporádica em tópicos que eram tangenciais ao enquadramento que os participantes estavam construindo a respeito da questão.

O discurso público ao qual as pessoas recorrem é muito mais amplo do que as notícias e assume muitas formas. Ao discutir a ação afirmativa, por exemplo, vários grupos citaram o *slogan* publicitário do *United Negro College Fund*, que dizia o seguinte: "Um cérebro é algo terrível para se desperdiçar". Uma variedade de filmes e programas de televisão foi citada mais de uma vez, incluindo *Silkwood* e *The China Syndrome*, que foram mencionados nas discussões sobre energia nuclear.

As pessoas também não restringem o discurso da mídia ao que elas acionam para falar sobre uma questão imediata em discussão. Frequentemente tentam entender uma questão comparando-a com outras questões relacionadas. No caso da energia nuclear, mais de um terço dos grupos discutiram a explosão da nave espacial *Challenger*, que tinha acontecido anteriormente, no mesmo ano (1986). Cerca de um quarto dos grupos introduziram o conflito na Irlanda do Norte ao discutir o conflito árabe-israelense. Quando construímos a amostragem do discurso da mídia, impusemos limites em torno de quais materiais seriam incluídos, mas as conversações ultrapassaram tais definições de relevância minuciosamente contidas.

Frequentemente é difícil saber ao certo se uma consideração se remete ao discurso da mídia, porque as pessoas não conseguem identificar a fonte de seu conhecimento. Aqueles que seguiram o discurso da mídia no caso da indústria metalúrgica problemática, por exemplo, deveriam conhecer a história da companhia *U.S. Steel*. Fortalecida por empréstimos governamentais de juros baixos, essa companhia escolheu não reinvestir na modernização de suas instalações de modo a produzir a preços competitivos. Em vez disso, ela implantou uma política de diversificação, adquirindo a *Marathon Oil Company* no processo. Finalmente, retiraram até mesmo a palavra *steel* do nome da companhia, que passou a se chamar *USX Corporation*.

Na conversação transcrita a seguir, poderia parecer que Bob está ciente dessa parte do discurso público e que recorre a ela como recurso.

Personagens

- *Madelyn, operária em uma fábrica de doces, cerca de 50 anos.*
- *Bob, gerente-assistente em um lava-carros, cerca de 30 anos.*
- *Daniel, impressor, cerca de 20 anos.*

(Discutem a questão aberta inicial a respeito da indústria problemática.)

Madelyn: Essas pessoas passaram por muitas dificuldades para conseguir outro emprego. Algumas delas já estão velhas, e aí tiveram que se mudar, e nem vivem mais na comunidade na qual cresceram.

Bob: É verdade.

Madelyn: E os negócios sofrem também, sabe, porque os negócios fecham e essas pessoas têm que mudar de lugar, elas não têm dinheiro para gastar.

Bob: É como na indústria metalúrgica do meio Oeste. A indústria metalúrgica está quase falida nos Estados Unidos embora tenhamos provavelmente o melhor conhecimento sobre ela e sejamos as pessoas mais capazes para trabalhar com isso. Não há dinheiro nesse ramo para os homens de negócios, então eles não se incomodam.

Madelyn: É, e no Maine há uma fábrica de papel que está passando por sérios problemas. Eles estavam em greve porque não queriam dar a eles os direitos relativos ao longo tempo de casa. Estavam tentando transformá-los em escravos, sabe. Então, se a companhia não voltar atrás, eles disseram que não vão dar a ela o que ela quer. E sabe o que eles vão fazer? Eles vão fechar a fábrica e vão se mudar para Minneapolis ou outro lugar desse tipo. E eles dizem aos trabalhadores algo parecido com "vocês podem vir se quiserem", e tem em torno de 1.200 pessoas trabalhando nessa fábrica de papel, e tudo se resume a isso.

Daniel: Se você quer comprar uma casa no Maine...

Madelyn: Você pode comprá-las bem barato.

Daniel: Você pode. Uma casa...

Madelyn: ... 18.000 dólares.

Daniel: É, 18.000, mas aí, não há trabalho por lá. Mas há trabalho em certas fábricas, mas os caras estão em greve e quem quer ser um fura-greve e ultrapassar a barreira do piquete, especialmente uma vez que aquelas pessoas estão dando o seu sangue, suor e tudo o mais, e você vai furar a barreira e trazer problemas para eles, e eles vão acabar ameaçando sua família e coisas desse tipo.

Madelyn: Os grevistas seguem os fura-greves até em casa, checam onde eles vivem. E aí ameaçam de queimar a casa deles...

Daniel: O governo – o Presidente Reagan deveria tomar uma providência. Ele só cuida de si mesmo. Ele nem liga para as pessoas pobres. É o que penso sobre ele. Sabe, eles deveriam colocar outra pessoa nesse cargo.

Madelyn: Como a Nancy.

(*risos*)

Bob não enfraquece sua fonte de conhecimento ao dizer: "Eu vi um *programa na televisão* a respeito da indústria metalúrgica" ou "Eu *li um artigo* dizendo que a indústria metalúrgica nos Estados Unidos está praticamente falida". Contudo, o conteúdo sugere conhecimento da história da *U.S Steel* ou de outras companhias como ela. Felizmente, a maioria dos usos do discurso da mídia nos grupos por nós realizados não são tão sutis e inferenciais como esse, mas são mais explícitos. Mais de 95% dos usos que codificamos se enquadrou em uma das seguintes categorias:

Fatos que atraem grande atenção pública. A vantagem dos enquadramentos da mídia para os jornalistas é que servem de guias para auxiliá-los a selecionar qual informação merece destaque e qual deve ser ignorada. Os fatos adquirem sentido ao serem enquadrados de alguma maneira. Muitos fatos ganham atenção pública por meio de certos enquadramentos, ao passo que são ignorados ou descartados por outros.

As pessoas importam do discurso da mídia uma variedade desses elementos informacionais para sustentar os enquadramentos que conferem destaque a tais elementos. A informação que possuem pode ou não ser verídica e, às vezes, é posta em questão e corrigida pelos outros, mas a acuidade não é o problema. As palavras *fato* e *conhecimento*, como são aqui utilizadas, sempre incluem aspas implícitas, que demandam a questão de sua veracidade e as tratam como demandas factuais.

Para exemplificar como fatos que estão sob grande atenção pública sustentam enquadramentos particulares, considere a explosão da usina nuclear de Chernobyl, na União Soviética, como um acidente que ocorreu somente alguns meses antes dessas conversações. O acidente de Chernobyl apareceu nas conversações, de alguma forma, em 86% dos grupos. É claro que nem todos mencionaram corretamente o nome da indústria, mas incluímos variações como *Chernova*, *Grenoble* ou simplesmente *Rússia*. O contexto deixa suficientemente claro o que estão querendo dizer.

A mera menção ao incidente de Chernobyl não indica o que nele é relevante, mas isso se torna claro na medida em que a conversação se desenvolve.

O ponto mais frequente é o de que Chernobyl ilustra os perigos dos acidentes nucleares. As pessoas podem morrer imediatamente ou experimentar danos posteriores devido aos efeitos da radiação. Nenhum enquadramento no discurso da mídia questiona esse fato, mas ele não é certamente enfatizado pelos defensores da energia nuclear. Em vez disso, eles conferem destaque a outro fato: os reatores nucleares soviéticos são produzidos de maneira menos segura que os reatores dos Estados Unidos. Como consequência, a usina nuclear norte-americana tem essa tecnologia potencialmente perigosa sob controle.

Cerca de 17% dos grupos introduziu explicitamente esse fato, como será evidenciado nos exemplos seguintes. Esse primeiro grupo já foi frequentemente citado antes.[43]

Personagens

- *Ida, responsável pelos registros financeiros de uma empresa, cerca de 70 anos.*
- *Ruth, supervisora de escritório, cerca de 50 anos.*

Ida: Você vê? Nossas indústrias são mais bem construídas do que aquela outra. Há algo... (*pausa*) que era de se esperar que eles tivessem aqui.

Ruth: Eu estava imaginando por quanto tempo ela esteve em funcionamento antes do acidente. (*pausa*) Ela certamente não era uma indústria nova.

Ida: Não, não era. Mas ela não tinha as características de segurança que as nossas indústrias já tinham.

Personagens

- *Joe, bombeiro, cerca de 50 anos.*

Joe: Veja o caso de Chernobyl! Eles estão comparando Chernobyl com as indústrias nucleares dos Estados Unidos. Eles não podem fazer isso! O acidente de Chernobyl aconteceu com coisas que os Estados Unidos já tinham em energia nuclear há quarenta anos. Aquela indústria é muito antiga. Entendeu?

A utilização desse acontecimento marcante nas conversações sempre ocorreu em benefício de um enquadramento a favor da energia nuclear, que desconsidera a importância do acidente de Chernobyl para o futuro da energia nuclear nos Estados Unidos. Ida é a única a favor da energia nuclear no grupo, e não tem ninguém para auxiliá-la a construir seu enquadramento preferencial. Ninguém, por exemplo, fornece a ela o termo *estrutura de contenção* quando ela procura por detalhes que expliquem por que as indústrias

---

[43] Ver os capítulos 2, 3, 4 e 5.

nucleares norte-americanas são mais seguras. O enquadramento alternativo que os outros estavam desenvolvendo não salienta o fato de que a indústria de Chernobyl tinha uma estrutura de contenção diferente e inferior. Nesse sentido, o termo não era um recurso relevante para seus propósitos, e a conversação rapidamente se voltou para outros aspectos da questão.

Atores públicos. As conversações frequentemente trazem menções a atores públicos, que são vistos como importantes para a questão em causa. Em 1986 Ronald Reagan foi o nome mais citado, aparecendo na conversação sobre todas as questões, embora fosse infrequente em algumas delas. No caso da indústria problemática, às vezes ele aparecia como símbolo do impedimento da ação dos sindicatos, e referências foram feitas à greve dos controladores de voo. Na discussão sobre a ação afirmativa, Reagan foi mencionado em muitos grupos de trabalhadores negros como o líder de um grupo ruim, que não estava medindo esforços para tomar "todas as coisas pelas quais lutamos" (Vanessa, capítulo 1).

Muitos outros atores públicos fizeram sua aparição de maneira mais seletiva em certas questões. Lee Iacocca foi frequentemente citado nas discussões a respeito da indústria problemática e, talvez de maneira mais surpreendente, Khadafi apareceu em quase um terço das discussões acerca do conflito árabe-israelense. O bombardeio da Líbia pelos Estados Unidos era outro evento recente, e a ameaça de terrorismo contra os americanos foi um tópico que teve bastante destaque em alguns grupos.

Assim como no caso de Chernobyl, usos diferentes podem ser feitos dos atores públicos invocados. Iacocca foi tipicamente apresentado em trajes de herói como o salvador da moribunda Chrysler Corporation. Mas ocasionalmente um grupo utilizou a enorme compensação financeira que Iacocca recebeu para esboçar uma lição diferente para a história da Chrysler. Do mesmo modo, Khadafi foi geralmente designado como fanático e vilão. Mas novamente leituras oposicionais ocorreram ocasionalmente. "Eu gosto de Khadafi porque ele é espalhafatoso", disse uma mulher em um dos grupos.

A utilização de atores públicos em uma conversação é avaliada como um recurso somente se é feita para desenvolver e apoiar um enquadramento compartilhado da questão. Fofocas acerca de celebridades que não contribuem para a construção de um argumento relevante, não contam como relevantes. A observação a respeito do estilo pessoal de Khadafi, por exemplo, não foi usada para sustentar nenhum enquadramento particular e não se qualifica como um exemplo de uso do discurso da mídia.

Slogans. As pessoas denunciam o uso do discurso da mídia ao utilizar *slogans* específicos que dele são parte proeminente. Na questão da ação afirmativa, por exemplo, cerca de um terço dos grupos utilizaram a frase *discriminação às avessas*. De maneira a nos permitir fazer certas inferências a respeito do uso desse recurso, eles tiveram que empregar a linguagem corrente do discurso público e não somente uma paráfrase que expressava a ideia. Não era suficiente, por exemplo, que eles afirmassem que os brancos estão sendo discriminados se eles não tivessem usado a frase *discriminação às avessas*.

Outros slogans apareceram com menor frequência, incluindo "Um cérebro é algo terrível de se desperdiçar" e "O último a ser contratado é o primeiro a ser demitido", que foram mencionados na questão da ação afirmativa. No caso da indústria problemática, as pessoas ocasionalmente falaram de "déficit comercial estrangeiro" e "Compre produtos americanos". Na questão da energia nuclear, foram mencionados algumas vezes os *slogans* "Não às armas nucleares" e "Quebre madeira e não átomos". Contudo, nenhum *slogan* oriundo do discurso da mídia sobre a questão do conflito árabe-israelense apareceu em mais de um grupo.

Conhecimento experiencial

As pessoas frequentemente constroem seus argumentos nessas conversações contando uma história. Às vezes essas histórias são sobre alguém acerca de quem leram algo ou ouviram a respeito em um *talk show* radiofônico. Mas a maioria delas são narrativas sobre os próprios participantes ou sobre alguém que conhecem pessoalmente. Essas histórias têm um propósito, e, se os falantes não têm certeza se o ponto de vista a ser construído está claro, eles tornam explícita a lição.

Embora cada história tenha características únicas, elas também formam tipos genéricos relacionados ao enquadramento de uma questão. Comentários acerca de "tempos difíceis" ligados ao momento em que as pessoas perdem seu emprego podem estimular tanto uma história de apoio sobre *dificuldades* ou uma história de *adaptação* à inviabilidade e à impossibilidade. Uma história de dificuldades enfatiza tipicamente o impacto na autoestima das pessoas e os efeitos devastadores em sua família, assim como as dificuldades econômicas envolvidas. Uma história de adaptação salienta tipicamente a importância da motivação pessoal para superar as adversidades inevitáveis da vida. Essas histórias genéricas aparecem em todas as questões aqui investigadas e contribuem para enquadrá-las de maneiras específicas. A escolha de uma história em lugar da outra é crucial para a construção de um sentido compartilhado sobre a questão.

Essas narrativas pessoais são um dos mecanismos primários na utilização do conhecimento experiencial como recurso conversacional. Esse conhecimento tem um lugar privilegiado, pois comporta a seguinte afirmação: "Eu sei, porque vi com meus próprios olhos, em primeira mão".

Não podemos contradizer ou negar a experiência das outras pessoas, embora ela possa ser descartada como uma exceção ou contraposta ao próprio conhecimento experiencial de alguém para sustentar um enquadramento alternativo. De maneira mais comum, as pessoas somam suas próprias histórias do mesmo tipo, para depois apoiarem e fortalecerem um enquadramento coletivo.

O conhecimento derivado da experiência pode ser direto ou vicário em graus variados. Às vezes a história não é sobre a pessoa que a conta, mas sobre seu cônjuge, seu parceiro ou seus filhos. No outro extremo, as pessoas contam histórias sobre amigos de amigos ou sobre alguém que conheceram no trabalho. É difícil saber com exatidão onde traçar a linha a partir da qual o conhecimento é tão vicário que dificilmente pode ser chamado de pessoal.

A empatia permite que as pessoas transcendam sua experiência pessoal e imaginem como se sentiriam na situação de outra pessoa. Madelyn é capaz de experimentar, de maneira vicária, o que seria para trabalhadores mais velhos e sua família deixar "a comunidade na qual cresceram" e se mudar para "Minneapolis ou algum lugar desse tipo". Mas ser capaz de dar esse salto de empatia não é a mesma coisa que utilizar a própria experiência como recurso conversacional. Ele não demanda o privilégio de algo testemunhado ou experimentado diretamente. Por isso, codificamos como conhecimento experiencial somente aquelas afirmações baseadas em experiências pessoais e nas experiências de membros imediatos da família ou do lar.

Sabedoria popular

As pessoas trazem à tona muitas crenças populares que transcendem a especificidade da questão em pauta. Frequentemente elas indicam suas referências a esse recurso utilizando frases como; "É assim que a vida é", "Na minha experiência", "É da natureza humana", "Como todos sabem", etc. Quando elas contam uma história, geralmente começam ou terminam o relato com um princípio de aplicação geral, que relaciona a experiência a ser narrada a alguma máxima popular que a ilustra. Ou, de modo contrário, uma citação de algum provérbio irá estimular a introdução do conhecimento experiencial para reafirmar o mesmo ponto de vista de forma mais concreta.

A sabedoria popular como recurso depende do conhecimento compartilhado do que todo mundo sabe. Embora o conhecimento experiencial de cada indivíduo seja, de algum modo, único, a sabedoria popular depende de elementos comuns. Por isso, quanto maior o grau de homogeneidade da experiência de vida entre um grupo de pessoas, maior a sabedoria popular disponível como recurso. A sabedoria popular é frequentemente parte de uma subcultura específica, em vez de parte de uma ampla cultura nacional. A questão retórica feita pela participante Vanessa no capítulo 1, "Como é que pode algo ser às avessas quando temos sido discriminados durante toda a nossa vida?", aponta para aquilo que toda pessoa negra deveria saber. Nesses grupos, a sabedoria popular expressa é geralmente oposicional.

Os dois maiores dispositivos pelos quais a sabedoria popular entra nessas conversações são: (1) princípios de aplicação geral e (2) analogias a situações da vida cotidiana. Os princípios de aplicação geral incluem provérbios, máximas e frases bíblicas. No exemplo a seguir, Tom sugere tais princípios, enquanto Luke os torna explícitos.

Personagens

- *Tom, vendedor em uma loja de aparelhos estéreos, cerca de 20 anos.*
- *Luke, vendedor em uma loja de departamentos, cerca de 20 anos.*
- *(Discutem a questão aberta inicial a respeito da energia nuclear.)*

Tom: Eu não acho que o governo federal pode realmente garantir a segurança quando se trata de energia nuclear. Sei que eles possuem regras estritas. Mas não há nenhuma garantia de que, a qualquer momento, um líquido possa vazar e causar uma situação muito, muito desastrosa.

Luke: Toda vez que um ser humano está no controle da situação, qualquer coisa pode acontecer.

Existem muitas paráfrases dessa mesma generalização em outros grupos. Por exemplo: "Não se pode evitar o erro humano" ou "Faz parte da natureza humana fazer algo apressadamente para ganhar tempo". Máximas que se opõem são utilizadas para enquadrar a questão da energia nuclear em um modo diferente. Máximas como "Tudo na vida tem riscos" ou "Você pode morrer ao atravessar a rua", por exemplo, utilizam a sabedoria popular para provar a falsidade dos perigos específicos da energia nuclear.

A sabedoria popular aparece também por meio de analogias entre a questão em pauta e as situações familiares da experiência cotidiana. No exemplo seguinte, Evelyn oferece um princípio de aplicação geral a respeito de como lidar com conflitos intratáveis, e Thomas compara o conflito árabe-israelense a uma rivalidade entre famílias.

Personagens

- *Evelyn, enfermeira, cerca de 30 anos.*

- *Lucas, trabalha em um abrigo para pessoas sem domicílio, cerca de 20 anos.*
- *Thomas, alfaiate, cerca de 30 anos.*

(O grupo discute a questão do conflito árabe-israelense e avalia a charge 15 – ver o Apêndice B.)

Evelyn: Eu acho que, quando você tem dois lados brigando, se você não pode impedir a briga depois de várias tentativas, vá embora e deixe-os lá brigando. Os Estados Unidos não têm que se infiltrar lá na Palestina ou em Israel; eles já têm os Estados Unidos. Voltem para casa, deixem que eles briguem até que o conflito se esgote. Porque você não gostaria de deixar sua casa para ir lá e testemunhar uma briga com alguém que está a mil milhas de distância. Por quê? Isso não faz nenhum sentido para mim.

(Mais tarde, ao avaliar a charge 16; ver Apêndice B.)

Lucas: Eles têm que ter, ambos têm que, ah, reconhecer o direito de cada um a existir em algum lugar.

Thomas: Sabe, a guerra entre esses dois... ela, ela é muito mais grave do que uma simples... não é uma questão de dinheiro ou, ou poder ou... é somente uma, ah, como uma rivalidade ou rixa entre famílias. *(risos)*

Lucas: Isso, uma rixa entre famílias.

Comparando recursos

Qualquer recurso possui os seus limites. Por meio da utilização de uma combinação de diferentes tipos de recursos para construir um enquadramento compartilhado, um grupo confere a esse enquadramento uma base sólida. Para saber o motivo, comparo esses tipos de recursos em duas dimensões.

Pessoal *versus* cultural

Permitam-me admitir, para começar, que nenhum desses recursos é puramente pessoal ou cultural. Mesmo nossa experiência pessoal é filtrada por meio de lentes culturalmente fabricadas. De acordo com a sábia frase de Miller (1988), "O Big Brother é você, assistindo a tudo". Recebemos e carregamos conosco imagens hiper-reais de filmes e de programas de televisão, utilizando-as para codificar nossas próprias experiências. O discurso da mídia não é algo que está longe, mas algo que está em nossa mente.

Lembro-me de um amigo que descreveu um episódio crítico de sua formação na infância, o qual influenciou seu desenvolvimento de modo significativo. Certa vez ele discutiu esse episódio na presença de seus pais, que insistiram que ele nunca havia acontecido. Meu amigo, por sua vez, estava totalmente convencido de que eles tinham simplesmente se esquecido ou bloqueado o acontecimento. Após algum tempo, ele me confessou, muito embaraçado, que enquanto estava assistindo televisão no final da noite, ele tinha descoberto que sua estimada experiência pessoal foi, na verdade, uma cena de um filme antigo.

No outro extremo, as pessoas trazem suas próprias experiências e associações pessoais para as leituras que fazem de textos culturais. As imagens da mídia não possuem nenhum sentido fixo, mas envolvem uma negociação com uma audiência heterogênea que pode atribuir a elas sentidos totalmente diferentes daqueles estipulados pela leitura preferencial. O estilo das vestimentas de Khadafi pode sinalizar loucura para o fotojornalista ou para o editor que resolveu conferir-lhe destaque, mas também sinaliza estilo e espalhafato na opinião de alguns receptores. Assim, as imagens da mídia não são puramente culturais, mas são permeadas também por sentidos pessoais.

Contudo, a mistura entre o cultural e o pessoal varia dramaticamente entre os três tipos de recursos. Nossas experiências podem ter elementos culturais, mas elas são, de forma esmagadora, parte de nossos próprios recursos privados e não recursos amplamente compartilhados com os outros. As pessoas fazem uma distinção entre conhecer algo por tê-lo experimentado e conhecer algo de maneira abstrata ou em segunda mão. Elas geralmente conferem um lugar privilegiado ao seu próprio conhecimento experiencial. Este é valorizado precisamente porque deriva de uma vivência direta e relativamente não mediada. Embora exista uma grande seletividade na memória ligada às experiências, é a nossa própria seletividade e não a de qualquer outra pessoa.

Por outro lado, o discurso da mídia é um recurso útil precisamente porque é público. Apesar dos elementos pessoais, é possível conversar sobre o acidente de Chernobyl com base em imagens tidas como comuns e em conhecimentos factuais. Ainda que todos não conheçam o elemento particular ao qual o discurso da mídia se refere, ele pode ser um conhecimento público, disponível para qualquer um que queira saber mais sobre determinado assunto. Diferentemente da experiência pessoal, você pode procurar informações acessando documentos públicos. Nesse sentido, o discurso da mídia é predominantemente um recurso cultural.

A sabedoria popular é um meio termo, um amálgama entre o pessoal e o cultural. Ela dá forma às lições oriundas da experiência pessoal. As experiências de um indivíduo adquirem sentido ao serem articuladas por princípios de aplicação geral. Elas ajudam a transformar a experiência única de indivíduos diferentes em um pouco de sabedoria popular, que invoca as experiências semelhantes de outras pessoas. Ao articular o pessoal e o cultural, a sabedoria popular auxilia a tornar o conhecimento experiencial relevante para enquadrar a questão em discussão.

A sabedoria popular também é parte do discurso da mídia a respeito das questões aqui estudadas. Analogias com vida cotidiana e com máximas populares são frequentemente invocadas para fazer com que enquadramentos abstratos se tornem mais concretos e imediatos. A sabedoria popular não é somente um recurso conversacional, mas um recurso para defensores de diferentes enquadramentos midiáticos e para jornalistas em sua atividade de interpretar eventos. A conexão entre o discurso da mídia e a sabedoria popular, faz com que ele se aproxime do conhecimento derivado da experiência.

O nível da questão *versus* o nível da metaquestão

Os recursos da mídia se referem a um domínio particular de uma dada questão. Mesmo quando outras questões a ela relacionadas são introduzidas, esse discurso da mídia ainda é específico da questão em pauta. Quando as pessoas conversam sobre a explosão da nave espacial *Challenger* nas discussões a respeito da energia nuclear, por exemplo, elas estão tomando emprestados elementos de outro domínio para produzir sentido acerca de outra questão, mas ainda estão operando no nível das questões.

A sabedoria popular e o conhecimento experiencial não são limitados ou definidos por domínios temáticos. Um vasto conjunto de experiências pessoais e sabedoria popular pode tornar-se relevante no decorrer de uma conversação, e qualquer uma dessas experiências e sabedorias pode ser um recurso para um vasto escopo de questões diferentes. A sabedoria popular de que uma "pessoa deve fugir de uma briga se não pode detê-la" poderia ser aplicada a muitos outros conflitos além daquele que envolve árabes e israelenses. Experiências pessoais no trabalho ou em outros aspectos da vida pessoal de um indivíduo podem ser relevantes para muitos domínios diferentes.

Iyengar e Kinder (1987) oferecem evidências experimentais do impacto especial derivado da integração entre o pessoal e o cultural. Primeiro, eles fazem uma revisão de vários estudos que mostram que os americanos fazem uma distinção radical entre a qualidade de sua vida pessoal e seus julgamentos a respeito de questões públicas. Por exemplo, vítimas de crimes não veem o crime como um problema mais sério para a sociedade como um todo do que aqueles que não foram pessoalmente atingidos pelo crime. A avaliação que as pessoas fazem das condições econômicas está amplamente desconectada dos problemas que as impedem de progredir e dos ganhos conquistados em sua própria vida. E a guerra do Vietnã não foi avaliada como um problema mais importante por aqueles que tiveram parentes servindo aos EUA do que por americanos que não tinham conexões pessoais com a guerra.

Diante desse quadro, Iyengar e Kinder elaboraram uma série de experimentos para testar conexões mais sutis entre a cobertura da mídia e os efeitos pessoais. Um experimento concentrava-se em três questões: direitos civis, desemprego e previdência social. Os procedimentos envolviam mostrar aos participantes notícias editadas de emissoras televisivas relacionadas a essas questões, variando sistematicamente a quantidade de cobertura a elas destinada. (Histórias sobre uma variedade de outras questões também foram incluídas.) Em condições diferentes, os participantes não viram nenhuma cobertura nem viram coberturas intermediárias ou extensivas, pois os pesquisadores variaram o número total de histórias em cada uma das três questões.

Os assuntos variavam se estivessem na categoria que reunia os pessoalmente afetados. Negros foram comparados aos brancos na questão dos direitos civis; os que estavam desempregados foram contrapostos àqueles que estavam trabalhando na questão do desemprego; e os participantes mais idosos foram comparados aos jovens na questão da previdência social. No final, todos os participantes foram convidados a apontar os problemas mais importantes enfrentados pelo país.

Os autores descobriram que em duas das três questões – direitos civis e previdência social – membros do grupo dos pessoalmente afetados foram especialmente influenciados pela quantidade de cobertura televisiva que assistiram. Na questão do desemprego, não encontraram nenhuma diferença entre os empregados e os desempregados. Somente esse último resultado é consistente com os estudos prévios que mostram uma ausência de relação entre a vida pessoal das pessoas e seus pontos de vista sobre questões públicas.

Iyengar e Kinder (1987) interpretaram os resultados que encontraram de uma forma que sugere a integração de recursos pessoais e culturais. Eles dizem "Suspeitamos que a característica-chave que distingue a questão dos direitos civis e a questão da previdência social é o fato de que elas são experienciadas psicologicamente como situações pessoais e coletivas difíceis". Embora não utilizem o termo, processos de *identidade coletiva* aparecem nessas duas questões e não operam na questão do desemprego. Não se trata somente do fato de "eu" ser afetado, mas do fato de que "nós" somos afetados. E as pessoas são especialmente sensíveis e responsivas às coberturas midiáticas que sugerem que "nosso" problema é um problema importante para o país.

Em suma, quando não consegue utilizar todos os três recursos para construir um enquadramento, um grupo é incapaz de articular o pessoal e o cultural, e de ancorar seu entendimento em ambos os domínios. Como os participantes não conseguem articular seu conhecimento acerca de uma questão

Coleção "Comunicação e Mobilização Social"

com a sabedoria popular e com o conhecimento derivado da experiência seu entendimento sobre as questões adquire sentido restrito e permanece isolado do entendimento mais geral que possuem sobre o mundo. Assim, há uma robustez especial em enquadramentos que são sustentados junto com uma ampla combinação de recursos.

Estratégias de recurso

Não pedimos aos grupos que chegassem a um consenso e, desse modo, eles não estavam sob nenhuma pressão para produzir um sentido compartilhado para as questões em discussão. Contudo, as demandas de conversação incluíam a própria pressão construída pelos participantes dos grupos. Quando há discordância, os participantes frequentemente procuram pontos com os quais todos podem concordar. Mais importante: é difícil manter uma conversação se os participantes não podem nem mesmo concordar em definir a questão em pauta e o que está realmente em jogo. Nesse sentido, existe uma dinâmica de grupo que dirige os participantes em direção a um enquadramento comum, mesmo quando eles discordam sobre possíveis soluções.

Apesar disso, nem todos os grupos são bem-sucedidos em construir um enquadramento comum acerca de cada questão. Considerei que os grupos apresentaram esse enquadramento compartilhado se uma ou outra das seguintes condições foi atendida: (1) pelo menos dois participantes contribuíram para a elaboração e a construção do enquadramento, e ninguém os desafiou ou os atacou diretamente; (2) alguém foi explicitamente crítico e ofereceu uma alternativa, mas ninguém mais contribuiu para construir tal alternativa, e o grupo definiu essa pessoa como alguém que estava oferecendo uma visão minoritária.[44]

No total, mais de 80% das discussões resultaram em um enquadramento compartilhado, mas cada questão apresentou separadamente seu próprio desafio. Como mostra a FIG. 7.1, os grupos estavam massivamente próximos de um provável enquadramento compartilhado nas questões da indústria problemática, da ação afirmativa e da energia nuclear. Mas havia pouca probabilidade de isso acontecer na questão do conflito árabe-israelense, pois somente cerca de dois terços dos grupos (68%) chegou perto de elaborar um provável enquadramento compartilhado.

---

[44] Os grupos geralmente utilizam enquadramentos compartilhados distintos em momentos diferentes da discussão, empregando alguns de maneira bem breve, enquanto elaboram outros exaustivamente e observando muitos pontos. Contabilizei como um dos enquadramentos compartilhados dos grupos aquele utilizado mais extensamente no total de conversações ao analisar os recursos usados para construí-lo.

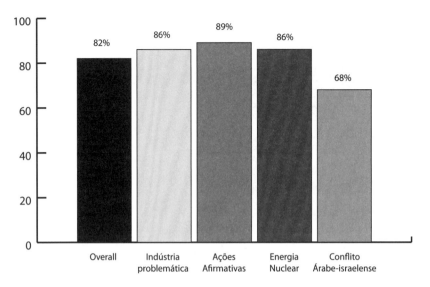

Figura 7.1: Enquadramentos compartilhados por questão.

Quando os grupos desenvolvem enquadramentos compartilhados, sua estratégia de recurso varia de questão para questão. Uma vez que a sabedoria popular é quase sempre utilizada em algum momento da discussão, a variável crítica é a medida em que os grupos integram o conhecimento experiencial e o discurso da mídia quando desenvolvem um enquadramento. De modo particular, identifiquei três estratégias de recurso:

1. Cultural. Essas discussões se baseiam no discurso da mídia e na sabedoria popular ao enquadrar uma questão, mas não integram o conhecimento derivado da experiência em apoio a esse processo.
2. Pessoal. Essas discussões têm como base o conhecimento experiencial e a sabedoria popular para enquadrar uma questão, mas não incorporam o discurso da mídia em apoio a esse processo.
3. Integrada. Essas discussões se baseiam em uma ampla combinação de recursos, reunindo o discurso da mídia e o conhecimento experiencial.

Como mostra a FIG. 7.2, a estratégia de recurso é fortemente dependente da questão em debate. Embora alguns grupos utilizem de maneira mais frágil o discurso da mídia do que outros, tais diferenças foram suprimidas por diferenças associadas às questões discutidas. Estratégias de recurso integradas tiveram maior probabilidade de aparecer nas questões da ação afirmativa e da indústria problemática, e menos probabilidade nas questões da energia nuclear e do conflito árabe-israelense. Nestas últimas, apenas um terço dos grupos utilizou a série completa de estratégias.

Coleção "Comunicação e Mobilização Social"

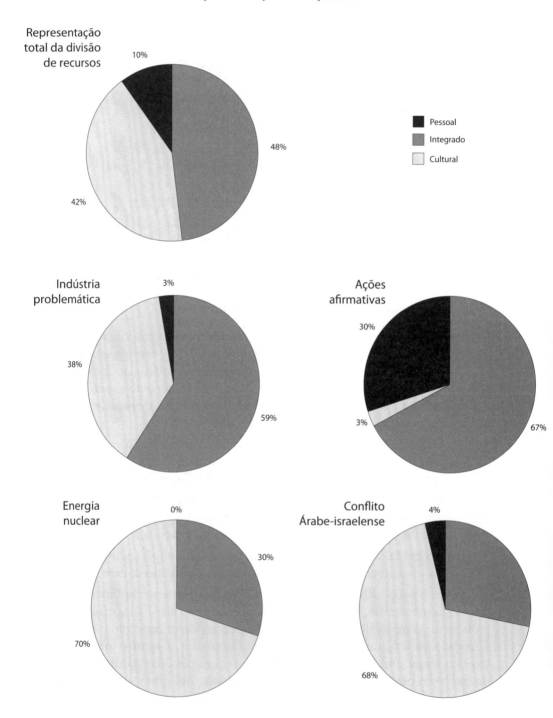

Figura 7.2: Estratégia de recurso por questão.

Com relação às estratégias de recurso, as questões da energia nuclear e do conflito árabe-israelense são muito semelhantes. As conversações iniciam-se massivamente com o discurso da mídia. Em contraposição, menos da metade dos grupos começou com esse recurso nas discussões sobre a indústria problemática e menos de um terço nas discussões sobre a ação afirmativa. Uma substancial minoria também recorreu a alguma experiência pessoal relevante para tratar dessas questões, mas a estratégia predominante foi cultural.

Inicialmente, pensei que as questões da energia nuclear e do conflito árabe-israelense estavam tão distantes da vida cotidiana das pessoas que fiquei surpreso ao encontrar essa minoria substancial introduzindo o conhecimento experiencial para apoiar seu enquadramento compartilhado. O exemplo a seguir ilustra a variedade de experiências que as pessoas trazem à tona para discutir a respeito dessas questões, como a execução de normas de segurança e o realismo dos planos de evacuação. O exemplo envolve o mesmo grupo que citamos anteriormente para ilustrar o uso da sabedoria popular na questão da energia nuclear.

Personagens

- *Luke, vendedor em uma loja de departamentos, cerca de 20 anos.*
- *Pat, vendedor em uma loja de departamentos, cerca de 20 anos.*
- *Tom, vendedor em uma loja de aparelhos estéreos, cerca de 20 anos.*
- *Rich, aprendiz de fotógrafo, cerca de 20 anos.*

(Discutem a questão aberta inicial a respeito da energia nuclear.)

Luke: Uma vez um cara me contou sobre... Eu estava em Hudson, nesse barco e passamos por essa usina nuclear. E ele disse: "É, bem, eles estavam... havia um comentário sobre como eles não estavam dirigindo a usina com segurança e...

Pat: ... Essa usina é aquela que a Máfia estava dirigindo?

(risos)

Pat: É verdade. Havia uma.

Rich: Nossas usinas nucleares? O urânio era contrabandeado de Columbia.

Luke: Não. Eles deveriam estar mostrando esses filmes de segurança. Disseram para eles... bem, alguém como o governo disse: "Vocês têm que mostrar filmes de segurança para todos os trabalhadores". E aconteceu que eles pegaram os filmes de segurança e os colocaram em um lugar tipo uma gaveta, e eles encomendaram curtas pornôs... e eles se sentaram e assistiram filmes pornôs em vez de assistir ao que deveriam. Então é isso que me assusta.

Rich: Da minha janela da escola eu podia ver a Yankee... Não, o que era essa companhia? Qual era aquela em Vermont? Vernon, a usina nuclear de Vernon.

Pat: Você podia vê-la?

Rich: Podia.

Pat: Você podia ver as luzes da indústria?

Rich: Você pode ver as luzes... cerca de dezoito milhas rio abaixo. E eles eram detidos a cada três ou quatro meses por descarregar vapor tóxico, o que é realmente ilegal. Você deveria resfriá-lo usando tanques de água e tudo o mais. Mas isso custa caro, e eles não se importavam. Quero dizer, eles conduziam a indústria de maneira tão descuidada.

Tom: Há um lugar em Charlestown... eu costumava trabalhar nesses barcos e tem uma doca lá com uma placa que diz: "Risco de Radiação – Proibido nadar". Aconteceu que submarinos nucleares costumavam atracar lá e bombear toda a água gelada usada para o resfriamento das máquinas para dentro das águas de Charlestown.

Luke: Eles causaram pânico em nossa escola. A usina nuclear de Vermont sobre a qual ele estava falando. Nós costumávamos ter todas as quartas-feiras e os sábados, eles tinham esse apito de segurança usado para... treinamentos. Eles somente testaram o apito.

Rich: É. Desse jeito, como você vai saber o que tem que fazer?

Luke: Bem, olha, a coisa era... o plano era que alguns ônibus de Northampton ou de Amherst... tipo os ônibus de transporte público deveriam ir até lá, pegar todas as pessoas e levá-las para um lugar seguro. Há duas coisas, dois problemas: "Primeiro, se realmente um acidente ou algo grave estivesse acontecendo, não há como chegar... estávamos muito próximos, e estamos na parte baixa do rio... não há como fugir a tempo. E também, você acha que um motorista de ônibus de Northampton que está lá no sul vai realmente dirigir em direção à usina nuclear para pegar as pessoas?

(*risos*)

Estratégias de recurso integradas foram bastante comuns nas questões da ação afirmativa e da indústria problemática, mas as duas questões revelam uma importante diferença. A ação afirmativa é a única questão na qual as estratégias pessoais são mais comuns do que as estratégias culturais, e o primeiro recurso utilizado tem maior probabilidade de ser o conhecimento experiencial do que o discurso da mídia. Estratégias pessoais excedem em número as culturais por uma razão de 10 por 1 na questão da ação afirmativa, mas, nas outras três questões combinadas, as estratégias culturais ultrapassaram as pessoais por uma razão de 50 por 2 ($p < .001$).

Em muitos aspectos, grupos de trabalhadores negros e brancos seguiram estratégias de recurso similares. Eles são praticamente idênticos no recurso que utilizaram primeiro, e o padrão de suas estratégias de recurso foi o mesmo nas quatro questões. Para os trabalhadores brancos e negros, a ação afirmativa foi a questão abordada com estratégias integradas, seguida de perto pela indústria problemática e com a energia nuclear e o conflito árabe-israelense bem atrás. Mas, como revela a FIG. 7.3, algumas diferenças podem ser identificadas no total.

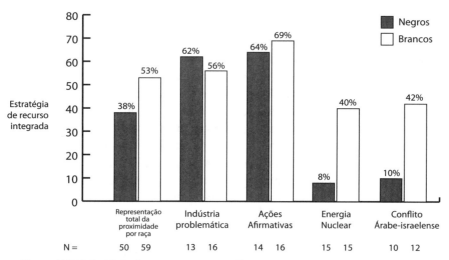

Figura 7.3: Estratégia de recurso por questão.

Os grupos de trabalhadores brancos utilizaram uma estratégia de recurso integrada em 53% de suas conversações com um enquadramento compartilhado sobre as questões aqui analisadas, em comparação aos 38% nos grupos de trabalhadores negros (p= n.s.). Uma avaliação das questões individuais revela que é principalmente o discurso da mídia sobre as questões da energia nuclear e do conflito árabe-israelense que explica a diferença. Os grupos de trabalhadores brancos tinham maior probabilidade de recorrer ao conhecimento experiencial, bem como de construir um enquadramento acerca dessas questões, mas isso raramente aconteceu nos grupos de trabalhadores negros. Nas questões da ação afirmativa e da indústria problemática houve pouca ou nenhuma diferença.

Conclusão

Estratégias de recurso entre trabalhadores são fortemente específicas de acordo com a questão em pauta. Eles usam uma combinação de conhecimento experiencial, sabedoria popular e discurso da mídia ao enquadrar questões, mas a mistura particular varia. Para algumas questões, o discurso da mídia e a sabedoria popular são os recursos principais, e eles geralmente não incorporam o conhecimento experiencial no processo de construção de enquadramentos. Para outras questões, os trabalhadores geralmente começam com o conhecimento experiencial e com a sabedoria popular. Às vezes acionam o discurso da mídia para apoiar o mesmo enquadramento; outras vezes ignoram esse recurso. Os temas da energia nuclear e do conflito árabe-israelense exemplificam o primeiro tipo de questão, e a ação afirmativa exemplifica o último. O tema da indústria problemática localiza-se entre ambas as questões, mas é raro que as pessoas ignorem o discurso da mídia ao enquadrar tal tema.

Existem razões teóricas para esperar que enquadramentos baseados na integração de todos os três tipos de recursos serão mais robustos. Eles capacitam as pessoas a aproximar o pessoal e o cultural e a conectar enquadramentos de questões a temas culturais mais amplos. Se isso é verdade, então deveríamos esperar que os enquadramentos da ação afirmativa e da indústria problemática fossem especialmente consistentes, uma vez que a maioria dos grupos segue uma estratégia integrada ao construí-los. As questões da energia nuclear e do conflito árabe-israelense – nas quais a maioria dos grupos utiliza o discurso da mídia e a sabedoria popular, mas não o conhecimento adquirido com a experiência – deveriam estar mais sujeitas a flutuações na proeminência de enquadramentos diferentes no discurso da mídia.

As pessoas que passaram por uma educação universitária se diferenciam em suas estratégias de recurso? Provavelmente elas apresentam uma maior tendência a prestar atenção ao espetáculo da mídia e a basear-se nele de maneira mais forte como um recurso principal. Talvez sejam também mais propensas a recorrer à sabedoria popular e ao conhecimento experiencial, por isso utilizam estratégias de recurso integradas no processo de construção de enquadramentos. Se isso é verdade, sugere a intrigante hipótese de que elas têm maior probabilidade de ser afetadas pelas mudanças nos enquadramentos midiáticos dominantes acerca de determinada questão do que os trabalhadores. Mas esse é um tópico para outro estudo.

Falei relativamente pouco sobre a natureza da sabedoria popular que as pessoas utilizam para compreender essas questões. O que elas escolhem enfatizar é algo especialmente importante por causa da habilidade que devem possuir para articular enquadramentos de questões a temas culturais mais amplos. Enquadramentos de questões ganham plausibilidade e parecem mais naturais à medida que se aproximam de temas persistentes que transcendem domínios temáticos específicos. Como veremos no próximo capítulo, o conhecimento popular utilizado nessas questões possui um forte caráter oposicional, concedendo-lhe especial relevância para enquadramentos de ação coletiva.

CAPÍTULO VIII

Ressonâncias culturais

Nem todos os símbolos são igualmente potentes. Algumas metáforas se difundem amplamente, enquanto outras caem em desuso. Algumas imagens visuais perduram na mente, e outras são rapidamente esquecidas. Alguns enquadramentos possuem uma vantagem natural, porque suas ideias e sua linguagem estão sintonizadas com uma ampla cultura política. As ressonâncias aumentam o apelo de um enquadramento fazendo-o parecer natural e familiar. Aqueles que reagem ao amplo tema cultural acharão fácil responder a um enquadramento com as mesmas características. Snow e Benford (1988, p. 210) apresentam um argumento semelhante ao discutir a "fidelidade narrativa" de um enquadramento. Alguns enquadramentos, afirmam eles, "ressoam com narrativas culturais, ou seja, histórias, mitos e contos populares que são uma parte e uma parcela da herança cultural de um indivíduo".

O conceito de ressonância focaliza-se na relação entre o discurso a respeito de uma questão particular e a ampla cultura política da qual essa questão é parte. Tanto o discurso da mídia quanto a sabedoria popular possuem tais ressonâncias. Por meio de sua articulação aos mesmos temas culturais, eles são reunidos para apoiar um enquadramento compartilhado e promover uma estratégia discursiva integrada.

Temas e contratemas

Prefiro o termo *temas* ao termo *valores*, mais comumente usado, por uma razão particular. Meu argumento enfatiza a natureza dialética dos temas: não existe nenhum tema sem um contratema. Os temas são seguros, convencionais e normativos. Uma pessoa pode invocá-los como afirmações moralmente corretas (mas insinceras) em ocasiões cerimoniais, partindo do pressuposto da aprovação social geral, embora com algum cinismo privado. Contratemas tipicamente compartilham muitas das mesmas pressuposições tidas como dadas, mas desafiam algum aspecto específico da cultura principal: são oposicionais; estão sempre em disputa e confronto. Temas e contratemas formam um par de tal maneira que, sempre que um deles é invocado, o outro está presente de forma latente, pronto para ser ativado por meio de uma pista adequada. Com relação ao membro desafiador desse par, o termo *contratema* parece mais claro do que *contravalor*.[45]

A análise aqui se focaliza nas quatro dimensões dos temas culturais indicados na FIG. 8.1.[46] A dimensão da tecnologia focaliza a relação entre sociedade e natureza; a dimensão do poder ressalta a sociedade e o estado; a dimensão da dependência envolve o indivíduo e a sociedade; e a dimensão do nacionalismo destaca a relação entre o estado de um indivíduo e outros estados. Cada dimensão se envolve no discurso da mídia em uma variedade de questões, e cada uma possui um tema central e um contratema com raízes históricas profundas na cultura americana.

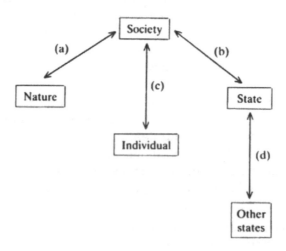

Figura 8.1: Dimensões dos temas culturais: (a) tecnologia, (b) poder, (c) dependência, (d) nacionalismo.

---

[45] Utilizo o termo *tema* de duas maneiras bem diferentes – inclusive para me referir a temas e contratemas juntos, e como abreviação para o membro principal ou dominante do par. O contexto indica qual desses dois sentidos é o pretendido.

[46] Esses pares não têm a intenção de ser exaustivos: foram escolhidos por causa de sua relevância para pelo menos uma das quatro questões aqui consideradas.

1. Temas de tecnologia: Progresso por meio da tecnologia versus harmonia com a natureza. Poucos questionariam o apelo de uma solução tecnológica para a ampla variedade de problemas presentes na sociedade americana. "A ênfase que os americanos conferem à eficiência impressionou de maneira consistente observadores externos", comenta Williams (1960, p. 428) em sua discussão sobre os valores americanos. "*Eficiente* é uma palavra de muito valor elogioso em uma sociedade que há muito tem enfatizado a adaptabilidade, a inovação tecnológica, a expansão econômica, a modernidade, a praticidade, o uso de métodos que produzem resultados imediatos, e *produtividade pessoal.*" O inventor é um herói cultural: Benjamin Franklin, Thomas Edison. Dominar a natureza é o caminho para o progresso, *know-how* e solução dos problemas.

Esse tema se reflete em uma visão da política que trata as questões como problemas susceptíveis a uma solução técnica. Como podemos solucionar o problema, quanto vai custar e valerá a pena? "Não há um jeito republicano e democrático de limpar as ruas", afirmaram os defensores da era Progressista do governo municipal não partidário. Abertamente não ideológico, esse tema se apresenta como pragmático, obstinado a tentar o que for necessário para realizar uma tarefa. As questões apresentam problemas técnicos para ser solucionados, e temos que conseguir o melhor conhecimento ou capacidade disponível para auxiliar a resolver os problemas que o país enfrenta.

Ao lado desse tema existe um contratema, mais cético ou hostil à tecnologia. A harmonia com a natureza é enfatizada, em vez de sua dominação. Schumacher (1973) escreveu sobre a "tecnologia com uma face humana". "Na excitação a respeito da revelação de seus poderes científicos e técnicos, o homem moderno construiu um sistema de produção que devasta a natureza" (p. 293). Nossa tecnologia precisa ser apropriada em uma escala adequada. Há um equilíbrio ecológico a ser mantido.

Para citar Emerson, "As coisas estão sob o controle e condução da humanidade". Quanto mais tentamos controlar a natureza por meio de nossa tecnologia, mais perturbamos sua ordem natural e ameaçamos a qualidade da nossa vida. Lovins (1977, p. 218 e 170) argumenta a favor de "caminhos de energia mais leves", que "respeitem os limites que estão sempre conosco em um pequeno planeta, a delicada fragilidade da vida [...] Precisamos, como Fausto, transformar arrogância em humildade; a aprender e aceitar nossos limites como um experimento frágil e tênue em um universo inóspito". Illich (1973, p. 84) é a favor de uma tecnologia marcada por ferramentas responsavelmente limitadas, uma vez que "uma ferramenta pode escapar do controle dos homens, primeiro para se tornar seu mestre e, finalmente, para se tornar seu carrasco". Ellul (1964, p. 14) nos avisa sobre o fato de que "a técnica se tornou autônoma; ela transformou um mundo onívoro que obedece a suas próprias leis e renunciou a todas as tradições". Goodman (1970, p. 193) aponta para o absurdo de "apoiar-se desesperadamente em meios tecnológicos para solucionar problemas causados por meios tecnológicos prévios".

Winner (1977) chama esse contratema de *tecnologia autônoma* e traça suas longas raízes no pensamento político. Ele salienta sua natureza desafiadora descrevendo a exagerada reação defensiva que recebeu de muitos cientistas, engenheiros e gerentes com os quais ele elaborou questões aparentemente inócuas implicando os possíveis efeitos negativos da tecnologia. "Você está simplesmente utilizando a tecnologia como um bode expiatório", disseram-lhe. "Vocês só querem impedir o progresso e nos mandar de volta à Idade Média com camponeses dançando nos campos."

Grande parte da cultura popular reflete o contratema: o filme *Tempos modernos*, de Chaplin; o *Admirável mundo novo*, de Huxley; o filme *2001*, de Kubrick e inúmeros outros filmes e livros sobre cientistas "loucos" e tecnologias que se tornam incontroláveis, uma espécie de Frankenstein que se volta contra seu criador. Toda essa tecnologia destruidora da natureza, sustentada em nome do "progresso" – entre aspas para indicar a ironia. Nas palavras da música de Joni Mitchell, "Com o paraíso pavimentado, construa um estacionamento".

Temas de poder: o liberalismo de grupos de interesse versus a democracia popular. O *liberalismo de grupos de interesse* é o termo que Lowi (1967) utiliza para a filosofia do público americano, por meio da qual as decisões do governo são guiadas e justificadas. Prefiro esse termo ao *pluralismo*, porque ele acentua o contraste com o contratema e é menos vago, porque focaliza no pluralismo político em vez de destacar um amplo pluralismo social. Nessa visão da política americana,

> [...]a diferença mais importante entre liberais e conservadores, republicanos e democratas [...] é ser localizado em grupos de interesse com os quais se identificam. Congressistas são guiados em seus votos, presidentes em seus programas, e administradores em sua discrição, por qualquer tipo de interesses organizados que tomaram para si mesmos como o mais legítimo: e essa é a medida da legitimidade das demandas. (Lowi, 1971)

O elaborado jogo de barganha entre grupos de interesse supostamente promove uma variedade de benefícios. Com uma quantidade suficientemente ampla de grupos que competem entre si, nenhum deles pode dominar os outros. As coalizões são fluidas e não permanentes, mais ou menos reconstruídas para cada questão. Além disso, as questões dividem os grupos de modos diferentes, fazendo com que muitos grupos que não são parceiros potenciais não em uma coalizão atual possam vir a ser em uma discussão posterior sobre outras questões. "O fato de um centro de poder ser colocado contra o outro, o próprio poder será domesticado, civilizado, controlado e limitado a propósitos humanos decentes, enquanto a coerção, a pior forma de poder, será reduzida a um mínimo" (Dahl, 1967, p. 24).

O liberalismo de grupos de interesse estimula uma cultura política de autorrestrição e moderação. Na questão da sabedoria popular, a metade de um pão é melhor do que nenhum. A política irá "gerar políticos que aprendem como lidar de forma polida com seus oponentes, que lutam continuamente para construir e manter coalizões articuladas, que duvidam das possibilidades de grandes mudanças, que buscam compromissos" (DAHL, 1967, p. 329).

O abuso de poder por um estado autocrático é apenas um dos demônios que o liberalismo dos grupos de interesses almeja exorcizar. Inspirando-se em Tocqueville, ele promete proteção contra a "tirania da maioria", mantendo a participação política das massas de forma indireta.

> Ao menos desde Tocqueville as associações intermediárias vêm fascinando os observadores da política, que as entendem como centrais para a estabilidade da sociedade democrática. Em teoria, mecanismos de mediação trabalham no sentido de equilibrar as excessivas demandas feitas aos cidadãos e as necessidades autoritárias do estado, produzindo o feliz compromisso conhecido como pluralismo. (WOLFE, 1977, p. 305).

O liberalismo dos grupos de interesse desconfia da participação direta, optando por uma negociação controlada entre líderes de grupos de interesse com uma aposta nas decisões. Berelson, Lazarsfeld e McPhee (1954) se perguntam: "Como uma democracia de massa poderia funcionar se todas as pessoas estivessem profundamente envolvidas na política?" "A falta de interesse de algumas pessoas não está isenta de benefícios [...] Um interesse extremo anda junto com um extremo partidarismo e pode culminar em um rígido fanatismo, que poderia destruir o processo democrático se generalizado na comunidade". Dahl (1967) remete-se a isso como um compromisso.

> Entre a igualdade política de todos os cidadãos adultos de um lado, e o desejo de limitar sua soberania de outro. Como um sistema político, o compromisso, exceto durante um período importante [a guerra civil], provou ser algo durável. E, além disso, os americanos parecem gostar dele (DAHL, 1967).

Mas o quanto eles gostam do compromisso, é claro, é desafiado pelo contratema da *democracia popular*, que enfatiza a participação direta. Muitos autores reconhecem a tensão entre tema e contratema e a tornam central para suas análises. "A história da política nas sociedades capitalistas é a história da tensão entre concepções liberais e democráticas de estado" (WOLFE, 1977, p. 9). Weaver (1981, p. 281) vê essa tensão refletida nos jornais e no jornalismo televisivo na América – um choque entre "a noção populista de que as pessoas deveriam elaborar diretamente as normas, agindo de acordo com seus próprios interesses, e a noção republicana de que instituições estabelecidas deveriam governar pelo bem do interesse público, sob o escrutínio do eleitorado".

O contratema enfatiza a natureza elitista do sistema político americano e seu ponto de partida de um ideal mais igualitário. Pole (1978, p. ix) traça a ideia da igualdade na história americana, elaborando um forte argumento para sua posição desafiadora: "Somente em intervalos comparativamente raros – e por isso geralmente turbulentos – a ideia de igualdade dominou debates americanos sobre questões políticas cruciais. A igualdade é normalmente a linguagem do desfavorecido."

Uma boa expressão contemporânea do contratema é encontrada no editorial escrito por Wolin (1981, p. 2) no volume fundador da revista *Democracy: A Journal of Political Renewal and Radical Change:*

> Cada uma das principais instituições do país – as corporações de negócios, a burocracia governamental, os sindicatos, a pesquisa e a educação, as indústrias, a propaganda de massa e a mídia de entretenimento, o sistema de saúde e o sistema social – cada uma é antidemocrática em espírito, *design* e operação. Cada uma delas é hierárquica em suas estruturas; possui uma autoridade orientada; se opõe, em princípio, à igual participação; não presta contas aos cidadãos; é elitista e gerencial, e está disposta a concentrar um poder crescente nas mãos de poucos e de reduzir a vida política à administração.
>
> O contratema enfatiza o quão pouco as eleições mudam alguma coisa, uma vez que, independentemente de quem é eleito, as regras da política americana favorecem uma minoria de ricos e poderosos em detrimento da maioria. Isso configura uma tensão entre o povo *versus* os interesses, a elite poderosa, as regras baseadas na classe social, o complexo militar-industrial. Ou, como afirmou no passado o governador populista do Kansas, L. D. Lewelling, "os plutocratas, os aristocratas e todos os outros ratos"[47] (*apud* Canovan, 1981, p. 51).

3. *Temas de dependência: depender de si mesmo versus mutualidade.* "Não há nada mais especificamente americano do que uma 'história de sucesso' e o respeito acordados ao *self-made man*", escreve Williams (1960). "As lutas individuais ideais obtêm sucesso contra a adversidade e vencem as forças mais poderosas [...] Homens e mulheres que venceram por si mesmos permanecem atraentes, assim como as pessoas que superam a pobreza ou a burocracia", afirma Gans (1979, p. 50) a respeito dos valores presentes nas notícias.

Nesse tema, a melhor coisa que podemos ensinar às crianças é como vencer com o seu próprio esforço. As pessoas que devem ser admiradas são aquelas que começaram "de baixo" e trabalharam arduamente para chegar "ao topo", confiando apenas em seus próprios julgamentos e recursos, em

---

[47] Na citação original, temos as palavras *plutocrats* e *aristocrats*, ambas com a terminação *rat* que, em inglês significa rato. O autor serve-se desse fato para afirmar, ironicamente, a relação entre políticos e ratos. (N.T.).

vez de depender dos outros. Empenhar-se, assumir riscos, alcançar vitórias e independência. É louvável batalhar e superar obstáculos difíceis. Quando o sucesso é possível, falhar por causa da falta de esforços é algo repreensível. Assumir um risco calculado é frequentemente necessário para superar obstáculos e, de fato, é parte do empenho. Um indivíduo não pode esperar que tudo venha ao seu encontro, e a má sorte é simplesmente um obstáculo que precisa ser superado – e não algo de que se deve lamentar.

Começar a vida em uma condição de pobreza é um caso especial de azar. As pessoas verdadeiramente admiráveis são aquelas que, pelo empenho, são capazes de vencer os obstáculos de uma origem humilde e lutam para alcançar fama e fortuna. O homem ou a mulher que vencem por si mesmos incorporam todos esses ideais – uma pessoa que tem coragem e engenhosidade, que se esforça, que faz uso das oportunidades que aparecem, que não se deixa derrubar ou desmoralizar pelo azar ou por embates ruins aprende com seus erros e se aperfeiçoa, até que o sucesso material seja finalmente alcançado.

Horatio Alger, um romancista popular do século XIX apostava essa fórmula a favor de seu próprio sucesso material. Ele utilizou uma variação dessa fórmula em cerca de 120 romances, dos quais, estima-se, foram vendidos pelo menos 17 milhões de exemplares. Ele era, citando Fink (1962, p. 30), "uma estação de bombeamento na linha de um duto que conduzia o sonho americano".

Os heróis dos romances de Alger não eram individualistas egoístas, que acreditavam em todo homem por si mesmo, e o diabo estava em último lugar. Eles possuíam traços de caráter que os mantinham no caminho da retidão e os tornavam merecedores de seu sucesso. De maneira típica, eles encontravam um patrão rico para auxiliá-los em sua jornada. Os vilões dos romances de Alger eram também sortudos e astutos, mas seu caráter defeituoso os levava, ao final, à ruína. "Ragged Dick", um dos heróis de Alger, pensa em seu melhor amigo, enquanto assiste ao fim de seus dias de engraxate: "'Eu gostaria que Fosdick estivesse tão bem quanto eu', pensou ele generosamente. Mas ele estava decidido a ajudar seu amigo menos afortunado e auxiliou-o a subir na vida, enquanto ele mesmo avançava" (ALGER, 1962, p. 215). Não há nenhuma tensão, portanto, entre a ideia de caridade a ser destinada aos menos favorecidos, ou obrigação de nobreza, e o tema ligado à ação de depender de si mesmo.

É a independência, e não o egoísmo, que é questionada pelo contratema da mutualidade. Esta última implica maior reciprocidade e igualdade de *status* do que é insinuado pela caridade. A questão central é se reconhecemos nossa interdependência e necessidade mútua dos outros e os tratamos de acordo com essa necessidade, ou se usamos as outras pessoas como meio para alcançar objetivos pessoais.

No contratema, o esforço feito em nome do sucesso individual é uma viagem ao ego. Um indivíduo alcança sua atualização pessoal não por meio de conquistas individuais, mas pela criação de uma sociedade humana e decente, na qual as pessoas são sensíveis às necessidades dos outros e se apoiam mutuamente. A melhor coisa que podemos ensinar aos nossos filhos é precisar das outras pessoas e se preocupar com elas. As pessoas que devem ser admiradas são aquelas que estão mais preocupadas em ser verdadeiras com seus amigos e com o bem-estar coletivo do que com o seu próprio sucesso. A comunidade adorada. A nação Woodstock.

Salter (1970) observa:

> É fácil dar exemplos dos vários modos por meio dos quais os americanos tentam minimizar, burlar, ou negar a interdependência na qual todas as sociedades humanas estão baseadas. Procuramos uma casa privada, uma lavanderia privada, lojas de autosserviço e lojas do estilo "faça você mesmo" de todo o tipo. Uma enorme tecnologia parece ter atribuído a si mesma a tarefa de tornar desnecessário ao ser humano perguntar algo sobre o outro no decorrer de sua vida diária de trabalho.

Nas palavras do poeta Donne, "nenhum homem é uma ilha, isolado em si mesmo; todo homem é um pedaço do continente, uma parte do corpo principal".

4. *Temas nacionalistas: responsabilidade global* versus *a América em primeiro lugar.* A segunda guerra mundial produziu uma inversão no *status* do tema e do contratema. A *responsabilidade global,* até então um contratema no discurso público, tornou-se uma doutrina oficial, apoiada tanto pelos dois principais partidos políticos enquanto a elite política entrou em consenso sobre o repúdio pelo isolacionismo desacreditado.

A *América em primeiro lugar,* mesmo durante os anos em que foi tema dominante, sempre representou uma forma limitada de isolacionismo: significava a separação do conflito entre as potências europeias e a atitude de evitar complicações políticas específicas. O envolvimento ativo nos negócios de outros países do Ocidente e no comércio internacional era tido como certo. A nota de adeus de George Washington não somente declarava que "é nossa verdadeira política conduzir alianças claras e permanentes com qualquer porção do mundo estrangeiro", mas também incitava a nação a "cultivar a paz e a harmonia com todos". O discurso inaugural de Thomas Jefferson pedia "paz, comércio e amizade honesta com todas as nações – sem firmar alianças com nenhuma delas".

Esse tipo de isolacionismo nunca foi incompatível com o expansionismo no que dizia respeito ao espaço físico dos Estados Unidos. A Doutrina Monroe, ao dizer às potências europeias para ficarem fora desse hemisfério, pretendia afirmar tanto um isolacionismo pan-americano quanto o expansionismo norte-americano. O então contratema da responsabilidade global refletia-se na ideia da missão internacional da América, como um farol a guiar as nações. "Veja uma república [...] que abala tronos e dissolve aristocracias pelo seu exemplo de silêncio", entoou William Jennings Bryan, em 1990.

Até onde a missão internacional da América era uma questão de estabelecer um exemplo, e seu expansionismo estava limitado ao Hemisfério Ocidental, não havia nenhum desafio concreto ao tema dominante. Foi apenas com o expansionismo do final do séc. XIX que a responsabilidade global emergiu no discurso político como contratema genuíno. A voz mais influente foi aquela do historiador naval Alfred Thayer Mahan, que defendeu uma frota ampliada que possibilitaria aos Estados Unidos se tornarem uma verdadeira potência global, e não somente uma potência regional. A diplomacia dos navios de guerra, para Mahan, era não uma questão de perseguir interesses nacionais egoístas, mas um modo mais ativo de alcançar a missão internacional da América. A expansão da influência americana pelo mundo traria iluminação para povos atrasados e traria para eles as generosidades do cristianismo e do gênio político americano.

Com o advento da Segunda Guerra Mundial e da Guerra Fria, o discurso público acolheu amplamente o tema da responsabilidade global. A retração americana no mundo depois da Primeira Guerra Mundial e sua falha em apoiar a Liga das Nações foram tratadas como erros fatais se forem contrapostos ao apoio dado às Nações Unidas e à ideia de uma segurança coletiva depois da Segunda Guerra Mundial. O conceito de não se formar nenhuma aliança mutuamente envolvente com potências europeias foi definido como um anacronismo histórico, inapropriado para o mundo moderno. Um consenso bipartidário envolveu um papel dominante dos Estados Unidos na criação de alianças político-militares não somente na Europa mas também em outras regiões. Uma fortaleza americana não era mais bem-vinda, mas sim a ideia de um só mundo. Pense globalmente. O que Franklin Delano Roosevelt declarou em 1937, em um discurso controverso, parece agora um uma verdade indubitável e óbvia: "Os Estados Unidos precisam, para o bem de seu próprio futuro, dar um pouco ao resto do mundo".

Nem o tema nem o contratema possuem um monopólio sobre o simbolismo patriótico e nacionalista. O tema da responsabilidade global pode ser invocado sem que seja utilizado esse simbolismo do modo como se apresenta nas ideias da segurança comum e da interdependência ecológica entre as nações. Mas os Estados Unidos, como líderes de um mundo livre, empenhados em realizar sua missão internacional de defesa e de disseminação da liberdade política e dos mercados livres para aqueles que vivem na escuridão, permitiam um grande apelo apaixonado ao sentimento patriótico.

Sabedoria popular e ressonâncias culturais

A sabedoria popular, como argumentei anteriormente, é simultaneamente um recurso cultural e pessoal. De um lado, ela abrange as lições de experiências de vida comumente partilhadas e possui um ponto de referência concreto no conhecimento experiencial direto ou vicário das pessoas. De outro lado, essas regras de conduta e analogias aos eventos da vida cotidiana entram em ressonância com temas culturais mais amplos.

Nem toda sabedoria popular está ligada a um tema mais amplo. Muito dela é situacional. "Aquele que hesita está perdido" e "Sempre haverá erro humano" são frases que não sugerem nenhum tema mais amplo de maneira abstrata, mas, se colocadas no contexto de uma questão, elas podem invocar ressonâncias culturais. "Aquele que hesita está perdido" é uma frase que pode ser usada para sugerir que o fracasso em lidar com a energia nuclear poderá custar agora, para a geração futura, a energia que ela necessita para um crescimento econômico contínuo. Colocada nesse contexto, ela invoca o progresso por meio do tema da tecnologia. De maneira similar, a frase "Sempre haverá erro humano", se colocada no contexto dos perigos derivados da energia nuclear, invoca a componente de tecnologia autônoma do contratema.

Os princípios gerais e analogias à vida cotidiana na sabedoria popular são dispositivos específicos para expressar temas culturais. Eles concretizam e condensam os temas do mesmo modo que uma metáfora particular ou um *slogan* expressam um enquadramento sobre uma questão. Histórias midiáticas de interesse humano a respeito de pessoas que reagem à instalação de usinas nucleares próximas à sua residência, por se esforçarem muito e tomarem iniciativa em vez de desistirem, invocam o tema do "depender de si mesmo" (autodependência) do mesmo modo como fazem as histórias de readaptação nas conversações. Cada fórum tem seus próprios modos de utilizar ressonâncias culturais já exploradas ao enquadrar uma questão.

Quando as ressonâncias de uma sabedoria popular amplamente utilizada acerca de uma questão são as mesmas ressonâncias invocadas por um enquadramento midiático, é fácil para as pessoas fazer uma conexão entre esse enquadramento e a sabedoria popular. Se a mesma sabedoria popular pode ser associada ao conhecimento experiencial de uma questão, ela também se torna integrada ao enquadramento. Nesse sentido, ressonâncias culturais comuns são um mecanismo-chave para articular recursos em uma estratégia de recurso integrada.

Todas as quatro questões aqui consideradas engajam pelo menos um dos temas acima mencionados. Às vezes, as ressonâncias mais proeminentes no discurso da mídia correspondem àquelas invocadas pela sabedoria popular, mas isso varia de questão para questão, assim como a dialética entre tema e contratema. Novamente, para entender como o processo geral opera, é útil examinar cada questão em detalhe.

Indústria problemática

O discurso da mídia sobre essa questão envolve tanto temas de poder quanto de dependência. O tema da autodependência entra no discurso de uma forma complicada. Dois de nossos momentos discursivos críticos centraram-se em amplas corporações que procuravam auxílio do governo para evitar a falência. Como descrito no capítulo 3, muitos comentaristas ficaram intrigados com a ironia com a qual os seguidores do livre empreendimento estavam buscando obter auxílios governamentais. A frase "Socialismo para os ricos e capitalismo para os pobres" transferia essa ironia para um *slogan*. De maneira implícita, os auxílios governamentais à Lockheed e à Chrysler foram enquadrados no contexto de um amplo discurso sobre o estado de bem-estar.

As ressonâncias do tema da autodependência nessa questão funcionam principalmente para constranger e tirar o crédito dos proponentes do empréstimo que são aliados políticos de oponentes do estado de bem-estar. Os proponentes do empréstimo iriam separar essa questão do tema da autodependência enquadrando-a como irrelevante. Nenhum duplo padrão está envolvido, porque se fala sobre dois temas completamente diferentes. Nas várias versões do enquadramento de PARCERIA a questão é o relacionamento entre o estado e o mercado, não entre o indivíduo e a sociedade. A relação entre o governo e os negócios não tem nada a ver com as pessoas serem capazes de se firmar por si mesmas. Assim, o tema da autodependência é visto como algo irrelevante, mas que confunde as pessoas ou desvia sua atenção daquilo em que deveriam se concentrar.

Em contraposição, o enquadramento do LIVRE-EMPREENDIMENTO chama a atenção para a ironia central em torno dessa questão. Não há aqui temas diferentes, mas duas variações de um mesmo tema. Os indivíduos competem em um mercado de trabalho, enquanto companhias competem em um mercado no qual se negociam mercadorias, mas, em ambos os casos, são as forças naturais do mercado que separam os fracos dos fortes. Essas forças são severas e recompensam as virtudes enfatizadas pelo tema da autodependência.

O enquadramento do LIVRE-EMPREENDIMENTO não é o único que aprecia a ironia central. Uma pessoa pode ser crítica a respeito do duplo padrão, mas favorável ao estado de bem-estar ou a uma reorganização mais radical da economia. O enquadramento da FUGA DE CAPITAL convida o governo a intervir não para garantir um empréstimo à Lockheed ou à Chrysler, mas para encorajar sua compra pelos funcionários e envolver os trabalhadores e as comunidades afetadas em decisões sobre o fluxo de capital. Entretanto, esse enquadramento era invisível no discurso da mídia nesses momentos.

O resultado mais claro indica que ainda que o comentarista que invoque a ironia central do "estado de bem-estar para os ricos" não esteja defendendo o enquadramento do LIVRE-EMPREENDIMENTO, esse é o enquadramento que ganha impulso. A combinação das fortes ressonâncias desse enquadramento com o tema da autodependência e sua maior visibilidade, se comparada ao enquadramento da FUGA DE CAPITAL, o tornam o principal beneficiário da utilização da ironia central.

Se, por um lado, o enquadramento da PARCERIA é atingido pelo tema da autodependência, por outro ele possui outras ressonâncias culturais trabalhando a seu favor. Independentemente do fato de o governo ou a indústria ser o parceiro mais antigo, esse enquadramento está de acordo com o tema do liberalismo de grupos de interesse. Negócios, governo e trabalho são os interesses organizados envolvidos no jogo da barganha. Os acordos que emergem dessa negociação entre público, indústria e representantes de sindicatos representam compromissos que deveriam proporcionar a ampla base de suporte que os permite trabalhar. Empréstimos garantidos à Lockheed e à Chrysler são parte do jogo da barganha, uma contribuição que o governo oferece em troca das concessões dos outros jogadores. Eles não podem ser julgados fora do contexto desse jogo mais amplo. A oposição ao compromisso, nesse enquadramento, vem daqueles que acreditam piamente que estão corretos em fazer o que for preciso para promover o sucesso de suas ideias, e que não aceitam a partilha de poder que integra nosso sistema pluralista.

Finalmente, o primeiro contratema da América é invocado pelo enquadramento da INVASÃO ESTRANGEIRA, que é proeminente em alguns momentos discursivos críticos. Seu simbolismo sugere uma continuação do conflito militar da Segunda Guerra Mundial com o Japão, e o contratema é invocado pelo *slogan*: "Compre produtos americanos". A charge de MacNelly (ver Apêndice B, charge 3) expressa muito bem essa ideia.

O capítulo 3 descreveu a forte tendência do discurso da mídia de culpar os japoneses pelos problemas com a indústria metalúrgica. De vinte e sete atribuições de culpa, cerca de 63% focalizaram o Japão ou outros países como os principais culpados. Mas esse enquadramento da INVASÃO ESTRANGEIRA teve um baixíssimo destaque durante outros momentos discursivos críticos.

Em suma, pacotes interpretativos proeminentes no discurso da mídia estão em ressonância com os temas da autodependência e do liberalismo de grupos de interesse e, em alguns períodos, com o contratema da América em primeiro lugar. Outro contratema, a democracia popular, está em ressonância com o enquadramento da FUGA DE CAPITAL, mas uma vez que esse enquadramento é invisível no discurso da mídia, isso também acontece com seu contratema.

Ressonâncias nas conversações

Há uma porção recorrente de sabedoria popular que apareceu em mais de metade dos grupos ao discutirem a questão da indústria problemática. Embora seja apresentada por palavras distintas em grupos diferentes, sua essência é de que, o que quer que aconteça, os ricos planejam ficar mais ricos, e os pobres são lesados. De modo geral, alguma versão desse sentimento foi expressa a respeito dessa questão em mais da metade do total dos grupos e em mais de 70% dos grupos de trabalhadores negros. Seu uso característico é ilustrado pelos dois exemplos que se seguem.[48]

Personagens

- *Lil, enfermeira, cerca de 40 anos.*
- *Chris, enfermeira, cerca de 40 anos.*
- *Linda, enfermeira, cerca de 20 anos.*
- *Nora, enfermeira, cerca de 40 anos.*
- *Judy, assistente dentária, cerca de 30 anos.*
- *Marie, enfermeira , cerca de 40 anos.*

   (Respondem à pergunta do facilitador se a questão da indústria problemática afetou alguém pessoalmente.)

Lil: Bem, meu pai trabalhou na Quincy Shipyard por muitos anos, então posso me identificar com essa situação. Eu nasci e cresci em Quincy por vários anos, e eu sei o quanto a cidade depende do estaleiro.

   (Mais tarde, ao responder à pergunta do facilitador sobre se amplos grupos ganharam ou perderam com os problemas das indústrias.)

Cris: Tudo bem, agora a Quincy Shipyard. (Empreendedor real do Estado) Flatley vai solucionar tudo. É como todo mundo – é quase como se estivesse planejado. É, sabe, de repente está fechado, e de repente Flatley está lá para ganhar seus milhões, sabe. Ele irá construir seus condomínios e seus hotéis e, é isso, sabe...

Linda: ...então ele ganhará enquanto outras pessoas sairão perdendo.

Chris: Isso mesmo.

Nora: As grandes, imensas indústrias irão ganhar.

Judy: É, o dinheiro vai ao encontro do dinheiro. Sempre parece se encaixar bem a máxima de que o dinheiro vai ao encontro do dinheiro, o cara pobre, que é honesto, e que vai lá e faz seu trabalho...

---

[48] Já encontramos esses grupos no capítulo 3, quando discutiam sobre a questão da ação afirmativa.

Marie: Isso sempre afeta a classe trabalhadora.

Lil: ... as famílias que têm baixo rendimento e aquelas que pertencem à classe trabalhadora.

Personagens

- *Duane, maquinista, cerca de 30 anos.*
- *Barbara, professora em um programa que auxilia os estudantes após o período das aulas na escola, cerca de 30 anos.*
- *Lucy, trabalhadora da área de serviços humanos, cerca de 30 anos.*

  (Estão respondendo à charge cujo tema é o enquadramento da PARCERIA. Charge n° 1, Apêndice B.)

Duane: Acho que essa charge demonstra bem isso.

Lucy: Acho que essa charge é uma charge.

Facilitador: Vocês podem explicar melhor?

Duane: O governo realmente não se importa muito com a sua parte, porque ele vai ter o que é seu. E o empresário, ele pode pegar ou largar. É o trabalhador, a longo prazo, que vai ser deixado de fora.

Barbara: Esse é aquele que é mais pobre, e ele não vai chegar a lugar algum.

(Mais tarde, em resposta à charge n° 3 sobre a INVASÃO ESTRANGEIRA. Ver Apêndice B.)

Lucy: Os Estados Unidos se colocaram em uma situação difícil, quer dizer, eles fizeram com que a pobreza acontecesse nesse país. Os ricos estão ficando mais ricos, e os pobres cada vez mais pobres. Eles não veem que os pobres estão chateados por isso. Essa deveria ser a terra da liberdade, o lar dos destemidos e a terra da oportunidade, da igual oportunidade. Mas eu não vejo nada comparado a isso. Há pessoas ricas do outro lado da minha casa, que possuem mais do que precisam, e logo ali na esquina existem lugares como *Rosie's Place* (um abrigo para aqueles que não possuem moradia). E eles não têm o suficiente para comer, ou pessoas dormindo nas ruas.

(Mais tarde, em resposta à charge n° 4, sobre a FUGA DE CAPITAL. Ver Apêndice B.)

Duane: (Eles dizem) que todos precisamos nos esforçar juntos, como se fossemos um, a fim de manter essa companhia flutuando. E ao voltarem para seu escritório, sentam-se à mesa e ligam para alguém na Califórnia dizendo: "Bem, escuta, sabe que eu acabei de dizer para alguém, 'Ei, todos nos esforçamos em conjunto, tudo vai dar certo'. Mas estou te dizendo, cara, vamos nos mudar. Vamos fechar esse departamento e vamos enviar tudo de navio para o Haiti. Porque tudo o que precisamos fazer é pagar o pessoal de lá trinta e sete centavos por hora enquanto eu pago alguém aqui dez dólares por hora para operar a mesma máquina". E eles vão embora. E o que eles fazem? Eles deixam o trabalhador esperando.

As outras ressonâncias incorporadas à sabedoria popular sobre a questão da indústria problemática invocam o tema da autodependência (depender de si mesmo para vencer), mas isso ocorreu em somente 14% dos grupos. Esse tema assumiu a forma da ênfase na perda do emprego como um dos fatos da vida; ser capaz de escapar desse infortúnio em vez de se entregar fornece a medida do caráter de alguém. O evento é tratado nessas discussões como o resultado das forças naturais do mercado que estão além da ação humana. Essa porção de sabedoria popular compartilha as ressonâncias culturais do enquadramento do LIVRE EMPREENDIMENTO.

Nenhum dos outros temas invocados pelos enquadramentos da mídia recebem qualquer visibilidade nas discussões sobre a indústria problemática. O tema do liberalismo de grupos de interesse foi, quando isso ocorreu, repudiado em afirmações frequentes de que a ideia de parceria é fraudulenta, uma vez que o trabalho inevitavelmente fica com a pior parte. Nem o tema da América em primeiro lugar recebeu mais do que um sinal de apoio por meio da invocação ocasional do *slogan* "compre produtos americanos". Expressões de um sentimento contra o Japão foram raras; os japoneses tipicamente ganhavam crédito pela disciplina de sua força de trabalho e por seu espírito de cooperação, em uma injusta comparação com as companhias e trabalhadores americanos. Tampouco os trabalhadores do Terceiro Mundo foram culpabilizados por sua disposição em aceitar baixos salários, uma vez que são amplamente vistos como muito desesperados para terem alguma escolha. Os enquadramentos que suscitam esses temas não conseguem se articular a nenhuma sabedoria popular que partilhe as mesmas ressonâncias.

Afirmei anteriormente que o uso da sabedoria popular que partilha ressonâncias com os enquadramentos da mídia auxilia a promover uma estratégia de recurso integrada. Há algum apoio para essa hipótese nas conversações a respeito da indústria problemática. Mais de dois terços dos grupos que utilizaram a sabedoria popular em ressonância com o contratema da democracia popular também foram bem-sucedidos em utilizar uma estratégia de recurso integrada. Dos grupos que omitiram essa sabedoria popular somente um terço utilizou uma estratégia integrada ($p< .05$). Além disso, três dos cinco grupos que utilizaram a sabedoria popular ao invocar o tema da autodependência também alcançaram uma estratégia de recurso integrada para a construção de um enquadramento compartilhado.

A predominância do tema da democracia popular nessas conversações está em forte contraste com sua invisibilidade virtual no discurso da mídia.

Isso resulta no fato de que o enquadramento da FUGA DE CAPITAL, em alguma versão, é dominante nessas conversações entre trabalhadores apesar de tão pouco veiculadas no discurso midiático nacional. A história contada por Duane a respeito do chefe que privadamente diz a um amigo que a companhia está se mudando para o Haiti é a mais marcante para indicar essa ausência. Qualquer que seja sua fonte, o entendimento que Duane tem e o uso que faz do enquadramento da FUGA DE CAPITAL não derivam dessa ideia de ter sido implacavelmente fixado no discurso da mídia.

O motivador nessas discussões não é a mídia, mas uma sabedoria popular baseada na experiência que ressoa com o contratema da democracia popular, apesar de sua falta de destaque no discurso da mídia. Tampouco a proeminência do tema da dependência de si mesmo no discurso da mídia se reflete com destaque parecido nessas discussões, aparecendo em 14% delas. Para a maioria dos grupos nessa amostra, o debate político entre defensores dos enquadramentos da PARCERIA e do LIVRE EMPREENDIMENTO foi amplamente irrelevante. Em particular, o enquadramento da PARCERIA pareceu não encontrar nenhuma ressonância com o tema do liberalismo de grupos de interesse entre esses trabalhadores.

Em suma, a sabedoria popular dos trabalhadores na discussão dessa questão conduz a um conjunto de ressonâncias muito diferente daquelas invocadas pelos enquadramentos midiáticos dominantes. O contratema da democracia popular é quase invisível no discurso da mídia, mas é claramente o tema mais importante no discurso popular. A versão da FUGA DE CAPITAL, que aparece nessas conversações carece de coerência e da argumentação desenvolvida da versão que aparece no discurso público. Com pouca ou nenhuma ajuda da mídia, as pessoas sozinhas produzem uma versão populista menos sofisticada, compartilhando o mesmo enquadramento latente e as mesmas ressonâncias culturais. Podemos somente especular sobre o destaque do enquadramento da FUGA DE CAPITAL nessas conversações, dado um discurso da mídia que o torna mais culturalmente disponível.

Ação afirmativa

Nessa questão, enquadramentos rivais competem entre si pelas ressonâncias do tema da autodependência. O campo de batalha focaliza-se no símbolo da igual oportunidade: todos os "pacotes interpretativos" fazem menção a ela. O tema da autodependência assume a igualdade de oportunidade. Com engenhosidade e algumas chances, mesmo um engraxate pobre pode se tornar um milionário, mas somente se foi dada a ele uma oportunidade que exige empenho e luta para alcançar o sucesso.

Para o enquadramento da AÇÃO REPARADORA, os programas de ação afirmativa são necessários para se alcançar uma concreta igualdade de oportunidade. "A fim de ir além do racismo, precisamos primeiro levar a raça em consideração", escreveu o Juiz Harry Blackmun ao dar sua opinião sobre o caso Bakke, em 1978. "E, para tratar algumas pessoas de maneira igual, precisamos tratá-las de maneira diferente". O racismo institucional não é uma coisa do passado, mas uma realidade presente.

Enquadramentos de RECUSA AO TRATAMENTO PREFERENCIAL são igualmente inflexíveis em sua invocação da igualdade de oportunidade. O conceito central de justiça coloca a igual oportunidade para todos os indivíduos contra a paridade estatística para grupos aprovados pelo governo. "A cota é um divisor da sociedade; ela cria castas e cria uma situação ainda pior por causa de sua base racial, especialmente em uma sociedade que luta por uma igualdade que tornará a raça irrelevante" (BICKEL, 1975, p. 133).

Durante a década de 1960, manifestantes que agiam em favor dos direitos civis frequentemente carregavam símbolos que diziam "Direitos iguais para todos os americanos". No caso da contestação da ação afirmativa, esse *slogan* não mais estabelece diferenciações entre enquadramentos em competição, enquanto todos tentaram alcançar as ressonâncias culturais invocadas pela igual oportunidade. Nenhum outro tema cultural é engajado pelo discurso da mídia nessa questão.

Ressonâncias nas conversações

Diferenças raciais nos enquadramentos da ação afirmativa esmagam quaisquer generalizações apressadas que foram feitas acerca das ressonâncias culturais nesse questão. Os grupos de trabalhadores brancos e negros diferem radicalmente no que consideram como dado e no ponto inicial para sua discussão. Todos são favoráveis à autodependência e à igual oportunidade que ela implica, mas modos alternativos de enquadrar a questão tornam esse tema relevante de modos diferentes.

Como argumentei no capítulo 5, brancos e negros participam, de forma semelhante, do que Carbaugh (1988) descreve como um discurso da pessoa como um indivíduo. Como indivíduos as pessoas têm direitos, e grupos sociais são empurrados para o pano de fundo desse discurso. Embora o termo *oportunidades iguais* possa ser aplicado às demandas de um grupo e às de um indivíduo, o discurso privilegia os direitos dos indivíduos e torna problemática a articulação de demandas coletivas.

Em grupos inter-raciais e compostos de trabalhadores brancos, é universal nas discussões sobre a ação afirmativa, para uma ou mais pessoas, afirmar que todos deveriam ser julgados como indivíduos, mas a mesma afirmação também é feita na maioria dos grupos formados de trabalhadores negros. Essa crença está, em grande parte, associada à cultura afro-americana e à cultura de outros grupos. Assim, os grupos de trabalhadores negros precisam lutar contra o forte apelo de um enquadramento contra a ação afirmativa que enfatiza políticas completamente cegas à raça.

A sabedoria popular utilizada em 88% dos grupos de trabalhadores negros assume ou torna explícita a existência continuada de desvantagens e da discriminação na vida da pessoa negra. Os negros permanecem, como no passado, um grupo que nada possui, e ninguém argumenta que a ação afirmativa mudou esse fato fundamental da vida na América. Para quase metade dos grupos de negros a ação afirmativa não consegue promover uma igual oportunidade verdadeira e ao mesmo tempo estigmatiza os negros e causa ressentimentos entre os brancos.

Cerca de metade dos grupos de trabalhadores negros neutralizou as ressonâncias do enquadramento de RECUSA AO TRATAMENTO PREFERENCIAL enfatizando a contínua ausência de oportunidades iguais para os negros e outras minorias. Os outros continuaram a lutar com o dilema por ele apresentado. Eles expressam simpatia pelos brancos pobres, que também estão lutando pela sobrevivência econômica, e têm raiva de como programas de ação afirmativa, que colocam brancos pobres e negros uns contra os outros. Na disputa simbólica entre o enquadramento de RECUSA AO TRATAMENTO PREFERENCIAL e o enquadramento da AÇÃO REPARADORA sobre o sentido da igual oportunidade, o primeiro se sustenta muito bem, mesmo nos grupos de trabalhadores negros.

Contudo, entre grupos inter-raciais e de trabalhadores brancos há uma disputa diferente. Novamente houve dois padrões de quase igual frequência, ambos endossando a ideia de que as pessoas deveriam ser julgadas como indivíduos. Metade dos grupos não reconheceu a existência de uma atual discriminação contra os negros. Para eles, a igual oportunidade existe, e não há nenhuma desculpa para a existência de programas de consciência de raça. A outra metade dos grupos de trabalhadores brancos e todos os grupos inter-raciais reconheceram que os negros e outras minorias continuam a existir em desvantagem, apesar dos programas de ação afirmativa. O reconhecimento que a plena igualdade de oportunidade não foi ainda alcançada, os forçou a lutar contra um dilema e neutralizar as ressonâncias do enquadramento de RECUSA AO TRATAMENTO PREFERENCIAL.

Em suma, duas disputas simbólicas distintas estavam acontecendo nos grupos de trabalhadores negros e brancos a respeito das ressonâncias do tema da autodependência. Nos grupos de trabalhadores negros, nos quais a discriminação contínua foi tomada como dada, o apelo em prol de políticas que não são baseadas na cor criou um dilema para as pessoas. Nos grupos inter-raciais e de trabalhadores brancos, nos quais o apelo da igual oportunidade para todos os indivíduos é universal, o conhecimento das contínuas desvantagens vivenciadas pelos negros instaurou o dilema.

Energia nuclear

Essa questão envolve obviamente temas ligados à tecnologia, mas o poder político e temas nacionalistas também têm uma relevância secundária. A dialética entre tema e contratema acerca da tecnologia é refletida na competição direta entre os enquadramentos. Chamei anteriormente a atenção para as imagens de Hiroshima e Nagasaki, que não estão nunca longe da superfície no discurso sobre a energia nuclear. Essas imagens de profunda destruição inevitavelmente entram em ressonância com o contratema.

O pacote interpretativo do PROGRESSO sobre a energia nuclear trata da tensão potencial causada por um dualismo acerca da energia nuclear, ou seja, uma tensão entre a energia nuclear como símbolo do progresso tecnológico e a imagem de uma tecnologia que pode destruir seu criador. Durante o período em que reinou com superioridade, o *slogan* "átomos para a paz" era um símbolo incontestável, que invocava o progresso por meio do tema da tecnologia, e o contratema estava seguramente compartimentalizado no discurso sobre as armas nucleares.[49]

O dualismo nuclear se dissolveu durante a década de 1970, ainda que muitos tenham resistido em manter sua crença nele. Com o advento da administração de Carter, a proliferação das armas nucleares tornou-se uma questão presidencial prioritária. Para lidar com o problema da proliferação, Carter tentou promover um forte controle internacional sobre a difusão da tecnologia nuclear, incluindo a tecnologia de reatores. Embora geralmente fosse um forte defensor da energia nuclear, Carter tendia a se posicionar contra a criação do reator caso o plutônio por ele produzido fosse desviado para o uso de armas. Os *slogans* "átomos para a paz" e "átomos para a guerra" não mais apareciam como caminhos separados. Nuvens subliminares em forma de cogumelo começaram a aglomerar-se a despeito do discurso oficial sobre a questão.

Ao mesmo tempo, o dualismo estava se rendendo à emergência da questão da segurança. Se um acidente sério, capaz de emitir uma grande quantidade de radiação na atmosfera, é passível de acontecer com um reator nuclear, então o potencial destruidor dessa espantosa energia não está confinada às bombas. O problema adicional da existência de resíduos radioativos oriundos

---

[49] Gamson e Modigliani (1989, p. 14) notaram uma importante exceção a essa compartimentalização. No final dos anos 1950 e início dos anos 1960, um movimento contra testes atmosféricos de armas nucleares chamou a atenção pública para o vasto leque de perigos da radiação. Algumas dessas crescentes preocupações com os perigos da radiação extravasaram para o campo das preocupações com os reatores nucleares. Mas o dualismo foi reestabelecido com a assinatura, em 1963, do Tratado *Limited Test Ban*, que colocou um fim aos testes atmosféricos de armas nucleares.

dos reatores nucleares completou o colapso da compartimentalização que anteriormente havia relegado o contratema ao discurso sobre as armas nucleares.

Dois enquadramentos a respeito da energia nuclear oferecem fortes ressonâncias com o contratema da harmonia com a natureza, mas somente um deles possui uma visibilidade significativa no discurso da mídia. A vertente ambiental do movimento antinuclear, apelidada de "Amigos da Terra", ofereceram o enquadramento das VIAS AMENAS. Nesse enquadramento, a energia nuclear é símbolo do tipo errado de tecnologia, aquela que é altamente centralizada e perigosa para a ecologia sensível do planeta. Se mudássemos nosso modo de vida displicente e convertêssemos o desperdício em outras formas de conservar o máximo possível a energia e se desenvolvêssemos fontes alternativas de energia que são ecologicamente seguras, renováveis e com uma "cara humana", poderíamos nos tornar uma sociedade em maior harmonia com seu ambiente natural. "Quebre madeira e não átomos."

Um segundo enquadramento, o da FUGA, está em forte ressonância com o subtema da tecnologia autônoma. Suas metáforas características recorrem a metáforas familiares para simbolizar uma tecnologia que assumiu uma vida independente e deve se manter por si mesma. A energia nuclear é um gênio que convocamos, e agora somos incapazes de forçá-lo a voltar para sua lâmpada, um monstro Frankenstein que pode se voltar contra seu criador. Em uma versão religiosa, os humanos ousaram brincar de Deus ao mexer com as forças fundamentais da natureza e do universo. Quem semeia vento, colhe tempestade.

Antes do acidente de *Three Mile Island* (TMI), esse enquadramento era invisível em nossas amostras da mídia, com exceção das charges. Mas depois dos acidentes de TMI e de Chernobyl ele se tornou o único enquadramento de maior destaque em todos os meios. Entre 67 charges que foram veiculadas depois do acidente de TMI, por exemplo, esse enquadramento foi representado em dois terços delas, e seu concorrente mais próximo ficou abaixo de 20%. Em contraposição, o enquadramento das VIAS AMENAS ficou abaixo dos 10% em todas as amostras da mídia, com uma única exceção: alcançou a alta marca de 14% nas colunas de opinião após o acidente de TMI. Mas os enquadramentos da FUGA e das VIAS AMENAS complementam um ao outro em vez de competir em pé de igualdade com o contratema. Juntos eles tornaram o contratema muito mais proeminente no discurso da mídia depois do acidente de TMI do que o progresso por meio do tema tecnológico.

O contratema da democracia popular entra no discurso da mídia por meio da ressonância do enquadramento da RECUSA À ACCOUNTABILITY PÚBLICA. De um lado, temos os nucleocratas, que dirigem a indústria e seus camaradas nas agências do governo, que deveriam representar o público, mas que, de fato, atuam como patrocinadores da indústria. De outro lado, temos as pessoas que sofrem as consequências sob a forma dos altos custos da energia elétrica, colocando a vida em risco ou sacrificando-a. A energia nuclear é um caso clássico das "pessoas" *versus* os "interesses".

Depois do acidente de TMI, o enquadramento da RECUSA À ACCOUN-TABILITY PÚBLICA recebeu grande destaque na mídia, perdendo apenas para o enquadramento da FUGA, discutido anteriormente. A televisão é o melhor meio de difusão do enquadramento da RECUSA À ACCOUNTABILITY PÚBLICA. Nesse veículo, ele apareceu em 35% das sentenças que insinuavam algum enquadramento sobre a energia nuclear. Mesmo entre as charges, nas quais o enquadramento da FUGA dominou o discurso, o enquadramento da RECUSA À ACCOUNTABILITY PÚBLICA foi escolhido em quase 20% delas. Esses números caíram consideravelmente em nossa amostra referente ao período posterior ao acidente de Chernobyl. Contudo, tal enquadramento era principalmente exibido ao se invocar uma comparação entre os oficiais soviéticos escondendo a magnitude do acidente de Chernobyl e uma dissimulação oficial prévia nos Estados Unidos no período do acidente de TMI.

Finalmente, há um enquadramento pró-nuclear que está em ressonância com o contratema da "América em primeiro lugar". O enquadramento da INDEPENDÊNCIA ENERGÉTICA promove um sentido favorável à energia nuclear a partir do embargo à venda de petróleo feito pelos árabes no ano 1973. A lição aprendida nesse evento refere-se ao fato de que a dependência dos Estados Unidos de fontes estrangeiras de energia os tornam vulneráveis à chantagem política. A energia nuclear oferece uma alternativa prática à importação de petróleo. "Será que nós queremos ser dependentes dos caprichos dos xeiques árabes?", perguntam-se os americanos. A energia nuclear, ao assegurar a independência, permite aos Estados Unidos controlar seu próprio destino.

O enquadramento da INDEPENDÊNCIA ENERGÉTICA teve certa visibilidade no discurso da mídia, particularmente nas colunas de opinião, em um momento anterior ao acidente de TMI, mas se tornou invisível depois desse acontecimento, com exceção das colunas de opinião, nas quais foi de alguma forma exibido em ligeiramente mais do que 10% dos discursos de nossa amostra. Assim, as fragilidades desse enquadramento tornam insignificante o contratema da "América em primeiro lugar" no discurso da mídia a respeito da energia nuclear.

Em suma, as ressonâncias midiáticas mais importantes sobre a energia nuclear são aquelas estabelecidas com os contratemas, especialmente a harmonia com a natureza e a democracia popular. A ressonância com o tema do progresso pela via da tecnologia permanece importante, mas defensores da energia nuclear que poderiam invocá-lo enfrentam a perspectiva de invocar, simultaneamente, seu contratema. Uma vez que o contratema é agora mais saliente nos enquadramentos midiáticos sobre a questão da energia nuclear, qualquer tentativa que os proponentes façam de utilizar temas tecnológicos tem grande probabilidade de resultar no contrário do que é esperado.

Ressonâncias nas conversações

Várias discussões a respeito da energia nuclear refletem a tensão entre o tema do progresso via tecnologia e o contratema da harmonia com a natureza. No total, o contratema prevalece no pensamento da maioria dos grupos a respeito da energia nuclear, mas alguns grupos não alcançaram nenhum consenso sobre a questão ou hesitaram entre alguns enquadramentos. Finalmente, o contratema da democracia popular apareceu em uma significativa minoria dos grupos.

O uso mais amplo da sabedoria popular a respeito da energia nuclear focaliza a inevitabilidade do erro humano. As pessoas entendem que a segurança em torno da energia nuclear depende de regulações oficiais elaboradas e sustentadas por trabalhadores comuns como eles próprios. Frequentemente trocam histórias cuja lição é o hiato entre regulações oficiais e o que realmente acontece no local de trabalho. Além disso, muitos são céticos sobre a boa vontade das companhias que dirigem usinas em garantir a prioridade da segurança em detrimento da economia de gastos e do aumento da lucratividade. Um terço dos grupos generalizou explicitamente esse tipo de sabedoria popular sob a forma de alguma máxima a respeito da inevitabilidade do erro humano. O exemplo a seguir foi extraído do mesmo grupo que discutiu a ação afirmativa no capítulo 5.

Personagens

- *Billie, motorista de uma van que faz serviços de entrega, cerca de 50 anos.*
- *Anne, faxineira, cerca de 30 anos.*
- *Debbie, motorista de ônibus, cerca de 30 anos.*
- *Linda, trabalhadora temporária, cerca de 20 anos.*

(Discutem a questão inicial aberta a respeito da energia nuclear.)

Billie: Fico pensando em todos os idiotas que trabalham nessas usinas, e que basta somente um, só um para fazer tudo ir pelos ares (pop)...

Anne: Adivinhe o que eu li outro dia? De todas as profissões, agora isso vai deixar o cabelo de vocês em pé, *(risos)* os trabalhadores de usinas nucleares têm a maior taxa de alcoolismo, o que sugere que eles vão trabalhar provavelmente chapados. *(risos)* Quer dizer, isso é assustador.

Debbie: Isso realmente dá medo... Quando você pensa em termos do que poderia acontecer, o que é uma usina nuclear, é apavorante.

Anne: Sabe, eu parei de ir em circos principalmente pelas mesmas razões – é o que eu penso sobre as usinas nucleares. Eu digo aos meus filhos – se há um parque de diversão que está lá permanentemente, isso é uma coisa. Você sabe que é mais seguro. Mas você não sabe que tipo de pessoa monta esse circo hoje. O que eles estavam fazendo na noite passada. (*risos*) Eles poderiam estar bêbados ou mesmo muito alterados e armaram o circo nessa manhã. E eu penso a mesma coisa sobre as usinas nucleares.

Linda: Seria bom se, antes deles decidirem como vamos utilizar nossas lâmpadas e ter nossas casas aquecidas, que eles considerassem as vidas humanas como prioridade. Como isso vai afetar as vidas das pessoas. Mas isso é o sistema que está acima de nós. Ele ainda é motivado pela ganância.

Debbie: Ou mesmo se eles realmente considerassem que... que o erro humano entra na jogada. Quer dizer, eles podem não ter péssimos motivos, mas de novo me desculpem, eu acho que as usinas são realmente necessárias porque nós obviamente precisamos da energia que elas geram. Mas acho que eles têm que achar um meio de torná-las mais seguras do que são.

Billie: Parte disso são as condições do mundo – o estresse sob o qual as pessoas estão – o que significa que isso é assustador. Você não sabe se eles tiveram uma briga pela manhã com suas esposas ou se o café estava muito quente. Não precisa muito para as pessoas ficarem fora de controle. Não precisa mesmo.

Esse tipo de sabedoria popular entra em ressonância com a parte da tecnologia autônoma do contratema. Como vimos anteriormente, os grupos tendem a começar suas discussões sobre a energia nuclear com referências ao discurso da mídia, e os exemplos que eles utilizam os conduzem a esse tipo de sabedoria popular. Tanto o acidente de Chernobyl quanto a explosão da *Challenger* haviam ocorrido anteriormente ao momento das discussões. Assim, os exemplos nucleares e não nucleares eram expressivos e foram frequentemente usados para a construção de pontos de vista.

O resultado é que 80% das discussões desenvolveram alguma versão do enquadramento de FUGA sobre a energia nuclear, embora não necessariamente como o único "pacote interpretativo" consensual. É possível notar que, mesmo na discussão acima transcrita, Debbie interrompe por um momento a construção do enquadramento compartilhado de FUGA para mostrar que ela considera as usinas nucleares necessárias, e Linda tenta, sem resposta, introduzir um tema alternativo centrado na ganância da indústria nuclear. O apelo do enquadramento de FUGA é somente uma parte da história.

Existem outros fragmentos de sabedoria popular que foram utilizados em cerca de um quarto dos grupos que se tornaram parte do enquadramento do PROGRESSO, favorável à energia nuclear – ou como um "pacote interpretativo" oposicional desenvolvido por um subgrupo ou, em outro caso, como um enquadramento incontestável e exclusivo. Aqui a sabedoria popular enfatiza a naturalidade do risco como parte da vida e parte do custo inevitável do progresso. A energia nuclear não é, implícita ou explicitamente, um tipo diferente de risco daqueles que aceitamos com as outras tecnologias. O exemplo a seguir origina-se de um grupo que encontramos no capítulo 5, quando discutiam a respeito da indústria problemática e da ação afirmativa. Com relação à energia nuclear, os participantes passam a estruturar subgrupos rivais, com Michael e Marlene argumentando favoravelmente à energia nuclear e Marie e Sally argumentando contrariamente.

Personagens

- *Michael, gerente de escritório em uma companhia de computação, cerca de 30 anos.*
- *Marie, caixa de supermercado, cerca de 20 anos.*
- *Sally, empregada de escritório em uma empresa de lavagem a seco, cerca de 20 anos.*
- *Marlene, contadora, cerca de 20 anos.*

(*Discutem a questão inicial aberta a respeito da energia nuclear.*)

Michael: Eu só queria dizer uma coisa sobre o que Maria falou a respeito de câncer e tudo o mais. Eu estava andando por Charles na noite passada, e estava tudo muito escuro, e eu disse "esse é um bom lugar para ser assaltado e morto. E eu, de repente, pensei (*risos*) – e eu, de repente, pensei comigo mesmo, sabe, (*risos*), se você morrer, esse é o seu destino. Se alguém aparecer e assaltar você ou se você morrer em uma briga, quer dizer, você vai morrer. Quer dizer, seu tempo venceu e você vai morrer, certo? Eu acho que a energia nuclear é ótima. O que não é bom a respeito dela é o lixo tóxico. Olha, esse lixo, como escrevi no meu [questionário], lá, isso era em 1986. Tenho certeza de que cientistas maravilhosos podem mandar os caras para o espaço e coisa e tal...

Marie: ...e podem explodi-los também...

Michel: ...deve haver um jeito de utilizar aquilo que sobra.

Sally: Quando há um vazamento, isso sempre é enfatizado durante todo o tempo: "você é responsável, você é responsável, você é responsável" ...Sabe e quanto às pessoas que sofrem danos com esses acidentes, e quanto às suas famílias que estão mortas, e assim por diante. Então, vamos mandar um cartão de condolências para eles. Sentimos muito...

Marlene: Bem, acho que o melhor exemplo do quão ruim a mídia pode ser é o acidente de Chernobyl. Ou seja, quando o acidente aconteceu, o Boston Herald e o Boston Globe deram a notícia na primeira página. Antes de qualquer relato oficial, eles anunciaram: "Milhares de pessoas morreram instantaneamente". Mas a energia nuclear não mata instantaneamente. Então, em primeiro lugar, eles estavam completamente equivocados. Eles deixaram todo mundo nos Estados Unidos em pânico, literalmente.

Sally: Qual é a diferença entre morrer instantaneamente e morrer? Milhares de pessoas realmente morreram por causa de um erro que aconteceu lá.

Marlene: Veja quantas quedas de avião aconteceram. Olhe quantas pessoas já morreram em aviões. É como se estivessem dizendo: vamos acabar com os aviões também. E vamos acabar com os carros, porque milhares de pessoas morrem em acidentes de carro. Mais pessoas morreram em acidentes de carro do que em explosões ou vazamentos em usinas nucleares por ano.

Marie: Até agora.

Marlene: Até agora.

Tema e contratema são acionados por diferentes defensores nessa discussão, mas um padrão mais comum para os grupos é afirmar a importância do progresso tecnológico enquanto tentam separar a energia nuclear desse tema. Eles fazem isso ao declarar o tema como sendo de uma ordem diferente daquela dos outros riscos enquanto aplicam o tema a tecnologias alternativas. Os mesmos argumentos que Michael usa na discussão prévia sobre "maravilhosos cientistas [que] podem enviar uns caras para o espaço" são usados para argumentar em prol do desenvolvimento da energia solar ou de outras fontes de energia mais seguras e renováveis como alternativas práticas. O apelo do uso da tecnologia para a produção de formas alternativas de energia ainda está presente em muitas discussões que rejeitam a energia nuclear como meio de proporcioná-lo.

Cerca de um sexto dos grupos utilizaram a sabedoria popular que está em ressonância com o contratema da democracia popular. O comentário de Linda sobre o sistema ser movido pela ganância sugere essa ideia, embora ele não consiga se tornar parte de um enquadramento compartilhado no grupo de que ela faz parte. Nesse enquadramento, a energia nuclear é outro exemplo de interesses fortes perseguindo o lucro com pouca ou nenhuma preocupação com o interesse público. O grupo a ser citado a seguir é o mesmo que utilizamos para ilustrar a indignação moral de Marjorie a respeito do gasto excessivo de dinheiro com a energia nuclear; existem crianças morrendo de fome na América (capítulo 3), e um discurso de classe especialmente explícito sobre a indústria problemática (capítulo 5).

Personagens

- *Paul, trabalha trocando pneus, cerca de 30 anos.*
- *Daniel, trabalha com mudanças, cerca de 30 anos.*
- *Marjorie, garçonete, cerca de 40 anos.*

(*Discutem a questão aberta inicial sobre a energia nuclear.*)

Paul: Nós não precisamos delas. As grandes empresas não dão a mínima para ninguém.

Daniel: A gente não precisa delas. A única coisa que interessa é ganhar dinheiro.

Paul: Poderíamos queimar, hum, pneus, pneus velhos. Há um jeito de fazer pneus agora, é limpo o bastante para fazer, mas eles não vão querer fazer, porque...

Marjorie: Por causa do dinheiro.

Daniel: Esse é o motivo.

Em suma, há uma correspondência próxima entre as ressonâncias no discurso da mídia e as conversações. O contratema da harmonia com a natureza, mas principalmente seu subtema da tecnologia autônoma, é dominante em ambos. O tema principal do progresso por meio da tecnologia é mais frequentemente separado da tecnologia nuclear do que invocado em apoio a ela. Um segundo contratema, o da democracia popular, tem muito mais uma importância secundária, mas estava presente em cerca de um sexto das conversações. Assim como no caso da indústria problemática, os contratemas proporcionam as ressonâncias mais importantes com a sabedoria popular mais frequentemente utilizada.

O conflito árabe-israelense

A dialética entre a responsabilidade global e a "América em primeiro lugar" é acionada na questão do conflito árabe-israelense, e é o contratema que decisivamente ganha no discurso da mídia. O tema é fortemente refletido no enquadramento dos INTERESSES ESTRATÉGICOS. Este toma como dado o papel dos Estados Unidos como potência global com fortes interesses geopolíticos no Oriente Médio. Essa região é uma arena de competição entre potências, o campo de batalha da Guerra Fria. Nesse enquadramento, os participantes regionais são elementos estratégicos para as superpotências. Seria impensável para os Estados Unidos retirar-se do Oriente Médio – um retorno para a mentalidade da Fortaleza Americana, que é incapaz de lidar com as realidades do mundo do século XX.

O contratema da "América em primeiro lugar" alinha-se com um enquadramento de oposição, VIZINHOS EM RIVALIDADE CONTÍNUA. Nesse enquadramento, o conflito árabe-israelense é a disputa que envolve outras pessoas. As razões pelas quais árabes e judeus estão brigando não são mais relevantes do que aquelas pelas quais se enfrentam os Hatfields e os McCoys. Cada novo ultraje cria uma nova queixa, que produz retaliação e mantém viva a rivalidade. O envolvimento da ajuda militar dos Estados Unidos só piora a situação, proporcionando ainda mais armas poderosas que simplesmente aumentam a devastação causada junto aos espectadores inocentes.

Em uma competição diádica entre esses dois enquadramentos, VIZINHOS EM RIVALIDADE CONTÍNUA ganha facilmente no discurso da mídia (ver o capítulo 3 e a FIG. 3.1). O enquadramento dos INTERESSES ESTRATÉGICOS foi importante entre a década de 1950 e meados dos anos 1970, quando muitos comentaram sobre a abundância de petróleo e o papel da União Soviética no Oriente Médio. Mas, desde a visita de Sadat a Jerusalém, em 1977, até hoje esse enquadramento não mais oferece nenhuma ameaça séria ao enquadramento dos VIZINHOS EM RIVALIDADE CONTÍNUA no discurso da mídia. Com a União Soviética relegada a uma posição de jogador menos importante, e a ansiedade acerca do petróleo transferida para o Golfo Pérsico, o enquadramento do INTERESSE ESTRATÉGICO perdeu seu destaque na modelagem do conflito árabe-israelense. A ruína desse enquadramento significa que, com relação à ressonância cultural, é o contratema da "América em primeiro lugar" que domina cada vez mais o discurso da mídia sobre o conflito árabe-israelense. O fim da Guerra Fria tem grande probabilidade de reforçar ainda mais essa dominância.

Ressonâncias nas conversações

Mais de um terço dos grupos convergiu para o mesmo tipo de sabedoria popular ao tentar entender o conflito árabe-israelense. Essa sabedoria popular aparece em analogia aos conflitos que integram a própria experiência pessoal dos participantes – especialmente lutas entre irmãos, cônjuges e vizinhos. Dependendo da analogia que escolhem, há algumas diferenças na ênfase que é dada ao conflito, mas também algumas lições em comum. Em primeiro lugar, a disputa possui uma dinâmica própria e diz mais respeito a ela mesma do que ao aparente objeto do conflito. Em segundo lugar, aqueles que estão fora do conflito devem permanecer fora da disputa, e não defender um dos lados.

Esse tipo de sabedoria popular, quando aplicada às relações entre o próprio país e países estrangeiros, possui uma forte ressonância com o contratema da "América em primeiro lugar". Todos aceitam um papel de defensores da paz (se existir um), mas uma intervenção militar de qualquer tipo tem a probabilidade de fazer com que os problemas fiquem ainda piores nesse enquadramento. Basicamente, os Estados Unidos são um país estranho, que pode fazer pouco pelo fim desse conflito e deveria cuidar de seus próprios problemas. A conversação apresentada a seguir traz um exemplo típico de como um grupo utiliza a sabedoria popular para construir um enquadramento sobre essa questão.

Personagens

- *Charlotte, contadora, cerca de 30 anos.*
- *Floyd, técnico de impressão, cerca de 30 anos.*
- *Dori, secretária, cerca de 30 anos.*
- *Wilma, auxiliar de cozinha, cerca de 20 anos.*
- *Alvin, construtor e reparador de telhados, cerca de 20 anos.*

(*Discutem a questão aberta inicial sobre o conflito árabe-israelense.*)

Charlotte: Quem se importa?

(*risos*)

Floyd: Acho que os Estados Unidos deveriam cuidar da sua vida. Quer dizer, é como se fosse uma questão de religião entre esses dois países.

Dori: Está certo.

Floyd: Eles estão lutando por causa da religião ou algo parecido. Mas esse é um modo de vida para eles. Eu acho que eles gostam das coisas assim mesmo. Eles não saberiam lidar com a vida se não estivessem lutando. Então, acho que os Estados Unidos deveriam deixá-los em paz, e que o melhor vença.

Wilma: Pense nisso como se fosse a disputa entre os Hatfields e os McCoys.

Charlotte: Ela vai durar. (*risos*)

Alvin: Será que nós já não bagunçamos o mundo por tempo suficiente com duas Guerras Mundiais? Eu só diria isso e ficaria fora dos assuntos desses países.

Dori: É. Ele está certo. Colocar nosso nariz onde ele não é bem-vindo. Estou certa de que eles não querem os Estados Unidos metendo o nariz por lá.

Wilma: Eles só dão as boas vindas ao dinheiro dos Estados Unidos. (*risos*)

(*Mais tarde, depois de terem visto as charges.*)

Charlotte: Eles estão usando a América e a Rússia também.

Alvin: Pense sobre isso. Essas pessoas são espertas porque podem brincar com nossas emoções de maneira tão ruim que não sabemos de qual lado queremos estar. Entendeu? Eles podem ir até os russos e dizer: "Queremos isso", e o outro lado diz para os russos: "Queremos isso", e eles fazem a mesma coisa conosco. Agora, quando eles primeiro começaram essa guerra, tenho certeza que não tínhamos nada a ver com isso. Nem os russos. Ou os árabes ou os israelenses tinham algo a ver com isso, aí todo mundo quis entrar no fogo cruzado. Como se fosse uma briga entre duas crianças pequenas. Seu irmão mais velho aparece e te ajuda, e o irmão mais velho do seu adversário também aparece e o ajuda. Isso acaba sendo uma grande confusão para nada, uma briga por causa de um *skate*. E é só isso que está em disputa.

Um pouco mais de 10% dos grupos utilizou alguma versão do enquadramento do INTERESSE ESTRATÉGICO para entender a relação dos Estados Unidos com o conflito árabe-israelense, e em muitos outros grupos as pessoas fizeram uma rápida referência à relevância do petróleo ou à competição entre as grandes potências, mas não desenvolveram essa ideia nas conversações. Mas somente no grupo citado a seguir há alguma menção ao tema da responsabilidade global que é parte desse enquadramento.

Personagens

- *Arlene, responsável pelos registros financeiros de uma empresa, cerca de 40 anos.*
- *Maggie, funcionária de escritório, cerca de 50 anos.*

(*Discutem a questão aberta inicial sobre o conflito árabe-israelense*)

Arlene: Não sei, é minha interpretação. Eu posso estar enganada. Eu nunca li sobre isso e não sei muito sobre qualquer coisa que acontece fora da minha casa, e essa é a verdade...

Facilitador: Mas você teve várias ideias sobre essa questão.

Arlene: Mas a questão da política externa, até onde entendi, é que você tem que ter aliados. Para se dar bem nisso ou naquilo, e viver nesse mundo, você tem que ter amigos, aliados, ou algo do tipo. Então, para mim, eles tentam escolher aquele que será o mais proveitoso para nós. Sejamos realistas. Não somos... eu costumava pensar nos Estados Unidos como país maravilhoso, perfeito. Eles não fizeram nada de errado. Isso não é verdade. O que fizemos aqui com os índios e tudo o mais. Quer dizer, nós somos tão maldosos quanto os *whatchacallit*. Então, nós não somos maravilhosos e perfeitos. E é muito realista pensar que queremos sobreviver nesse mundo. Então, fazemos isso para esse cara, é como se fosse uma "limpeza" ou algo do tipo... (*risos*). Uma mão lava a outra. Exatamente como fizemos aquilo (o bombardeio da Líbia) com os terroristas e o único país que nos apoiou foi o Canadá...

Maggie: ...os israelenses, os canadenses e os ingleses. Foram só eles.

O uso da sabedoria popular que recorre a uma analogia a conflitos conhecidos entre familiares e vizinhos parece auxiliar os grupos a alcançar uma estratégia de recurso integrada. Quase 40% dos treze grupos que utilizaram esse tipo de sabedoria popular associaram o conhecimento experiencial e o discurso da mídia em um enquadramento compartilhado, enquanto menos de 10% dos outros grupos utilizaram uma estratégia de recurso integrada (*p< .05*).

Comparado à fraca menção ao tema da responsabilidade global sobre a necessidade de aliados, o tema da "América em primeiro lugar" ecoou através da discussão de quase metade dos grupos. Em geral, o contratema domina o tema na sabedoria popular utilizada pelos trabalhadores para entenderem o conflito árabe-israelense.

Conclusão

Temas são normativos e contratemas são oposicionais, mas são os contratemas que dominam essas conversações entre os trabalhadores em três dos quatro grupos aqui examinados. Em duas das quatro questões – energia nuclear e conflito árabe-israelense – os contratemas invocados pela sabedoria popular são os mesmos que os invocados pelos enquadramentos que tiveram maior destaque no discurso da mídia. Nessas duas questões, como mencionamos no capítulo 7, o discurso da mídia tende a ser o primeiro recurso utilizado. É plausível argumentar que o destaque dos enquadramentos relevantes no discurso da mídia estimula as pessoas a trazer para a conversação a sabedoria popular com as mesmas ressonâncias culturais.

Contudo, na questão da indústria problemática, o destaque adquirido pelo contratema da democracia popular ocorre apesar de, e não por causa de sua proeminência na mídia. As pessoas encontram exemplos de apoio no discurso da mídia apesar da invisibilidade do enquadramento da FUGA DE CAPITAL que sustenta sua sabedoria popular. Eles primeiro encontram uma forma de acessar o contratema por meio de seu conhecimento baseado na experiência e na sabedoria popular, e somente então recorrem ao discurso da mídia que sustenta seu enquadramento emergente. Além disso, em duas das quatro questões (a indústria problemática e o conflito árabe-israelense), há evidência de que o uso explícito da sabedoria popular que sustenta contratemas auxilia um grupo a formular um enquadramento que integra a experiência pessoal e o discurso da mídia.

O resultado preciso é que, para esses trabalhadores, as ressonâncias com os contratemas são centrais para o entendimento que possuem a respeito de três das quatro questões em análise. A sabedoria popular utilizada raramente sustenta enquadramentos promovidos por atores oficiais que invocam os temas culturais dominantes. A forte ressonância dos contratemas nessas conversações sugere uma receptividade considerável aos enquadramentos críticos e um ponto de entrada para enquadramentos de ação coletiva que possuam as mesmas ressonâncias. Mas antes de abordarmos tais conexões, é preciso considerar uma última questão a respeito da relevância dos diferentes níveis de engajamento das pessoas com as quatro questões aqui analisadas.

CAPÍTULO IX

Proximidade e engajamento

Algumas questões são muito próximas das vidas das pessoas, enquanto outras parecem remotas. Quando comecei a analisar o discurso da mídia a respeito de questões políticas, percebi uma variação nessa dimensão. Sem conferir a ela a devida atenção, percebi que as questões da indústria problemática e da ação afirmativa eram relativamente próximas, enquanto as questões da energia nuclear e do conflito árabe-israelense eram mais distantes.

Contudo, a questão de saber o que é próximo se revela mais complicada. Ela não deveria ser confundida com o uso do conhecimento experiencial. O fato de que as pessoas sejam capazes de aplicar seu conhecimento de como o mundo funciona a partir de suas próprias experiências não necessariamente torna uma questão próxima, uma vez que essas experiências são tipicamente mais gerais do que o domínio de inserção de uma questão. As pessoas podem saber, com base nas suas próprias experiências de trabalho, por exemplo, que regulações oficiais de segurança são frequentemente ignoradas por elas mesmas e por seus companheiros de trabalho sem terem tido nenhuma experiência em usinas nucleares. O uso do conhecimento experiencial e da sabedoria popular envolve a extrapolação do familiar para se chegar a questões que não são necessariamente próximas.

Ao utilizar o termo *proximidade* de uma questão, me refiro ao grau em que ela possui consequências diretas e imediatas para a vida pessoal de alguém. Os jornalistas frequentemente reduzem esse sentido a consequências econômicas, utilizando termos como "questão de literatura banal ou massificada". Há uma pressuposição implícita aqui de que o "banal" deles é aquilo com o que as pessoas realmente se importam e, por isso, essas questões são mais "reais" do que abstratas, tal como a energia nuclear e o conflito árabe-israelense. Há um cerne de verdade aqui, mas ele se revela seriamente equivocado e finalmente indefensável.

Uma vez que as questões podem ser enquadradas de múltiplas maneiras, é possível enquadrar quase toda questão como uma questão fundamental em parte. Muitas das conversações sobre a ação afirmativa focalizaram o tema dos empregos e das oportunidades econômicas. As conversações a respeito da energia nuclear frequentemente apresentam referências às contas de eletricidade das pessoas ou às propriedades em cidades vizinhas nas quais existem reatores nucleares. Ao conversar sobre o conflito árabe-israelense, as pessoas geralmente discutiam a respeito das reservas de petróleo e relacionavam essa questão aos preços da gasolina e à sua escassez em 1979.

Por outro lado, a questão da indústria problemática, a qual pode ser pensada como uma típica questão básica de relevância, passa a provocar várias conversações a respeito das consequências pessoais e não econômicas. Geralmente discussões a respeito de situações de sofrimento retiram a ênfase das consequências diretas daquilo que é básico e focalizam os efeitos provocados na autoestima, na vida familiar e na saúde mental, somados aos efeitos secundários à comunidade circundante.

É enganoso, portanto, falar de questões básicas porque isso é uma propriedade particular de cada enquadramento, e não da questão como um todo. Enquadramentos que enfatizam consequências econômicas podem alcançar um destaque relativo em algumas questões, mas eles não são nunca os únicos disponíveis. Assumir que uma questão é *a priori* fundamental impõe um enquadramento particular e obscurece a presença de outros enquadramentos, que, ao competirem entre si, contribuem para o entendimento da questão.

É igualmente enganoso assumir que as consequências básicas são aquelas com as quais as pessoas realmente se preocupam. Para mencionar a exceção mais óbvia, elas estão muito preocupadas com sua saúde. Nas conversações sobre a energia nuclear, por exemplo, não é a conta de eletricidade dessas pessoas que as leva a engajar-se em ações práticas ou debates, mas os perigos da radiação e a possibilidade de que elas ou seus filhos possam desenvolver leucemia. As probabilidades subjetivas elencadas pelas pessoas produzem várias consequências possíveis e reais para elas, mesmo quando tais consequências possam parecer altamente improváveis para um observador externo.

Veja-se, por exemplo, como a questão do conflito árabe-israelense é transformada em uma questão próxima no exemplo seguinte.

Personagens

- *Dotie, programadora de computadores, cerca de 20 anos.*
- *Laurie, trabalha na área de saúde mental, cerca de 20 anos.*

(*Elas respondem à questão elaborada pelo facilitador se alguma coisa que aconteceu relacionada ao conflito árabe-israelense as afetou pessoalmente.*)

Dotie: Sim. Acho que sim. Quando bombardeamos Khadafi, aquela coisa toda começou, porque Khadafi cometeu um ato terrorista contra os israelenses, hum... contra os israelenses e os americanos. E eu estava indo para a Inglaterra uma semana depois... (*risos*) e Khadafi foi bombardeado. E eu não estava entusiasmada para ir à Inglaterra porque tinha medo de ser explodida no Aeroporto de Heathrow.

Laurie: Uma das coisas que mais me assusta nessa questão é que, acho que depois da morte de sua filha, ele estava dizendo que todos os árabes deveriam procurar e matar crianças americanas. Meu Deus! Tudo em que pude pensar foi no meu filho. Meu Deus! Isso quase me fez querer retirar o adesivo "Bebê a bordo" do meu carro, pois era como se eu fosse um alvo toda vez que saísse com ele. (*risos*)

Dotie: Eu evito depender do sistema de metrô ou dos aeroportos. Quer dizer, de verdade. Você não pode parar a sua vida. Meu marido estava indo para a Inglaterra, e iria mesmo que eu não fosse. Ele me disse que eu poderia ficar. E eu disse que preferia estar com ele se alguma coisa acontecesse do que ficar sentada em casa vendo essas pessoas, que, por mais terrível que essa experiência possa ser, eu não acho que eu poderia ficar em casa preocupada. Então eu fui com ele, agindo contra o bom senso. Eu queria que ambos ficássemos em casa, mas ele disse: "De maneira nenhuma". Ele disse: "Eu não posso. Eu não posso parar minha vida só porque o Khadafi foi bombardeado".

Laurie: Minha mãe viaja muito, e todas as vezes que ela parte do Aeroporto de Logan ou onde quer que ela esteja no mundo, e que ela segue seu caminho de ida ou de volta, eu tenho experimentado ataques de ansiedade.

A proximidade de uma questão depende fortemente do contexto. Realizamos uma triagem prévia das conversações dos grupos de pares da área de Detroit no verão de 1980. Um fluxo constante de fechamento de indústrias e de dispensas temporárias de trabalhadores estava ocorrendo, e o desemprego em cidades que dependiam da fabricação de automóveis, como Flint, aproximou-se dos níveis de 25% e 30% alcançados no período da Grande Depressão. As conversações aqui descritas, entre participantes que viviam na área de Boston, ocorreram em um local e um período com menos de 4% de desemprego e com escassez de trabalho em algumas indústrias.

A realização de discussões sobre a energia nuclear alguns meses depois do acidente de Chernobyl aumentou a proximidade dos acontecimentos que envolveram os reatores nucleares de Seabrook e de Plymouth, aumentando seu destaque. Não podemos ignorar também o conflito racial hostil em Boston, a respeito do transporte escolar dos estudantes, para entender a proximidade adquirida pela ação afirmativa.

Nesse sentido, consequências pessoais não são propriedade intrínseca de uma questão, mas variam de acordo com o contexto que as tornam mais ou menos salientes. Em suma, a proximidade de uma questão não pode ser assumida, mas precisa ser analisada empiricamente, reconhecendo-se que ela varia de acordo com o tempo e o lugar, e que as questões podem mudar de posição (próximas ou distantes) de acordo com as mudanças de contexto.

A proximidade de uma questão

Para cada questão, o facilitador perguntava diretamente às pessoas se elas, sua família ou seus amigos haviam sido pessoalmente afetados por "qualquer coisa que havia acontecido a respeito da questão em causa". Mas antes de ser feita a pergunta era dada a eles a oportunidade de relatar espontaneamente consequências pessoais como resposta à questão inicial. Como as quatro questões podem ser comparadas no sentido de saber se uma ou mais pessoas mencionaram espontaneamente consequências pessoais em sua discussão inicial sobre a questão?

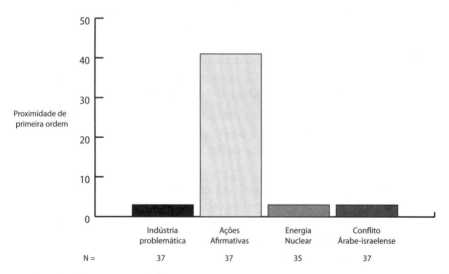

Gráfico 9.1: Proximidade espontânea por questão.

Como mostra a FIG. 9.1, a ação afirmativa era de longe a questão mais próxima para esses trabalhadores da área de Boston em 1986. Nenhuma outra questão chegou perto dos índices alcançados pela ação afirmativa. Em mais de 40% dos grupos alguém mencionou espontaneamente efeitos pessoais, comparados a apenas um grupo (3%) para cada uma das outras questões. Em uma grande quantidade desses grupos (dois quintos), mais de uma pessoa mencionou um efeito pessoal – fosse ele positivo ou negativo – sobre si mesma ou sobre um familiar próximo.

As diferenças entre as outras três questões emergem quando consideramos uma medida mais inclusiva das consequências pessoais. Essa medida, a qual inclui tanto menções espontâneas quanto aquelas acionadas em resposta a uma questão direta do facilitador, estabelece três graus de proximidade. Efeitos de primeira ordem referem-se a um indivíduo e aos seus familiares próximos ou pessoas que moram no mesmo lar. Efeitos de segunda ordem incluem aqueles parentes mais distantes, amigos e conhecidos. Efeitos de terceira ordem são aqueles que afetam alguém e, ao mesmo tempo, um amplo grupo de pessoas que fazem parte de uma mesma categoria. Alguns afirmam que todos são afetados pela energia nuclear, seja por meio de suas contas de luz, seja pelo risco do lixo tóxico produzido – ou seriam afetados por um acidente que ocorresse em um reator localizado nas proximidades.

A TAB. 9.1 apresenta os resultados da proximidade para as quatro questões. Um grupo era sempre codificado pelo mais alto nível de proximidade identificado, mesmo se outras consequências mais remotas também eram apontadas.

TABELA 9.1
Nível de proximidade por questão

	Indústria problemática	Ação afirmativa	Energia nuclear	Conflito árabe-israelense
Proximidade	24%	59%	20%	14%
Primeira ordem (família, indivíduo)	57%	24%	11%	16%
Segunda ordem (amigos)	0	0	34%	27%
Terceira ordem (categórica)	19%	16%	34%	43%
N =	37	37	35	37

*Incluindo as respostas feitas a uma pergunta direta.

Notem que, em cada questão, uma maioria dos grupos tinha uma ou mais pessoas que apontavam alguma consequência pessoal. Mesmo a respeito da questão apontada como a menos próxima, o conflito árabe-israelense, somente

43% não apontou efeitos ou não conseguiram mencionar alguma forma por meio da qual tivessem sido pessoalmente afetados.

A ação afirmativa continua a mostrar maior proximidade do que as outras questões, mas a indústria problemática possui um alto grau de proximidade secundária. Embora menos do que um quarto dos grupos tivesse alguém que afirmasse ter sido pessoalmente afetado, a maioria deles mencionou amigos ou parentes mais distantes que foram atingidos pelos problemas acarretados pela proximidade de usinas nucleares e pelas dispensas temporárias do trabalho. De modo diferente, nas questões da energia nuclear e do conflito árabe-israelense, quando os participantes produziam qualquer afirmação a respeito da proximidade, havia uma maior probabilidade de que eles mencionassem somente efeitos categóricos; da mesma forma era mais provável que direcionassem a atenção para qualquer um pessoalmente conhecido. A questão da energia nuclear foi somente um pouco mais próxima do que a do conflito árabe-israelense e, de fato, as duas questões são muito parecidas, apesar do recente acidente de Chernobyl e da proximidade física dos acidentes com os reatores nucleares de Plymouth e de Seabrook, amplamente publicizados.

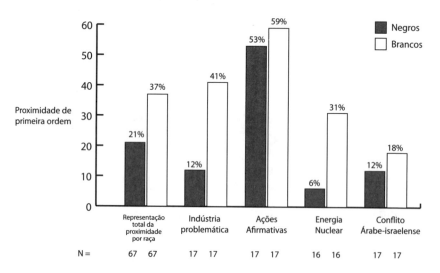

Gráfico 9.2: A proximidade da questão por raça.

Como mostra a FIG. 9.2, a ação afirmativa apresentou um nível de alta proximidade para os grupos de trabalhadores brancos e para os grupos de trabalhadores negros. Combinando as quatro questões, há uma pequena mas estatisticamente importante tendência dos grupos de trabalhadores brancos de afirmar efeitos de proximidade maiores ($p< .05$). Principalmente as questões da energia nuclear e da indústria problemática produzem essa diferença. O conflito árabe-israelense possui baixa proximidade para ambos os grupos.

O engajamento associado a uma questão

À medida que a conversação passava de uma questão para a outra, o nível de intensidade e o engajamento dos participantes se modificava. Em algumas questões, os integrantes dos grupos pareciam se preocupar bastante com o que estavam dizendo e quiseram ter certeza de que estavam sendo entendidos de maneira apropriada. Outras vezes pareciam ansiosos em terminar as dinâmicas e se preocuparam pouco com o que eles ou os outros tinham a dizer sobre as questões.

Antes do início das conversações, os participantes preenchiam um questionário de três questões a respeito de seu nível de engajamento pessoal em cada uma das quatro questões: Quanto você se interessa por essa questão? Você ouviu ou leu muito sobre esse assunto? Quando você está com seus amigos, familiares ou colegas de trabalho, com qual frequência você diria que conversa a respeito dessa questão?

A TAB. 9.2 mostra a distribuição das respostas a partir de uma amostra de 188 indivíduos que completaram essa parte do questionário. Ela mostra algumas diferenças sugestivas de proximidade no *ranking* ordenado de questões. De maneira mais pronunciada, os números que indicam o engajamento na questão da energia nuclear foram virtualmente iguais aos da ação afirmativa nessas medidas. Na verdade, o relatório percentual acerca de todas as questões revela que os entrevistados liam frequentemente sobre elas. O engajamento identificado na questão da indústria problemática foi relativamente baixo: somente 14% afirmaram ler muito a respeito dessa questão, um número pequeno, mesmo se comparado ao quadro apresentado na questão do conflito árabe-israelense.

TABELA 9.2
Interesse individual por questão

	Indústria problemática	Ação afirmativa	Energia nuclear	Conflito árabe-israelense
Respostas				
Muito interessado	28%	46%	41%	18%
Li bastante sobre isso	14%	31%	35%	21%
Converso frequentemente sobre isso	7%	19%	9%	1%
Raramente ou nunca converso sobre isso	55%	37%	46%	76%
N = 188				

Uma vez que a unidade de trabalho deste estudo é o grupo e não o indivíduo, construí uma medida de engajamento de grupo em uma determinada questão baseada nas respostas do questionário fornecidas pelos integrantes dos grupos. A medida referente ao grupo combinou todas as três questões, estabelecendo diferenças, para cada questão, entre os altamente engajados, os moderadamente engajados e grupos desengajados.[50]

TABELA 9.3
Engajamento de grupo por questão

Engajamento	Indústria problemática	Ação afirmativa	Energia nuclear	Conflito árabe-israelense
Altamente engajados	0	27%	0	0
Moderadamente engajados	59%	49%	86%	38%
Desengajados	41%	24%	14%	62%
N =	37	37	37	37

A TAB. 9.3 mostra a distribuição do engajamento de grupo para as quatro questões. Ela oferece informações adicionais para além daquilo que o nível individual de análise revela. Foi possível detectar grupos fortemente engajados somente na questão da ação afirmativa, mas a energia nuclear foi a questão que teve menor probabilidade de apontar para grupos desengajados. O engajamento na questão da ação afirmativa variou bastante entre os grupos, mas a questão da energia nuclear pode ser caracterizada como moderadamente engajante em quase 90% deles. A questão da indústria problemática também foi moderadamente engajante (embora não tão alta quanto a energia nuclear), enquanto mais de 60% dos grupos se mostraram desengajados com relação ao conflito árabe-israelense.

---

[50] Para ser exato, grupos altamente engajados foram definidos como tendo (a) duas ou mais pessoas que conversavam frequentemente sobre as questões (e menos da metade raramente ou nunca conversavam sobre elas); (b) ao menos a metade leu alguma coisa ou muito sobre as questões; e (c) ao menos a metade está muito interessada nas questões. Grupos desengajados tinham (a) a metade ou mais de participantes que raramente ou nunca conversavam sobre as questões (e menos do que dois geralmente conversavam a respeito delas); (b) ao menos metade raramente ou nunca leu sobre as questões (ou menos de dois leu muito a respeito delas); e (c) menos da metade se interessa muito pelas questões. Grupos que não alcançaram nem um alto engajamento, nem uma definição de desengajamento foram codificados como tendo um engajamento moderado.

Os grupos de trabalhadores negros revelaram mais engajamento do que os grupos de trabalhadores brancos em duas das quatro questões: a indústria problemática e a ação afirmativa. Nenhum dos grupos de trabalhadores negros, mas mais da metade dos grupos de trabalhadores brancos se mostrou desengajada com relação à questão da ação afirmativa, o que não ocorreu com os grupos de trabalhadores negros. No que diz respeito à indústria problemática, 65% dos grupos de trabalhadores brancos estavam desengajados, comparados a somente 24% de grupos formados de trabalhadores negros. Não houve nenhuma diferença racial no nível de engajamento sobre as questões da energia nuclear e do conflito árabe-israelense.

Medidas desse tipo, obtidas por meio de questionário, sempre suscitam algumas questões de validade. Os participantes estavam rapidamente marcando alternativas de resposta, sem promover as opiniões deliberativas que oferecem na conversação. Será que essas medidas realmente nos fornecem um indicador da provável intensidade e engajamento da conversação subsequente?

Infelizmente é exatamente essa intensidade que se perdeu na transposição dos registros de um meio para outro: escutar, gravar e depois ler uma transcrição. A intensidade é expressa na linguagem corporal e na entonação de voz. Como teste de validade rudimentar, tivemos um codificador que trabalhou com as gravações de áudio e também com as transcrições fazendo uma avaliação subjetiva dos grupos em seu nível de engajamento na questão da ação afirmativa, assim como indicando quaisquer "momentos de alta intensidade". Essas avaliações das conversações feitas pelo codificador geralmente sustentaram a validade da medida baseada nas respostas agregadas dos questionários.[51]

---

[51] Essas medidas não alcançaram o critério de confiabilidade de 80% do intercodificador, mas não existe nenhuma razão para suspeitar de nenhum desvio sistemático, uma vez que todos os codificadores fizeram suas análises de maneira independente, sem tomar conhecimento das respostas dos questionários. Eles assinalaram dois ou mais momentos de alta intensidade em 70% das conversações de grupos altamente engajados sobre a questão da ação afirmativa. Em grupos desengajados, dois ou mais momentos de alta intensidade foram identificados em somente 44%. As taxas elaboradas pelos codificadores da totalidade do nível de engajamento mostraram resultados semelhantes. Em grupos que alcançaram altas taxas de engajamento pelas respostas do questionário, os codificadores mediram o nível de engajamento como um pico de 60% do tempo nas conversações, comparado a 33% de pico para os grupos que alcançaram baixas taxas a partir dos dados do questionário.

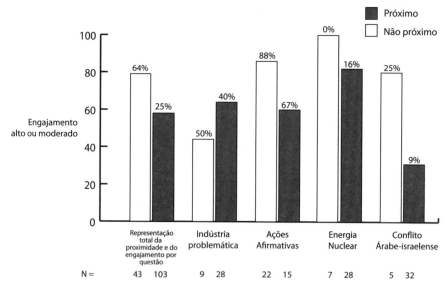

Figura 9.3: Proximidade e engajamento por questão.

Parece razoável traçar a hipótese de que a intensidade com a qual as pessoas se importam com uma questão será determinada em parte por sua proximidade. Quanto mais as pessoas se sentem pessoalmente afetadas, mais engajadas elas serão ao falar sobre uma questão. A FIG. 9.3 sugere que a proximidade é um fator importante, mas não determinante. Com exceção da indústria problemática, quanto mais próxima era uma questão para um grupo, mais alto era o seu nível de engajamento ($p < .05$). Mesmo sem a proximidade, uma maioria significativa dos grupos estava ao menos moderadamente engajada em cada questão, com exceção do conflito árabe-israelense. Claro, a proximidade não é uma condição necessária para o engajamento. A inversão a respeito da indústria problemática é um lembrete da complexidade dessa relação. Em suma, o engajamento despertado por uma questão não é uma simples função da proximidade, embora seja provável que exista uma relação positiva entre ambos na maioria das questões.

Na questão da ação afirmativa é plausível que a proximidade conduza ao engajamento, ou seja, o sentimento de ser diretamente afetado em sua vida pessoal, estimula o engajamento das pessoas associado a determinada questão. Mas o processo também pode operar no outro sentido. Nas questões da energia nuclear e do conflito árabe-israelense, por exemplo, as pessoas podem tornar-se engajadas em uma questão por causa de seus efeitos categóricos, porque as pessoas os entendem a partir do discurso da mídia. Elas veem histórias sobre acidentes nucleares ou sequestros terroristas e veem pessoas como elas mesmas, pessoalmente afetadas. Elas podem se tornar engajadas por razões que não sejam baseadas na proximidade e, a partir daí, começam a reconhecer ou imaginar os efeitos sobre suas próprias vidas.

Engajamento, proximidade e estratégia de recurso

Vimos no capítulo 7 que a estratégia de recurso que os grupos seguem varia de questão para questão. Nas questões da energia nuclear e do conflito árabe-israelense, por exemplo, as estratégias quase sempre começam com o discurso da mídia. Às vezes os participantes também trazem elementos da sabedoria popular e do conhecimento experiencial, mas somente uma minoria seguiu uma estratégia de recurso integrada. A questão da ação afirmativa nos oferece o contraste mais acentuado: a maioria dos grupos começou utilizando o conhecimento experiencial, e uma maioria integrou a sabedoria popular e o discurso da mídia na construção de um enquadramento compartilhado.

Poderia parecer que há uma conexão aqui entre o quão engajantes e próximas essas questões são para as pessoas. De maneira mais óbvia, a ação afirmativa é a questão mais próxima em suas consequências pessoais e a questão na qual as pessoas têm maior probabilidade de desenvolver uma estratégia de recurso integrada. A questão do conflito árabe-israelense é a menos engajante das questões e aquela que as pessoas apresentam uma menor probabilidade de desenvolver uma estratégia de recurso integrada. Poderíamos ser tentados a concluir que, quanto mais engajante e próxima é uma questão, maior é a probabilidade de as pessoas desenvolverem uma estratégia de recurso integrada ao tentar entendê-la. Isso parece, contudo, necessitar de um pouco mais de qualificação quando olhamos mais de perto para cada questão.

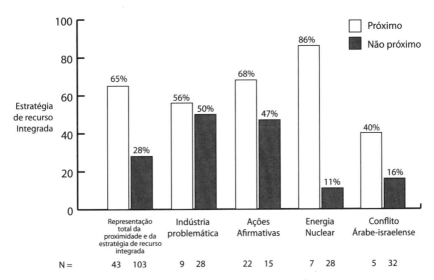

Figura 9.4: Proximidade e estratégia de recurso integrada.

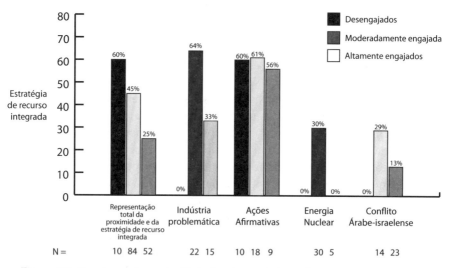

Figura 9.5: Engajamento e estratégia de recurso integrada.

Como mostra a FIG. 9.4, há uma importante relação geral entre a proximidade de uma questão e a tendência a se utilizar uma estratégia de recurso integrada ($p < .001$), mas ela é muito mais forte para algumas questões do que para outras. A diferença é mais dramática para a questão da energia nuclear. É algo relativamente raro as pessoas introduzirem efeitos pessoais quando discutem sobre essa questão, mas quando isso acontece, assegura virtualmente que o grupo irá desenvolver uma estratégia de recurso integrada. Sem essa proximidade de primeira ordem, uma estratégia de recurso integrada torna-se rara. No outro extremo, a proximidade parece não fazer nenhuma diferença no desenvolvimento de uma estratégia integrada acerca da questão da indústria problemática.

O nível de engajamento também está significativamente relacionado à estratégia de recurso ($p < .05$). Com exceção da ação afirmativa, como revela a FIG. 9.5, quanto mais engajados os grupos eram, maior a probabilidade de integrar o discurso da mídia e o conhecimento experiencial. Na ação afirmativa, contudo, o nível de engajamento teve pouco ou nenhum efeito. Estratégias de recurso integradas foram comuns em todos os níveis, mesmo entre os desengajados.

Existem muito poucos casos que nos permitem determinar, com algum grau de confiança, se a proximidade e o engajamento possuem efeitos independentes em uma estratégia de recurso integrada, mas os resultados sugerem que a contribuição relativa depende da questão. No caso da indústria problemática, o engajamento parece ser muito mais importante do que a proximidade. Mais de 60% dos grupos engajados que não viam proximidade com relação a essa questão ainda assim desenvolveu uma estratégia integrada. Somente 40% dos grupos desengajados com a proximidade utilizou o leque completo de recursos.

Na questão da ação afirmativa, a proximidade parecia fazer diferença para os grupos engajados, mas não fazia nenhuma diferença para os grupos desengajados. Houve somente três grupos desengajados que descreveram efeitos de proximidade nessa questão, mas nenhum desenvolveu uma estratégia de recurso integrada.

Conclusão

Em todas as quatro questões, a maioria dos grupos encontrou algumas consequências trazidas por elas para suas vidas pessoais. Mesmo para uma questão tão remota quanto o conflito árabe-israelense, a imaginação pode estabelecer uma ponte sobre a distância entre ataques terroristas que alguém vê na televisão, e o risco para os bebês que estão no banco de trás de um carro ou para a viagem de avião que uma mãe está prestes a fazer. E os eventos do passado servem como lembretes de efeitos menos dramáticos sobre a vida cotidiana de alguém.

Contudo, existem fortes diferenças entre as questões. A questão da ação afirmativa foi experienciada tanto pelos grupos de trabalhadores negros quanto pelos grupos de trabalhadores brancos como uma questão que atingiu diretamente suas vidas. A indústria problemática estava a um passo atrás, não afetando diretamente a maioria dos residentes da área de Boston em 1986, mas marcando as vidas das pessoas que eles conheciam. As questões da energia nuclear e do conflito árabe-israelense, quando elas eram próximas, afetaram as pessoas enquanto membros de amplas categorias, mas somente de forma ocasional elas experimentaram consequências pessoais mais particulares.

A proximidade estava relacionada ao engajamento em três das quatro questões, mas somente de maneira modesta. Existe apenas um fator que aumenta o interesse, e parece razoável levantar a hipótese de que o engajamento em uma questão que é estimulado pelo discurso da mídia pode conduzir ao aumento de atenção para consequências imediatas, especialmente efeitos de segunda e terceira ordens. A energia nuclear, embora ainda apenas mais próxima do que o conflito árabe-israelense, foi muito mais engajante para esses grupos. Foi raro, tanto para grupos de trabalhadores brancos quanto para grupos de trabalhadores negros, que eles se mostrassem desengajados a respeito da questão da energia nuclear, e para cerca de metade dos grupos de trabalhadores brancos, eles conferiram mais *status* à questão da ação afirmativa de acordo com a intensidade de seu interesse.

A proximidade e o engajamento suscitados por uma questão contribuem tanto para a probabilidade de um grupo utilizar uma estratégia de recurso integrada ao produzir sentido acerca dessa questão. A proximidade é especialmente importante para questões como a energia nuclear e o conflito árabe-israelense, nas quais o principal recurso utilizado pela maioria dos grupos é o discurso da mídia. Se os integrantes de um grupo enquadram a questão de um modo que atinge sua vida pessoal, isso os torna mais capazes de encontrar um conhecimento experiencial relevante para sustentar o discurso da mídia utilizado.

Quando as questões são menos dependentes do discurso da mídia, a proximidade se torna menos importante para a possibilidade de eles integrarem ou não o amplo conjunto de recursos. A questão crucial aqui é o sucesso dos participantes em integrar o discurso da mídia em vez de encontrar uma conexão relevante com sua vida pessoal. Nesse tipo de questão, o engajamento parece especialmente importante. Se ela é engajante, algum esforço para construir sentido provavelmente foi feito antes por algum dos participantes. O conhecimento que eles já possuem sobre o discurso da mídia torna esse recurso mais acessível para o uso conversacional. Se forem desengajados, eles não só possuem maior probabilidade de ter poucos recursos da mídia disponíveis, mas também de se esforçar menos e de se preocupar menos sobre as boas chances que possuem de serem bem-sucedidos ao construir um sentido para tais recursos.

CAPÍTULO X

Desenvolvendo a consciência política

Espero que este livro tenha se transformado em um antídoto para a crença convencional de que a maior parte das questões e dos eventos políticos não faz muito sentido para a maioria dos trabalhadores. Ao ouvir suas conversações durante uma hora ou mais, ficamos impressionados com a qualidade deliberativa do processo de construção de sentido acerca dessas questões complexas. E essas conversações adquirem uma coerência considerável a despeito de muitas e altas deficiências, algumas derivadas das limitações no discurso da mídia que os participantes encontram disponíveis e outras vindas da própria falta de experiência com a dinâmica das conversações em grupo.

Essas conversações estão bem distantes do contexto no qual enquadramentos de ação coletiva são normalmente desenvolvidos. Não afirmo aqui que esses trabalhadores possuem o tipo de consciência política que faz com que alguém esteja pronto para enfrentar as injustiças do mundo. Uma minoria das conversações sobre as questões aqui analisadas (7%) continha todos os elementos de um enquadramento de ação coletiva.

Argumento que o entendimento das pessoas abrange os elementos necessários para desenvolver esse tipo de consciência política, dada a presença de um contexto de ação. Os materiais brutos estão lá, mas isso varia drasticamente de questão para questão. Em algumas questões, as pessoas compartilham um sentido de indignação moral e injustiça, pensam em si mesmas como um "nós" em oposição a um "eles", e possuem modelos compartilhados de pessoas que são como elas e que agem para modificar determinadas condições. Em outras questões, como a energia nuclear e o conflito árabe-israelense, um ou mais dos elementos cruciais frequentemente estão ausentes, e nenhum grupo reúne um enquadramento maduro de ação coletiva. Mesmo na questão da ação afirmativa, na qual elementos individuais têm mais probabilidade de estar presentes, somente 22% das conversações reúnem todos esses elementos.

O componente da injustiça de um enquadramento de ação coletiva facilita a adição de outros elementos: aumenta a atenção conferida aos movimentos sociais que tentam retificar a injustiça e encorajar a simpatia em direção aos seus esforços de realizar uma ação coletiva, mesmo quando as pessoas não estão prontas para se juntar a eles. O componente da injustiça promove a identificação pessoal com qualquer coletividade que esteja sendo desrespeitada e incita a busca por agentes que são responsáveis pelo sofrimento desmerecido que os membros de um grupo enfrentam. Assim, ele é a chave para integrar os três elementos em um único enquadramento de ação coletiva.

Estratégia de recurso e enquadramentos de ação coletiva

Utilizar uma estratégia de recurso integrada está longe de uma condição suficiente para o desenvolvimento dessa consciência política, mas isso ajuda. Em 16% das conversações sobre as questões aqui analisadas que utilizaram a ampla gama de recursos, todos os três elementos dos enquadramentos de ação coletiva foram apresentados, em comparação com somente 1% nos grupos que usaram outras estratégias de recurso ($p < .001$).

O discurso da mídia, a sabedoria popular e o conhecimento experiencial são importantes para o desenvolvimento do componente crucial de injustiça. O conhecimento experiencial ajuda a conectar a cognição abstrata da injustiça com a emoção da indignação moral. É surpreendente a quantidade de trechos de conversação em que ocorrem enquadramentos de injustiça que abrangem algumas referências ao conhecimento pessoal.

Mesmo na questão da energia nuclear, em que o conhecimento pessoal é raramente expresso, ele parece tornar-se mais familiar por uma experiência pessoal. A participante Marjorie, que citamos para ilustrar a expressão de indignação moral acerca da energia nuclear (capítulo 3), teve sua raiva intensificada por imagens derivadas de seu trabalho junto a famílias desabrigadas: "... vi pessoas no Milner Hotel, mães com cinco filhos em apenas um quarto. Sobrevivendo. E não temos lugar para eles, mas temos espaços para construir usinas nucleares. Isso é uma estupidez!".

Essa articulação com o conhecimento experiencial é especialmente forte para a ação afirmativa. Expressões de indignação parecem estar estreitamente ligadas a anedotas em que uma pessoa testemunhou ou experimentou diretamente um exemplo da injustiça mais geral que está sendo denunciada. Dos 25 grupos que utilizaram um enquadramento de injustiça na questão da ação afirmativa, 80% o expressaram remetendo-se ao conhecimento experiencial para construir seu ponto de vista.

O discurso da mídia é igualmente importante na elaboração de um enquadramento de injustiça. Em sua forma concreta, o conhecimento experiencial da injustiça estimula emoções, mas elas podem ser dissipadas devido à ausência de um alvo claro. O discurso da mídia coloca a injustiça experimentada em contexto, fazendo dela um caso especial de uma ampla injustiça. O recurso da experiência vivida concretiza a injustiça. Os recursos da mídia generalizam a experiência vivida, tornando-a compartilhada e coletiva.

A sabedoria popular também contribui para o desenvolvimento de enquadramentos de injustiça, especialmente quando entra em ressonância com temas oposicionais na cultura americana. Como vimos no capítulo 8, as principais ressonâncias em três das quatro questões aqui investigadas são com contratemas controversos, e não com afirmações oficiais moralmente corretas, mas insinceras. Tal sabedoria popular por si mesma pode se transformar em um elemento chique cínico e significar pouco. Mas ajuda a articular o discurso da mídia e o conhecimento experiencial para produzir uma estratégia de recurso integrada em apoio a um enquadramento crítico de muitas questões.

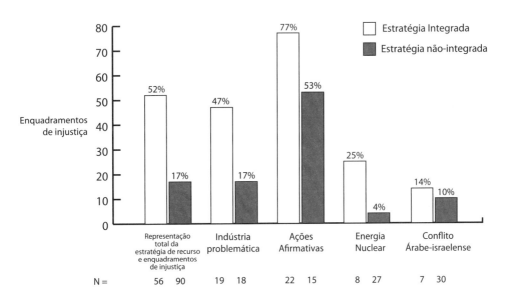

Figura 10.1: Estratégia de recurso e enquadramentos de injustiça.

Como revela a FIG. 10.1, a maioria dos grupos que seguiram uma estratégia integrada em uma questão também produziu um enquadramento de injustiça, mas somente um sexto daqueles que não conseguiram integrar o conhecimento experiencial, a sabedoria popular e nem o discurso da mídia alcançou a produção de enquadramentos de injustiça ($p < .001$). Essa diferença se sustenta para todas as questões embora a relação seja atenuada, claro, para as questões da energia nuclear e da ação afirmativa, em que nem o enquadramento de injustiça nem as estratégias de recurso integradas eram usuais.

A estratégia de recurso não é a única variável que afeta o desenvolvimento de enquadramentos de ação coletiva. Sabemos que o enquadramento da ação afirmativa é muito diferente entre os grupos de trabalhadores brancos e negros. Além disso, o componente de injustiça contém cognições "quentes" de indignação moral e de um "nós" oposicional. Tenderíamos a esperar menos emoção quando as pessoas estão menos engajadas em uma questão. Qual é o papel da estratégia de recurso examinada também no contexto dessas outras variáveis?

Ragin (1987) sugere um método de análise, em que se utiliza a álgebra booleana, que é especialmente sensível à quantidade de combinações diferentes de condições são associadas a resultados ou processos específicos. Utilizo aqui esse método para comparar como a composição racial do grupo, seu engajamento com a questão e sua estratégia de recurso se combinam na produção de enquadramentos de ação coletiva.

A ação afirmativa oferece, por várias razões, a melhor oportunidade para examinar essa combinação. Em primeiro lugar, ela é a única questão em que ocorre uma quantidade significativa de enquadramentos de ação coletiva. Além dos 22% desses enquadramentos que tiveram os três elementos, outros 40% tiveram pelo menos dois elementos. Somada a isso, há uma variação significativa em cada uma das três condições nessa questão. A composição racial influenciou fortemente o conteúdo da discussão, e houve uma variabilidade importante tanto nos grupos de trabalhadores brancos quanto nos grupos de trabalhadores negros em relação ao grau de engajamento, apesar do alto nível geral de engajamento nos grupos de trabalhadores negros. Cerca de metade dos grupos de trabalhadores brancos e negros seguiu uma estratégia de recurso integrada ao discutirem sobre a ação afirmativa.

A aplicação do método de Ragin revela que enquadramentos de ação coletiva tenderam a ocorrer quando um grupo utilizou uma estratégia de recurso integrada, independentemente de outras condições, assim como em grupos de trabalhadores brancos engajados, independentemente da estratégia de recurso.[52] Uma estratégia integrada de recurso é importante porque

---

[52] A abordagem booleana utiliza dados binários. Existem duas condições ou estados: verdadeiro (ou presente) e falso (ou ausente). Assim, todas as medidas precisam ser transformadas em dicotomias. Uma vez que a medida de engajamento utilizada aqui possui três categorias, e a distribuição para

envolve todos, incluindo grupos de trabalhadores brancos e negros com diferentes níveis de engajamento na questão. Há apenas uma combinação em que a maioria dos grupos desenvolveu um enquadramento de ação coletiva completo, com todos os três elementos. Todos os quatro grupos de trabalhadores negros altamente engajados com uma estratégia de recurso integrada tiveram essa consciência política.

---

brancos e negros é bem diferente, utilizei uma abordagem distinta. A presença dessa condição nos grupos de trabalhadores negros significa um alto engajamento (comparado a um engajamento moderado); em grupos de trabalhadores brancos, a presença dessa condição significa um engajamento tanto alto quanto moderado (comparado a um baixo engajamento).

Tabela 10.1 – Condições para a produção de enquadramentos
de ação coletiva na questão da ação afirmativa

Condição			Resultado	Frequência
B	E	I	CA	N
0	0	0	0	4
0	0	1	1	5
0	1	0	1	2
0	1	1	1	6
1	0	0	0	4
1	0	1	1	5
1	1	0	0	4
1	1	1	1	4
Total				34

B = raça do grupo: 1 = negra; 0 = branca (grupos inter-raciais excluídos)

E = engajamento; 1 = alto para grupos de trabalhadores negros, alto ou moderado para grupos de trabalhadores brancos; 0 = moderado para grupos de trabalhadores negros, desengajados para grupos de trabalhadores brancos.

I = estratégia de recurso integrada: 1 = presente; 0 = ausente

CA = enquadramento de ação coletiva: 1 = pelo menos dois ou três elementos definidores estão presentes em uma maioria dos grupos; 0 = qualquer outra coisa.

O método de Ragins começa com a construção de uma tabela verdadeira para toda combinação possível das três condições. O dígito "1" indica que a condição está presente; enquanto "0" indica sua ausência. A variável do resultado, nesse caso, a tendência a desenvolver enquadramentos de ação coletiva, é considerada presente se a maioria dos grupos nessa combinação de condições é capaz de exibi-la. A TAB. 10.1 utiliza a medida mais fraca dos enquadramentos de ação coletiva: a presença de quaisquer dois dos três elementos. Essa tabela indica que cinco das oito combinações produz esse resultado na maioria dos grupos. Existem regras simples na abordagem booleana para diminuir a complexidade. De acordo com Ragin, a mais fundamental dessas regras é a seguinte: "Se duas expressões booleanas diferem em apenas uma condição causal, produzindo ainda o mesmo resultado, então a condição causal que distingue as duas expressões pode ser considerada irrelevante e pode ser removida de modo a criar uma expressão combinada mais simples". A aplicação dessa regra de minimização à TAB. 10.1 nos dá as seguintes equações (nas quais as fontes em caixa alta indicam presença, e as fontes em caixa baixa indicam ausência). A equação inicial,

$$CA = beI + bEI + BeI + BEI + bei$$

fica reduzida a:

$$CA = I (be + bE + Be + BE) + bE = I (b + B) + bE,$$

que pode ainda ser reduzida a:

$$CA = I + bE$$

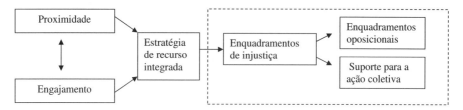

Figura 10.2: Modelo geral

A FIG. 10.2 resume o modelo geral sugerido por esse esforço de pesquisa. O engajamento e a proximidade se influenciam mutuamente e se combinam para influenciar o uso de uma estratégia de recurso integrada. Essa estratégia influencia o desenvolvimento de um enquadramento de injustiça, que por sua vez influencia a inclusão de outros elementos dos enquadramentos de ação coletiva.

Os efeitos da mídia sobre a opinião pública

Não afirmo aqui que os trabalhadores são bem servidos pelo discurso da mídia em seus esforços para construir sentido acerca do mundo. As limitações que muitos críticos da mídia apontam estão refletidas no discurso da mídia acerca das quatro questões aqui examinadas. A dependência da mídia, contudo, é somente parcial e altamente influenciada pela questão em discussão. Anteriormente, comparei os esforços que as pessoas fazem para produzir sentido acerca dessas questões com a tentativa de encontrar um caminho em meio a uma floresta. Os vários enquadramentos oferecidos no discurso da mídia proporcionam mapas que indicam pontos úteis de entrada, e placas de sinalização em várias encruzilhadas indicam os marcos de referência importantes, avisando sobre os perigos a serem enfrentados em outros caminhos. Em certas questões – a energia nuclear e o conflito árabe-israelense, por exemplo – as pessoas recorrem tipicamente e em primeiro lugar ao discurso da mídia.

Contudo, mesmo nessas questões, elas encontram mais de um enquadramento disponível, fazendo com que tenham ao menos uma escolha parcial, assim como a necessidade de utilizar outros recursos para completar a tarefa. Elas controlam sua própria dependência da mídia, em parte por meio de sua boa vontade e habilidade de recorrer à sabedoria popular e ao conhecimento experiencial para complementar a oferta que recebem dos meios de comunicação. Comecei essa investigação com base no pressuposto de que em uma questão como a energia nuclear, a dependência da mídia era inevitável, uma vez que outros recursos não estavam disponíveis. Isso se revelou claramente falso. O discurso da mídia foi raramente o único recurso utilizado e foi complementado, na maioria dos grupos, por ao menos uma integração com a sabedoria popular. Mais de 25% das conversações a respeito da energia nuclear se apoiaram também sobre o conhecimento experiencial.

Se a dependência da mídia é somente parcial quando o discurso da mídia serve como ponto de partida, ela é menor ainda quando o conhecimento experiencial é o recurso primário para que as pessoas descubram um caminho na floresta. A falta de dependência, contudo, não significa ausência de uso ou influência. Mesmo na questão da ação afirmativa, em que uma esmagadora maioria dos grupos introduziu o conhecimento experiencial, muitos se remeteram também ao discurso da mídia e à sabedoria popular ao construir um enquadramento compartilhado.

Embora abordando a questão dos efeitos da mídia de forma diferente, Graber (1988) examinou simultaneamente tanto o conteúdo das notícias quanto a resposta da audiência e chegou a conclusões semelhantes. Continuando a tradição iniciada por Lane (1962), ela conduziu uma longa série de entrevistas intensivas e abertas com 21 participantes ao longo de um ano. Ao mesmo tempo, analisou o conteúdo de suas principais fontes de notícia, incluindo os jornais diários mais amplamente lidos e as notícias televisivas nacionais e locais.

Para os efeitos da mídia, Graber sugere um *modelo modulador* em que o impacto da mídia depende da relação entre a audiência e a questão investigada. Em muitas questões, as pessoas "completam e avaliam as notícias à luz de conhecimentos passados e determinam o quanto elas se aproximam da realidade que vivenciaram de maneira direta ou vicária" (GRABER, 1988, p. 93). Todos os entrevistados que fizeram parte dessa pesquisa, apesar de sua desatenção, do grande esquecimento e de uma escuta limitada, desenvolveram uma base de conhecimento a respeito das questões que estão correntemente presentes nas notícias. A autora conclui que "o que eles sabiam, bem como as deduções e inferências que derivavam desse conhecimento evidentemente, não estava limitado às informações que a mídia proporcionava".

Esses resultados sugerem uma nova maneira de enquadrar o debate a longo prazo sobre a magnitude e a natureza dos efeitos dos meios de comunicação de massa na opinião pública. Os efeitos aqui discutidos são efeitos *em uso*. Em vez de tratar o conteúdo da mídia como um estímulo que conduz a alguma mudança de atitudes e de cognição, ele é tratado como uma ferramenta ou recurso importante que as pessoas têm disponível, em graus variados, para auxiliá-las a produzir sentido acerca das questões abordadas nas notícias. Quando as pessoas utilizam elementos do discurso da mídia para produzir um argumento conversacional a respeito de uma questão, estamos observando diretamente um efeito da mídia.

Não tenho a intenção de afirmar que o elemento da mídia, por exemplo, uma manchete ou uma descrição particular de uma figura pública, levaram uma pessoa a pensar sobre a questão de uma maneira predeterminada. A relação causal é complicada e bidirecional, como sugere a metáfora da "ferramenta". Uma pessoa escolhe uma ferramenta, mas algumas ferramentas são baratas e estão disponíveis em todo lugar, enquanto outras só podem ser encontradas somente em locais distantes ou fora de mão. Uma pessoa escolhe uma ferramenta parcialmente por conveniência e facilidade de acesso, mas também por sua adequação ao trabalho a ser realizado, nesse caso, para construir um argumento particular na conversação.

Os resultados aqui sugerem que o processo causal difere em muito de questão para questão e de grupo para grupo em uma mesma questão. A influência da mídia depende de qual das três estratégias de discurso um grupo está utilizando: cultural, pessoal ou integrada. É possível dizer, por meio do exame dos efeitos em uso, se o modo como as pessoas pensam ou sentem individualmente a respeito de uma questão foi modificado por sua exposição à mídia, mas os resultados sugerem algumas hipóteses condicionais:

a) *Estratégias culturais*. As pessoas que utilizam estratégias culturais para entender uma questão estão sujeitas a efeitos substanciais da mídia e são fortemente influenciadas pela proeminência relativa dos enquadramentos mediáticos. Suas atitudes e crenças são relativamente instáveis e sujeitas a mudanças que por sua vez acontecem sempre que o discurso da mídia muda.

b) *Estratégias pessoais*. Pessoas que utilizam estratégias pessoais para entender uma questão estão relativamente imunes aos efeitos da mídia; ignoram ou reduzem a proeminência dos enquadramentos, incluindo até aqueles que sustentam seu conhecimento experiencial e sua sabedoria popular.

c) *Estratégias integradas*. Pessoas que utilizam estratégias integradas são influenciadas seletivamente pelo destaque relativo dos enquadramentos midiáticos, respondendo de acordo com o grau de consistência que esses enquadramentos possuem com sua sabedoria popular e conhecimento experiencial. Elas são constrangidas por omissões do discurso da mídia, mas permanecem relativamente imunes às diferenças existentes na proeminência relativa de enquadramentos visíveis.

Questões não respondidas

A maioria dos projetos de pesquisa nos frustra com as questões tentadoras que deixam sem resposta. Nossa pesquisa coloca mais questões do que revela descobertas, e a respeito delas só posso especular e convidar os interessados a investir em novas pesquisas.

1. Quão vigorosos são os enquadramentos nessas conversações? Os resultados aqui apresentados baseiam-se em uma única conversação para cada grupo. Se os mesmos grupos discutissem as mesmas questões novamente ao longo de uma semana, será que eles as enquadrariam da mesma maneira? E o que aconteceria depois de alguns anos, o que inclui uma mudança no destaque relativo alcançado por diferentes enquadramentos midiáticos? Afirmei que o vigor de um enquadramento compartilhado, ou seja, sua estabilidade ao longo do tempo e sua resistência à influência de estímulos externos são maiores quando se baseiam em uma estratégia de recurso integrada. Mas essa hipótese não pode ser elaborada por meio do estudo de uma única conversação em um espaço de tempo pontual. Ela permanece plausível, mas sem ser testada.

2. Se fossem realizadas em outro local, as conversações entre as pessoas seriam diferentes? Muito tem sido escrito acerca das diferenças entre homens e mulheres com relação a sua maneira de construir o conhecimento (ver GILLIGAN, 1982; BELENKY *et al.*, 1986). Será que o tipo de "conhecimento conectado" descrito por Clinchy (1989), baseado na empatia e no vínculo, leva grupos de mulheres a utilizar diferentes estratégias de recurso na produção de sentido acerca dessas questões? As mulheres utilizam menos o discurso da mídia ou o integram à sua experiência de modo diferente do modo dos homens? Será que elas confiam mais no conhecimento experiencial ou usam um tipo diferente de conhecimento? Será que elas têm maior probabilidade de adotar enquadramentos de injustiça, mas apresentam menor probabilidade de incluir um elemento oposicional? Será que as conversações de mulheres que trabalham são diferentes das conversações de mulheres com educação universitária com relação às estratégias de recurso e aos enquadramentos de ação coletiva?

Inicialmente, eu tinha esperança de aprender mais a respeito de diferenças de gênero. A composição da amostragem demandava quantidades iguais de homens e mulheres como pessoas de contato. Mas nem sempre foi fácil para a pessoa que era o contato inicial recrutar amigos suficientes para formar um grupo e, mesmo com um considerável aborrecimento de nossa parte, essas pessoas nem sempre mantiveram seu compromisso inicial. Nossas experiências de pré-teste nos forçaram a abandonar a maioria de nossos esforços para restringir as outras pessoas que eles tinham listado. O resultado foi a composição de poucos grupos só de mulheres ou só de homens, o que limitava tentativas de detectar quaisquer diferenças significativas entre os modos por meio dos quais homens e mulheres produziam sentido sobre a política.

A decisão de focar nossos recursos limitados nos trabalhadores foi deliberada. Como sugeri no capítulo 1, o mistério para a maioria dos cientistas sociais de destaque é como o público de massa consegue ter opiniões sobre tantas questões a respeito das quais eles não possuem o mínimo conhecimento. Cientistas sociais críticos, influenciados pela tradição marxista, se preocupam com a falta de habilidade dos trabalhadores de reconhecer seus próprios interesses objetivos. Em suma, as questões que permanecem sem resposta na literatura se focalizam em como os trabalhadores produzem sentido acerca da política. Então, optamos por nos concentrar nas pessoas que possuem esse perfil social.

Agora fico imaginando o quanto seriam diferentes as conversações de pessoas de nível universitário. Será que elas têm maior probabilidade de assistir ao espetáculo mediático e se basear no discurso da mídia como recurso primário? Será que elas possuem uma probabilidade mínima de recorrer à sabedoria popular e ao conhecimento experiencial e, por isso, de utilizar estratégias de recurso integradas no processo de enquadramento? Será que elas têm maior probabilidade do que os trabalhadores de serem afetadas por mudanças na proeminência relativa dos enquadramentos da mídia acerca de uma questão? Se elas se baseiam menos no conhecimento experiencial, será que eles têm menor probabilidade de produzir o tipo de indignação justificável que auxilia a produzir enquadramentos de injustiça?

3. Em que medida as relações aqui observadas dependem da ausência de um contexto de ação? A consciência política é forjada no processo da ação coletiva, mas eu examinei uma série de conversações que estão bem distantes dessa oportunidade. O processo muda dramaticamente quando a ação é mais uma possibilidade imanente. Fico imaginando se as variáveis identificadas aqui como importantes são ainda relevantes se o contexto se altera e se elas se mantêm operantes ao longo do tempo da maneira como foi aqui sugerida.

Será que realmente importa se as pessoas inicialmente possuem os elementos brutos dos enquadramentos de ação coletiva, uma vez que eles podem ser prontamente fornecidos no decorrer da luta política? Será que as pessoas que normalmente se baseiam no discurso da mídia para entender uma dada questão mudam para o conhecimento experiencial e para a sabedoria popular quando se deparam com um contexto de ação? Se as pessoas se baseiam no conhecimento experiencial para entender uma questão, será que elas se tornam mais atentas aos recursos da mídia em um contexto de ação? Será que a injustiça ainda é a chave para unir os três elementos dos enquadramentos de ação coletiva, ou processos de identidade coletiva e de ação se tornam mais centrais em um contexto de ação? Em suma, não podemos assumir que as relações aqui descobertas em um contexto separado da oportunidade de ação coletiva se sustentaria necessariamente em um contexto diferente.

Implicações estratégicas

Há implicações aqui para aqueles interessados em pesquisar ativamente a habilidade e a disposição dos trabalhadores em influenciar as condições de sua vida cotidiana por meio de alguma forma de ação coletiva. Focalizei um aspecto dessa capacidade: a forma particular de consciência política incorporada nos enquadramentos de ação coletiva.[53] As implicações estratégicas serão expressas a seguir como conselhos para ativistas de movimentos que procuram o apoio popular e a participação dos trabalhadores:

1. *Preste atenção na relação entre o discurso da mídia e o conhecimento experiencial.* Experiência relevantes, sejam diretas, sejam vicárias, sejam generalizadas e incorporadas na sabedoria popular, não são suficientes. Elas podem ser suficientes para guiar as pessoas para algum "pacote interpretativo" coerente acerca de uma questão. Porém para se tornarem agentes capazes de influenciar as condições que governam sua vida cotidiana, elas precisam também conectar seu entendimento com um discurso público mais amplo. Sem integrar o entendimento que elaboram através de diferentes níveis, eventos relevantes e atores que aparecem nas notícias permanecerão deixados de lado, transformando-se frequentemente em um transtorno, pois têm pouco a ver com a vida cotidiana dessas pessoas. É sob essas condições que, para citar novamente Gans (1988, x), "Washington, New York e os outros centros da sociedade americana estão, para muitas pessoas, na maior parte do tempo, em outros planetas".

De maneira particular, discussões a respeito da indústria problemática frequentemente se aproximam dessa condição. Na maioria dos grupos, os participantes conhecem pessoas que foram dispensadas e fizeram uma apreciação vívida das consequências do fechamento de usinas para os indivíduos, famílias e comunidade. Mas um imenso hiato permanece entre esse entendimento e enquadramentos mais amplos da política industrial que dominam grande parte do discurso da mídia. Esse é um hiato que pode ser preenchido, mas poucos grupos possuem os recursos para preenchê-lo sozinhos e com sucesso, e isso não tem grande probabilidade de acontecer de maneira espontânea. O resultado foi que somente 5% das conversações sobre a indústria problemática desenvolveram enquadramentos de ação coletiva mais completos.

É importante notar, contudo, que o problema da articulação varia de questão para questão. Alguns entendimentos são demasiadamente dependentes do discurso da mídia. A dificuldade que as pessoas enfrentam aqui é conectar seu entendimento da questão baseado na mídia com sua vida cotidiana. O entendimento permanece abstrato e emocionalmente distante sem os elementos da identificação coletiva e da indignação moral que deriva da experiência. A integração não acontece espontaneamente a não ser que condições especiais a produzam, como acontece, por exemplo, quando eventos

---

[53] Ver Ryan (1991) para uma excelente discussão da ampla gama de questões estratégicas para organizadores na negociação complexa entre movimentos sociais e mídia.

noticiados perturbam ou ameaçam perturbar sua vida cotidiana. De maneira mais frequente, a relevância é indireta e certo salto cognitivo é necessário para preencher essa falha.

A tarefa do organizador é mais difícil nessas questões. Um argumento abstrato acerca de efeitos futuros complexos e indiretos não irá construir a articulação emocional, mesmo se as pessoas estão intelectualmente convencidas. Duas estratégias alternativas parecem mais promissoras do que apresentar argumentos sobre causas e efeitos gerais:

1) A busca por um conhecimento experiencial existente que pode ser visto como relevante para a construção de um enquadramento mais amplo de ação coletiva. Essa busca é útil aqui se os organizadores dos grupos compartilham o mundo da vida daqueles que estão sendo encorajados a fazer essa articulação. Então, eles podem se remeter à sua própria experiência para apontar conexões com alguma confiança de que os outros terão histórias semelhantes a apresentar. Algumas experiências relevantes são suficientemente universais para transcender um amplo leque de *backgrounds* sociais.

2) Criar situações em que as pessoas podem ganhar conhecimento experiencial da injustiça. O discurso público facilita o conhecimento por meio da experiência vicária quando personaliza amplas injustiças utilizando casos exemplares para dar forma a elas. Assim, a experiência concreta de Anne Frank carrega o significado do Holocausto em um modo experiencial que nenhuma quantidade de informação factual sobre os 6 milhões de vítimas do nazismo nos campos de concentração pode transportar. Organizações de movimentos sociais tentam frequentemente fazer essa articulação oferecendo testemunhos cujo relato em primeira mão proporciona aos ouvintes um conhecimento experiencial vicário.

Simulações e exercícios de interpretação podem proporcionar uma forma poderosa de conhecimento experiencial. Em uma efetiva simulação, as pessoas podem se tornar tão engajadas em seus papéis que suas experiências parecem mais diretas do que vicárias. A intensidade da experiência é real, somente o mundo em que ela ocorre é de "faz de conta". Se os participantes são capazes de perceber a conexão entre esse mundo simulado que experimentam e o mundo representado no discurso público, eles terão alcançado uma forma de integração.[54]

---

[54] A maioria das evidências que reuni para fazer essa afirmação é fruto de minhas experiências com o SIMSOC, um jogo de simulação que mostra uma sociedade com grande desigualdade e diferenças de poder (GAMSON, 1991). Sempre que possível, eu tentei maximizar o aprendizado inventando

2. Preste atenção à potencial relevância dos contratemas. A sabedoria popular atua como uma ponte entre o discurso público a respeito de uma questão e as lições vindas da experiência. Os enquadramentos de questões ganham força por meio de um simbolismo que está em ressonância com temas e os contratemas culturais mais amplos incorporados à sabedoria popular. Os contratemas são particularmente relevantes para enquadramentos desafiadores. Apelos a símbolos da maternidade e da culinária (como a torta de maçã) são suficientemente inofensivos e podem até ser úteis para neutralizar a manipulação de temas principais por autoridades e adversários políticos. Mas não deveríamos subestimar o forte apelo dos contratemas entre os trabalhadores.

Os enquadramentos dominantes em cada questão aqui estudada, exceto no caso da ação afirmativa, estão mais fortemente em ressonância com contratemas do que com os temas. Esse forte apelo dos contratemas estabelece uma base de trabalho para a formação de uma consciência crítica acerca da questão. Ele confere à conversação política dos trabalhadores uma qualidade conflitante, mesmo quando é expresso sob a forma de um cinismo em vez de ser sob a forma de um enquadramento de ação coletiva.

Estratégias simbólicas deveriam pretender mostrar a conexão entre um enquadramento de ação coletiva, os amplos contratemas culturais com os quais tal enquadramento está em ressonância, e o conhecimento experiencial contido na sabedoria popular. Isso não completa uma estratégia de recurso integrada para as pessoas; elas precisam fazer por si mesmas o trabalho adicional de articular seu conhecimento experiencial pessoal e compartilhado com o discurso público. Mas a tarefa é consideravelmente fácil para elas se algumas pontes de auxílio são providenciadas.

3. Evite a abordagem controversa e polêmica da questão. Existe uma armadilha cultural bem estabelecida na qual às vezes caem os ativistas de movimentos sociais. Eles enquadram sua primeira tarefa como a elaboração de uma campanha de *marketing* para vender um produto aos consumidores. O produto é a causa na qual eles sinceramente acreditam, mas que por uma série de razões devem "vender" aos outros. Para esse esforço de mobilização, os eleitores são considerados um conjunto de compradores potenciais cuja resposta – um voto, uma doação, uma assinatura ou outro sinal – caracteriza um esforço de venda bem-sucedido. A lógica dessa abordagem nos leva a procurar por uma estratégia de *marketing* mais efetiva, expressa por meio de símbolos que atraem a atenção e acionam uma questão emocional a respeito da qual as pessoas discordam e debatem, para despertar a resposta desejada.

---

papéis que as pessoas desempenhavam em suas vidas cotidianas. Quando adultos, que normalmente exercem um poder e controle consideráveis, são colocados em posições fracas e dependentes no jogo, eles geralmente oferecem novos *insights* baseando-se em sua experiência pessoal de impotência.

Como já enfatizado, a emoção é uma componente importante dos enquadramentos de ação coletiva. Talvez haja uma grande possibilidade de dar espaço a uma explosão de indignação moral ao se encontrar a fotografia certa ou um *slogan* engenhoso. O problema com a abordagem polêmica da questão não é que ela não funcione, mas é que ela destrói diretamente o objetivo de aumentar o sentido de ação das pessoas.

A atuação coletiva é também uma parte central dos enquadramentos de ação coletiva; ela dificilmente pode ser encorajada ao se tratar potenciais participantes como objetos passivos a serem manipulados. Isso simplesmente diminui qualquer tendência em direção ao desenvolvimento de uma identidade coletiva e simpatia com relação a algum esforço sustentado de mudança social. A ação coletiva proporciona uma boa razão para estender o cinismo difundido a respeito daqueles que controlam a sociedade, para incluir aqueles que supostamente desafiam sua dominação.

Para aumentar um sentido de ação, estratégias simbólicas deveriam tentar extrair o sentido latente de ação que os trabalhadores já carregam consigo. Eles frequentemente expressam um sentido de impotência ou de frustração, mas raramente se mostram dóceis. Os organizadores dos grupos precisam assumir que um sentido de ação está pelo menos latente e é capaz de ser despertado. A tarefa deles é identificar e alimentar esse sentido onde ele ocorre de maneira espontânea. Não transformamos as pessoas que se sentem individualmente frágeis em um grupo com um sentido de eficiência coletiva ao acionarmos uma abordagem controversa e de alto teor polêmico em torno das questões a ser discutidas.

4. Aprenda a escutar cuidadosamente. As pessoas não são, como nos lembra Giddens (1986, p. 72), "tolos culturais ou estruturais [...] todos os atores sociais, não importa o quão pouco, são, de algum modo, perpassados pelas forças sociais que os oprimem." Eles utilizam suas ideias de modo prático para resistir a alguns dos apelos e para criar um pouco de espaço livre para si mesmos. O entendimento que possuem da realidade é frequentemente parcial e incompleto, mas seus *insights* são validados por sua experiência pessoal com as instituições sociais. Organizadores cujo mundo da vida é diferente fariam bem em reconhecer que eles têm muito a aprender com o conhecimento experiencial dos trabalhadores.

A escuta atenta e cuidadosa é uma das raridades da vida – como algo que conseguimos de graça. Aprendemos não somente no processo, mas também ocasiões em que os trabalhadores têm oportunidade de explorar seu entendimento de questões públicas é, em si mesmo, uma forma de "ação cultural". Os trabalhos de Freire (1970a, 1970b) sobre a ação cultural enfatizam a criação de um sentido de emponderamento (*empowerment*). Ensinar a ler e escrever, por exemplo, diz respeito não a ensinar uma habilidade específica, mas a libertar um indivíduo, criando uma nova consciência do mundo e do lugar que as pessoas ocupam nele. A ação cultural implica tratar os outros como parceiros de aprendizado e participantes, e não como receptáculos dentro dos quais alguém despeja conhecimento. Para as pessoas, ter sua opinião acerca de questões públicas consideradas seriamente e desenvolver um entendimento compartilhado acerca de uma questão é uma experiência de validação.

Levar as pessoas a sério vai além de lhes fazer perguntas e aceitar passivamente as respostas. Nem todos os enquadramentos são igualmente úteis para entender eventos, e não há nada errado ou desrespeitoso em desafiar as crenças das pessoas ao sugerir enquadramentos alternativos. Os organizadores estão idealmente aprendendo e testando seus próprios conhecimentos em interação com pessoas que pensam e utilizam seu próprio conhecimento experiencial como uma base importante para produzir sentido acerca do mundo.

Vimos a nós mesmos como engajados na pesquisa, não em uma ação cultural, mas revelamos as evidências de que fazer parte da pesquisa às vezes teve um impacto modesto no entendimento que os participantes possuem de si próprios enquanto agentes ativos. No final da longa discussão, perguntávamos às pessoas sobre algumas questões que as convidavam a refletir sobre a experiência de terem participado da pesquisa. Como descrevi no capítulo 2, a maioria das pessoas apreciou a experiência, mas alguns grupos sugeriram algo mais. Eles apontaram que a participação nos grupos lhes deu voz e aumentou a noção de confiança sobre seu entendimento do mundo. Eles acharam a experiência liberadora, simplesmente por poder partilhar seus pontos de vista com os outros e tê-los seriamente considerados por pessoas estranhas e, ao mesmo tempo, "iguais" a eles.

Parece-me especialmente apropriado, em um livro com as temáticas aqui tratadas, dar a palavra final aos participantes.

Personagens

- *Lucas, trabalha em um abrigo para pessoas sem domicílio, cerca de 20 anos.*
- *Thomas, alfaiate, cerca de 30 anos.*
- *Evelyn, enfermeira, cerca de 30 anos.*

(Eles estão respondendo à questão do facilitador sobre o quão confortáveis eles se sentiram ao longo da discussão.)

Lucas: Em um primeiro instante, sabe, todos estavam preocupados com o que iriam dizer. Então, depois de um tempo você simplesmente não se preocupa mais. Você simplesmente diz o que pensa.

Thomas: Essa experiência faz a gente pensar...

Lucas: Foi, foi legal.

Thomas: Uma vez que você mergulha nela, é legal.

Lucas: É, uma vez que você mergulha na dinâmica e começa a responder as questões, e começa a pensar, como o Thomas estava dizendo, você começa a refletir sobre as coisas, sabe, você fica mais atento. Você descobre que você tem bons *insights* a respeito do que as outras pessoas em torno de você estão pensando a respeito de questões importantes, porque na maior parte do tempo você nem sempre discute sobre essas questões...

Evelyn: Eu acho que foi uma experiência muito positiva, muito positiva porque ela nos reuniu, e sentamos aqui como um grupo e exploramos algumas questões. É assim que se constrói uma consciência em termos de saber quando passamos por problemas que afetam a todos nós, e que não podemos resolvê-los sozinhos. Fazer uma reunião familiar, por exemplo, ou um pequeno encontro como esse que tivemos, te dá ideias sobre o que você pode fazer para fazer alguma diferença quando algo está errado em sua vida ou em sua comunidade.

APÊNDICE A

Questões metodológicas

Este apêndice apresenta os detalhes do desenho da pesquisa realizada e discute algumas das implicações das escolhas feitas.

O recrutamento dos participantes e a composição da amostragem

Temos não uma amostra probabilística perfeita, mas uma cota menos satisfatória de amostragem. Não era nosso propósito estimar a frequência de uma característica específica na população, mas a grande vantagem de uma amostra probabilística é que, ao eliminarmos o fator da autosseleção, ela transforma o erro em algo aleatório a partir de variáveis incontroláveis ou que não podem ser medidas. Todas as sutis diferenças que poderiam existir entre aqueles que têm vontade de participar da pesquisa são transformadas em algo aleatório, e não exclusivo de uma amostra específica.

Tivemos uma grande preocupação em realizar um pré-teste para selecionar as pessoas que seriam nossos contatos utilizando uma amostragem probabilística. Para tanto, nossa intenção era abranger a diversidade de ocupações ligadas à classe trabalhadora que havíamos identificado e focar em um segmento mais restrito de trabalhadores hospitalares informais. Com a cooperação de importantes sindicatos, estávamos preparados para obter listas de trabalhadores do principal hospital de Boston e compor uma amostra aleatória de nomes para contato.

Contudo, não foi tarefa fácil converter esses nomes em grupos concretos. Os participantes da pesquisa deveriam não só responder a algumas questões ou preencher um questionário em seu tempo livre, mas também marcar um encontro com amigos em suas residências. Uma pessoa não permite de modo casual que estranhos entrem nesse espaço social mais íntimo. O recrutador precisaria estabelecer minimamente alguma relação de confiança interpessoal, algo que é extremamente difícil de ser realizado por telefone, mesmo para os recrutadores mais habilidosos, que possuem experiência na organização de comunidades e que trabalharam conosco.

O recrutamento feito face a face apresentava grandes obstáculos, uma vez que as pessoas viviam em muitas comunidades diferentes em torno de Boston, e muitas das que compunham nossa lista haviam mudado de endereço. O hospital havia passado por diferentes mudanças, e tornou-se difícil, senão impossível, contactar as pessoas no ambiente de trabalho. Uma minoria substancial não falava inglês ou apresentava grandes dificuldades com o idioma.

Mesmo quando fomos bem-sucedidos em estabelecer com os participantes confiança suficiente para que eles se sentissem motivados a participar da pesquisa, não foi fácil fazer com que isso funcionasse na prática. Após hesitação inicial, muitos concordaram, mas demoravam para entrar em contato com seus amigos ou alegavam que era difícil conseguir tempo. Grupos já agendados deram errado no último instante, aumentando as despesas e a frustração da equipe de pesquisa. No final, podíamos converter apenas 10% de nossa amostra de pré-teste em um grupo concreto. Por meio de esforços hercúleos poderíamos ter aumentado essa porcentagem para 15%, não mais do que isso. Com uma margem de resposta desse nível, o elemento da autosseleção estava ainda claramente presente, e não podíamos ter nenhuma pretensão de ter uma amostra probabilística.

As frustrações dessa experiência de pré-teste nos levaram a abandonar a busca por uma amostra probabilística, aceitando a limitação de que nossos participantes passariam por uma autosseleção. Através dessa limitação, vimos heterogeneidade em muitas variáveis diferentes. Com relação à raça e ao gênero, percebemos aproximadamente quantidades iguais de brancos e negros, de mulheres e homens entre as pessoas que eram nossos contatos.

Tivemos a impressão de que havia certo viés tendencioso no convite, isto é, as pessoas que eram nossos contatos iriam selecionar seus amigos mais bem educados para participar da pesquisa. Na verdade, isso realmente aconteceu em determinado nível em três grupos nos quais a maioria dos participantes eram estudantes universitários e, por isso, não os incluímos na amostra. Mas, uma vez que esses três grupos foram eliminados, não havia mais nenhuma tendência majoritária a convidar amigos de bom nível intelectual. Quando comparamos o nível educacional das pessoas que eram nossos contatos com

Apêndice A

o das pessoas por eles convidadas, descobrimos que idênticos 58% de ambos os grupos não tinham mais o segundo grau. O restante possuía alguma formação universitária, mas menos do que 15% dos participantes convidados possuíam o curso superior completo.

Também não havia diferenças significativas entre nossos contatos e as pessoas que eles convidaram com relação ao interesse geral autodeclarado nas notícias da mídia. O questionário perguntava o seguinte: "As pessoas diferem pela quantidade de tempo que dedicam aos acontecimentos atuais por meio das notícias. Algumas pessoas parecem acompanhar o que está acontecendo grande parte de seu tempo, enquanto outras não apresentam o mesmo interesse. E quanto a você? Você diria que tende a acompanhar o que está acontecendo por meio das notícias: (a) grande parte do tempo, (b) em parte do tempo, (c) só de vez em quando, ou (d) muito dificilmente?". De modo geral, 43% dos convidados responderam "grande parte do tempo", enquanto 38% das pessoas que eram nossos contatos escolheram essa categoria. Percentagens quase idênticas de 43% e 41% disseram que acompanhavam as notícias "em tempo parcial".

Sempre descrevo a frequência com a qual alguns elementos de ideias aparecem nas conversações dos trinta e sete grupos. Uma vez que o universo por meio do qual essas conversações são construídas é um universo hipotético de conversações potenciais e uma vez que os participantes não formam uma amostra probabilística, é importante perguntar o que esses números significam.

Eles servem para proporcionar informação sobre a consistência de qualquer resultado. Eles nos dizem se o que foi dito é consensual, aparecendo independentemente da composição de raça e gênero dos grupos; se existe uma opinião majoritária nos grupos de diferentes tipos ou se essa opinião é restrita a um tipo específico de grupo; se uma opinião consensual ocorre em grupos minoritários, mas não é uma raridade ou uma expressão idiossincrática de poucos grupos incomuns; ou se nunca aparece. Essas são diferenças importantes, mesmo se, duvidando de sua validade, avaliarmos os números exatos.

De maneira semelhante, forneço informações sobre a relevância estatística de algumas relações, por exemplo, entre a composição racial do grupo e a ocorrência de um enquadramento particular ou elemento de ideia na conversação. Isso não é meramente um ritual ou uma confusão entre relevância substantiva e relevância estatística. É importante saber se uma relação de tal magnitude é uma que poderíamos esperar que raramente ocorresse em amostras desse tamanho. A relevância estatística proporciona a tranquilidade de que não estamos construindo um argumento teórico em torno de uma interpretação não confiável das possibilidades oferecidas pelos resultados.

Grupos focais

A técnica dos grupos focais tem sido amplamente utilizada na pesquisa de mercado e nas campanhas políticas eleitorais. Existe uma vasta literatura metodológica preocupada em alertar para métodos rápidos e efetivos utilizados por especialistas, mas está repleta de pressuposições que não se aplicam necessariamente às práticas das Ciências Sociais. A literatura das Ciências Sociais que analisa seriamente o método é escassa. A melhor reflexão sobre o método é elaborada por Morgan (1988), que faz uma revisão das questões metodológicas de forma atenta e equilibrada, localizando-a no contexto de outros métodos sociais, por exemplo, a observação participante e as entrevistas *survey*.

Morgan considera os grupos focais como uma técnica autocontida de coleta de dados e a relaciona com outros métodos. Segundo ele, "o diferencial dos grupos focais é o uso explícito da interação de grupo para produzir informações e *insights* que seriam menos acessíveis sem a interação encontrada em um grupo" (1988, p. 12). Ao utilizarmos essa técnica para entender como as pessoas produzem sentido sobre questões públicas, tínhamos a expectativa de ter várias vantagens sobre as entrevistas individuais.

1. Para conversar sobre determinadas questões com os outros, as pessoas procuram uma base comum de discurso. É difícil conversar sobre enquadramentos, uma vez que eles insinuam diferentes modos de olhar o mundo. Encontrar uma forma de discurso na conversação significa encontrar um quadro de referência que possa ser compartilhado pelos outros participantes. Diferentes quadros de referência podem ser utilizados em momentos distintos, mas durante um segmento, as demandas do discurso irão conduzir o grupo para a adoção de um único enquadramento.

2. Os grupos focais, se comparados com as entrevistas do tipo *survey*, nos permitem observar o vocabulário natural por meio do qual as pessoas constroem sentido sobre diferentes questões. Quando os participantes trazem à tona seu conhecimento cotidiano acerca dessas questões, podemos observar o uso de concepções do senso comum e as pressuposições tidas como inquestionáveis que eles compartilham – usando os termos de Schutz (1967), podemos observar sua intersubjetividade.[55] De acordo com Schutz, esse processo se baseia no pressuposto de que os outros veem o mundo da mesma maneira e, assim, ele é definido socialmente, e não individualmente. As variáveis-chave ligadas à intersubjetividade são o contato pessoal e a similaridade da socialização. Essa questão se torna mais problemática se vista sob a ótica de clivagens sociais como

---

[55] Esse argumento é elaborado por Calder (1977).

a raça, a classe social e o gênero do que se a observarmos em uma variável específica. Nesse sentido, quanto mais próximos os grupos focais estão de grupos naturais compostos por seus pares (pessoas com características e gostos semelhantes), mais facilmente esse mundo do conhecimento cotidiano irá emergir.

3. Por meio de desafios e modos alternativos de enquadrar uma questão, os participantes são forçados a se tornar mais atentos a suas perspectivas. Para Morgan, "esforços coletivos para criar ou expandir uma perspectiva são intrinsecamente limitados aos grupos" (1988, p. 29). Diferenças inevitavelmente vêm à tona, e os enquadramentos passam a ser elaborados, ao mesmo tempo, de modo a reconciliar essas diferenças ou explicitamente reconhecer as discordâncias. Além disso, nosso procedimento particular de discussão envolvia confrontar os participantes dos grupos com uma quantidade de perspectivas diferentes acerca de cada questão através do uso de charges políticas sobre as quais eles foram convidados a discutir.

Assim, os grupos focais parecem tender especialmente a proporcionar *insights* sobre o processo de construção de sentido. Como afirma Morgan, eles "são úteis quando utilizados para investigar o que os participantes pensam, mas eles se superam ao descobrir por que os participantes pensam de uma determinada maneira". Muitas dessas mesmas vantagens se aplicam a conversações que ocorrem em ambientes naturais, mas os mecanismos dos grupos focais nos permitem observar uma interação concentrada sobre um tópico em um período limitado de tempo, com a oportunidade de elaborar questões e perspectivas que poderiam não ocorrer naturalmente.

Conversações em grupos de "pares" como uma variação dos grupos focais

A categoria genérica dos grupos sociais contém certa quantidade de variações que diferem no tamanho dos grupos, na relação de conhecimento entre os participantes, no local onde se desenvolve a conversação e no nível de envolvimento do moderador. O uso desse método entre os pesquisadores do mercado tende a restringir o termo *grupos focais* ao reflexo de práticas convencionais nesse campo, ignorando as diferentes propostas que os cientistas sociais possam ter. Assim, Kruegger (1988, p. 18-25) afirma que "um grupo focal é tipicamente composto por sete a dez participantes, que não se conhecem" e "...é idealmente composto de estranhos – pessoas que tendem a não se encontrar novamente". O moderador, cujo talento e habilidades especiais devem ser salientados de modo a ser "vendidos" aos clientes que financiam a pesquisa, assume tipicamente um papel ativo no grupo. Ele se assenta na cabeceira da mesa, como um professor em um seminário, designando alternadamente a vez de cada participante tomar a palavra. A interação pode se assemelhar mais a uma entrevista em grupo, do que a uma discussão.

Nenhuma dessas características se sustenta nas conversações em grupos de "pares" aqui utilizadas e, para evitar confusão, escolhi um termo diferente para essa variação, reconhecendo-a como parte de um gênero ampliado. Os grupos constituídos em nossa pesquisa:

1. São pequenos, compostos de quatro a seis pessoas. Dois grupos tiveram somente três participantes e quatro grupos tiveram mais do que seis. Mas o tamanho médio dos grupos era de cinco pessoas.

2. Foram conduzidos nos jardins ou quintais dos próprios participantes em vez de um local burocrático.

3. Envolveram pessoas que se conhecem, e não estranhos, e;

4. Subestimaram o papel do facilitador em manter acesa a conversação.

A interação entre estranhos ou entre amigos muito íntimos segue regras diferentes. Muitos grupos focais envolvem estranhos, isso associado ao contexto, pode levar o estilo da interação para longe das brincadeiras entre conhecidos. Embora sempre exista um elemento do discurso público nessa metodologia, o componente da interação sociável é encorajada ou desestimulada de várias maneiras pelo estilo do moderador, pelo tamanho do grupo, pelo ambiente e pelos tópicos abordados.

A moral da história não é que as conversações em grupos de pares seja superior a outras variações da metodologia de grupos focais. Elas apresentam elementos especiais que não necessariamente estão presentes em outras variações. As pessoas que utilizam essas alternativas precisam examinar se as normas que governam essas outras situações são apropriadas para seus próprios propósitos de pesquisa. Para os propósitos de nossa pesquisa, não havia problema se as pessoas tivessem consciência do espaço por elas ocupado, desde que não confundíssemos sua conversação com uma interação puramente privada entre amigos e reconhecêssemos as diferenças que elas acarretam ao interpretarmos os resultados.

O moderador e o observador devem chegar geralmente cerca de meia hora antes do horário combinado para o início da discussão, de modo a organizar as cadeiras, testar o gravador e cuidar de outras tarefas preliminares. Antes do início da dinâmica, os participantes eram convidados a preencher um pequeno questionário, que continha algumas perguntas destinadas a determinar o interesse prévio dos participantes pelas questões a ser discutidas e elucidar informações e padrões sociais de fundo. Certamente, nem todos preencheram o questionário com antecedência ou lembraram de trazê-lo;

aqueles que se enquadravam nesses casos foram convidados a preenchê-lo antes do início da discussão.

Consideramos usar o *videotape*, mas estávamos preocupados com sua intrusividade, especialmente sob condições que não controlamos ou que desconhecemos previamente. Além disso, o conhecimento derivado da literatura prática nos alertava contra isso. "Filmagens são inoportunas e simplesmente não valem o esforço. Descobri que elas invariavelmente alteram o ambiente e afetam a espontaneidade dos participantes" (KRUEGER, 1988, p. 87). Não estou convencido de que tais generalizações categóricas se sustentam sob quaisquer condições, mas elas pareciam especialmente aplicáveis a uma conversação que ocorresse na sala de estar de um participante, ocasião em que muitos já ficam ansiosos sobre a discussão de questões públicas.

Ao transcrever as gravações de áudio, adaptamos uma notação desenvolvida por Jefferson (1978) e amplamente utilizada por analistas conversacionais. Descobrimos logo que muitas dessas convenções eram desnecessárias para nosso propósito particular e aumentavam significativamente o custo da transcrição. No final, utilizamos uma versão simplificada dessa proposta. Nos casos em que a transcrição foi ambígua, consultamos ocasionalmente a gravação original para complementar as informações disponíveis.

Instruções ao facilitador

Quando os participantes terminavam de preencher os questionários, o facilitador ligava o gravador e convidava as pessoas a se apresentar, dizendo nome, ocupação e o que gostavam de fazer em seu tempo livre. As questões foram sempre discutidas na ordem aqui listada, e pedimos aos facilitadores que lessem as descrições como estavam escritas:

1. (Indústria problemática) Um tópico no noticiário foi o problema das indústrias problemáticas. Algumas vezes os negócios quebram e podem ou não recomeçar. Alguns exemplos incluem:

- O declínio da construção naval, como o caso do estaleiro de Quincy.
- Os problemas na indústria de automóveis há alguns anos atrás, como no caso da Chrysler.
- O fechamento de várias fábricas na Nova Inglaterra, que estavam produzindo roupas e sapatos.

Há divergências sobre o que o governo deveria fazer (se for o caso de fazer alguma coisa) para ajudar as companhias ou os trabalhadores e comunidades envolvidas. Quando você pensa sobre essa questão de indústrias problemáticas, o que vem à sua mente?

2. (Ação afirmativa) Outro tópico presente no noticiário é a questão de programas de ação afirmativa para negros e outras minorias. Há discordâncias sobre que tipos de programas deveríamos ter (se for o caso de termos algum) para aumentar as contratações, as promoções e as admissões na faculdade para negros e outras minorias. Quando você pensa sobre essa questão da ação afirmativa o que vem à sua mente?

3. (Energia nuclear) Outra questão presente no noticiário refere-se às usinas nucleares. Tem havido discordâncias sobre o quanto devemos confiar nas usinas nucleares como fonte de energia. Quando você pensa sobre essa questão, o que vem à sua mente?

4. (Conflito árabe-israelense) Outro tópico divulgado nos noticiários tem sido o conflito entre os árabes e os israelenses. Tem havido discordâncias sobre o que nosso governo deveria fazer a respeito desse conflito, se for esse o caso. Quando você pensa sobre essa questão do conflito árabe-israelense o que vem à sua mente?

Seguindo o questionário aberto sobre cada tópico (a partir da primeira questão) e antes de passar ao tópico seguinte, o facilitador fazia as quatro perguntas seguintes:

- *Pergunta dois* (a questão da "proximidade"): Você diria que alguma coisa que aconteceu referente à questão do(a) _____ te afetou pessoalmente ou afetou seus amigos e parentes?

- *Pergunta três* (a questão da "clivagem social"): Falamos sobre nós mesmos, as pessoas que conhecemos e como somos afetados pela(o) _____; agora, vamos falar se grandes grupos de pessoas podem ter interesse sobre tal questão. Quais grupos nesse país podem ganhar ou perder com a implementação de políticas sobre_____?

Os participantes geralmente pediam que essa questão fosse repetida ou que seu sentido fosse esclarecido. O facilitador era instruído a não dar exemplos, mas a dizer o seguinte: "Queremos dizer um grupo mais abrangente que a família" e a aceitar todos os exemplos que os participantes oferecessem como respostas legítimas. Se houvesse alguma hesitação, o facilitador também encorajava as respostas dizendo: "Alguns dos grupos podem parecer óbvios".

- *Pergunta quatro* (questão referente às charges). O facilitador passava de mão em mão os conjuntos de charges dizendo: "Agora vou pedir a vocês que olhem algumas charges sobre _____. Vejam a charge número _____. O chargista parece dizer [leitura da frase localizada abaixo da charge]. O que vocês pensam sobre isso?

Nosso objetivo aqui era apresentar vários modos de enquadrar a questão, alguns dos quais poderiam ser desconhecidos dos participantes. A charge era um instrumento, mas quando reconhecemos a grande probabilidade de que as charges que não expressassem seus enquadramentos preferidos poderiam ser mal interpretadas, adicionamos uma descrição verbal para salientar o enquadramento pretendido. O conjunto completo de charges utilizadas e as descrições feitas de seus enquadramentos foram incluídos no Apêndice B.

- *Pergunta cinco* (proposição síntese): Você já disse muitas coisas sobre a questão do(a) _____ mas, só para resumir, o que você acha que deveria ser feito sobre _____?

No final da discussão dos quatro tópicos, o facilitador convidava os participantes a refletir sobre a situação fazendo algumas questões avaliativas:

a. Nós ainda faremos vários desses grupos, e agora que vocês passaram por essa experiência, acreditamos que talvez possam nos ajudar dizendo o que acharam. Vocês se sentiram confortáveis para falar sobre as questões que trouxemos?

b. As pessoas que vocês conhecem conversam muito sobre questões políticas ou os assuntos que aparecem nos noticiários?

c. Vocês têm alguma sugestão sobre o que poderíamos fazer para melhorar a dinâmica dos próximos grupos?

Amostragem do discurso da mídia

Nossas amostras da mídia representam duas modalidades diferentes: notícias descritivas (relatos) e comentários explícitos. Os relatos contam uma história e enquadram a informação apresentada, particularmente nos títulos, nos *leads* e nos destaques. Numerosos comentários interpretativos estão espalhados nos relatos sob a forma de citações de fontes ou trechos de entrevistas.

De maneira mais específica, coletamos quatro amostras da mídia: (1) programas de notícias veiculados pelas redes televisivas ABC, CBS e NBC no período noturno; (2) relatos de revistas e comentários extraídos da *Time, Newsweek* e *U.S. News and World Report*; (3) charges editoriais; e (4) colunas de opinião. Nossa amostra incluiu tudo o que foi veiculado durante o período considerado relevante para a pesquisa.

Englobamos um período substancial para nos assegurarmos de que as charges e as colunas poderiam representar todas aquelas que foram publicadas ao longo do período examinado. Colocamos em nossa amostra os dez jornais diários de maior circulação em cada uma das cinco regiões do país: Nordeste, Sudeste, Meio-Oeste e Oeste. *The New York Daily News, New York Times, Philadelphia Inquirer, Washington Post* e *Boston Globe* foram incluídos entre os dez jornais do Leste. *Miami Herald, Atlanta Journal, Louisville Courier, Baltimore Sun* e *New Orleans Times Picayune* foram incluídos entre os veículos do Sudeste. *Chicago Tribune, Chicago Sun Times, Detroit News, Detroit Free Press, Kansas City Star, St. Louis Post Dispatch* e *Milwaukee Journal* integraram o conjunto daqueles do Meio-Oeste. *Phoenix Republic, Houston Chronicle, Houston Post, Dallas Morning News* e *Dallas Times Herald* foram incluídos entre os jornais do Sudoeste. *Los Angeles Times, San Francisco Chronicle, Portland Oregoniam, San Diego News Tribune, Denver Post* e *Seatle Times* estavam entre as publicações do Oeste.

Para descobrir a possibilidade de nossa amostra de colunas a charges representar o conjunto completo daquelas presentes em todos os jornais, calculamos a contribuição de cada grupo de cinco jornais para a amostra final. Para a ação afirmativa, por exemplo, os dois últimos grupos contribuíram com duas charges adicionais, aumentando nossa amostra em somente 4%. Elas também contribuíram com dez colunas adicionais, aumentando essa amostra em 11%. Se olharmos de outro ponto de vista, 12% das charges e 19% das colunas nos dez últimos jornais eram itens que ainda não tinham sido incluídos na amostra. Nossa amostra se aproximou claramente da saturação.

Ao dividir nossa amostra de jornais por região, pretendíamos explorar diferenças regionais possíveis, mas a natureza da venda das charges e colunas torna essa comparação virtualmente sem sentido. Por exemplo, Tom Wicker pode fazer parte da equipe do *New York Times*, mas suas colunas sobre ação afirmativa aparecem em um ou mais jornais de nossa amostra em todas as regiões. Embora nem todo comentarista seja igualmente considerado em cada região, não encontramos nenhuma diferença regional significante sobre aquilo que foi divulgado sobre a ação afirmativa. Fizemos checagens menos exigentes com relação às outras questões, mas obtivemos resultados semelhantes.

O *Vanderbit Television Archive* começou a gravar os telejornais noturnos das três maiores emissoras de TV em 5 de agosto de 1968. Desse modo, nossa amostragem televisiva está completa somente para os momentos discursivos críticos que aconteceram após essa data. Para eventos posteriores a 1981, utilizamos um grupo menor de 16 jornais para incluir em torno de 70% do que teríamos obtido a partir do conjunto completo.

Mensurações

A primeira medida quantitativa utilizada foi o destaque obtido pelo enquadramento de uma questão ou destaque dos elementos a ele associados. Essa estatística simples é a proporção de exibições atuais em relação ao total de oportunidades para exibição, expressa sob a forma percentual. Ela nos permite comparar o destaque relativo de diferentes enquadramentos ao longo do tempo e mapear sua emergência e desaparição no discurso da mídia nacional. Enquadramentos são chamados *visíveis* se alcançam um limiar de ao menos 10% de destaque sobre qualquer uma das quatro amostras da mídia. Alguns enquadramentos vindos de outros fóruns – especialmente os fóruns de movimentos sociais – são invisíveis no discurso da mídia ou se tornam visíveis somente em certos momentos discursivos críticos.

Lutamos com a questão técnica se deveríamos ou não usar uma medida de destaque de peso na qual cada exposição seria multiplicada por uma figura que representasse o tamanho da audiência da fonte midiática. Cada exposição representa uma oportunidade de ficar exposto a um enquadramento, e a mensuração deveria refletir a disseminação de um enquadramento e a probabilidade de ele ser encontrado em uma seleção aleatória das ofertas discursivas da mídia.

Nesse sentido, uma exposição é mais culturalmente disponível se mais unidades dela são produzidas. Uma exposição em um papel que produz um milhão de cópias pode atingir cerca de dez vezes o peso de uma exposição que aparece em cem mil cópias. Por outro lado, precisamos argumentar que o destaque na mídia mede simplesmente a popularidade de enquadramentos diferentes entre um conjunto de jornalistas. Nesse caso, cada manipulação (tratamento) representa uma única oportunidade de exposição, e não há necessidade de comparar os pesos das exposições a partir de sua circulação.

Isso revela que essa é uma distinção sem diferença prática. A variação nas exposições entre as redes de televisão e as revistas de notícias é tão pequena, e o tamanho da audiência é tão similar, que medidas que consideram ou não o peso do destaque são virtualmente idênticas. A situação é mais complicada para charges e colunas, que, sendo ligadas a agências de notícias, aparecem em múltiplas fontes. Quando examinamos medidas que consideram ou não o peso do destaque de eventos selecionados, não encontramos nenhuma diferença na pontuação de destaque para qualquer enquadramento que fosse maior do que 5%. Assim, utilizamos a medida mais simples, que não considera o apelo do destaque.

Aqui, a unidade de análise difere por relatos e comentários. No caso das charges e colunas de opinião, cada uma foi considerada uma única oportunidade. A maioria das charges expunha um único enquadramento, mas exposições de enquadramentos em competição foram comuns em colunas de opinião, assim como múltiplas exposições do mesmo enquadramento. Contamos um enquadramento como exibido mesmo quando quem o exibia não era claramente seu defensor nem tinha nenhuma pretensão de aprofundar sua influência. De fato, um enquadramento às vezes era exibido com o propósito de refutar ou insultar alguém. Nesses casos, utilizamos um código adicional para indicar uma exibição negativa. Note-se que a possibilidade de vários enquadramentos serem exibidos em uma única coluna significa que a pontuação total de destaque para o conjunto de enquadramentos tipicamente soma mais de 100%.

Para os relatos da TV e das revistas de notícias a unidade relevante era qualquer referência que fosse parte de um enquadramento da questão. Portanto, qualquer relato transmitido na TV ou registrado em revistas incluía muitas oportunidades de exposição.

Partes da análise, especialmente das imagens visuais e das mudanças no modo como um enquadramento é expresso são mais qualitativas e interpretativas. Aqui vou tentar apresentar um rico e suficiente material textual para que os leitores possam formar seu próprio julgamento sobre a validade de qualquer interpretação.

Seleção de momentos discursivos críticos

Tentamos identificar todos os pontos que poderiam produzir um mínimo de cinco exibições para cada *medium*. Utilizando o *índex* do *New York Times*, fomos capazes de identificar uma quantidade de possibilidades antes de estabelecer os pontos finalmente selecionados. Para questões como o conflito árabe-israelense, havia muitas possibilidades, mas para outras questões, alguns dos pontos que escolhemos inicialmente foram insuficientes para atender até mesmo a esse modesto critério de inclusão. Chegamos aos seguintes momentos discursivos críticos por questão:

Indústria problemática

1. A requisição de um empréstimo pela Companhia Aérea Lockheed e o debate sobre essa questão (maio de 1971 e julho de 1971).
2. O plano de seis tópicos proposto pelo governo do presidente Carter para a indústria metalúrgica (dezembro de 1977).
3. O debate sobre o empréstimo concedido à Chrysler (novembro de 1979).

Ação afirmativa

1. A introdução do Plano Philadelphia (setembro de 1969)
2. A campanha presidencial e a reavaliação do Plano Philadelphia (setembro e dezembro de 1972).
3. A decisão da Suprema Corte sobre o caso Bakke (junho de 1978).
4. A decisão da Suprema Corte sobre o caso Weber (junho de 1979).
5. A decisão da Suprema Corte sobre o caso dos bombeiros de Memphis (junho de 1984).

Energia nuclear

1. O discurso de Eisenhower, "Átomos para a paz", para as Nações Unidas (dezembro de 1953).
2. O relatório do Comitê de Cidadãos sobre o futuro da energia nuclear (fevereiro de 1956).
3. O discurso de Nixon sobre energia (dezembro de 1973).
4. A manifestação de Seabrook e a iniciativa de não proliferação tomada por Carter (maio de 1977).
5. O acidente nuclear em Three Mile Island (março de 1979).
6. O acidente nuclear em Chernobyl (abril de 1986).

O conflito árabe-israelense

1. A independência de Israel (maio de 1948).
2. A Guerra do Sinai (novembro de 1956).
3. A Guerra dos Seis Dias (junho de 1967).
4. A Guerra de Outubro (outubro de 1973).
5. A visita de Sadat a Jerusalém (novembro de 1977).
6. O acordo de Camp David (setembro de 1978).
7. O assassinato de Sadat (outubro de 1981).
8. O envio das forças norte-americanas de manutenção da paz ao Líbano (setembro-outubro de 1982).
9. A mediação realizada pelo Secretário de Estado norte-americano, George Shultz, cujas negociações diplomáticas e inúmeras missões no Oriente Médio resultaram na proposição de uma conferência internacional da paz (fevereiro-março de 1988).

Compilação

Uma vez que os materiais da amostra foram reunidos por um período, um compilador treinado os examinou para identificar porções relevantes. Esse procedimento foi, de alguma maneira, diferente para cada *medium*. Nos jornais, por exemplo, o compilador olhou somente para os editoriais e páginas de opinião, ignorando outras seções.

Muitos estudantes de graduação e alunos do primeiro ano de faculdade foram envolvidos no trabalho de compilação dos materiais. Para assegurar que todos utilizaram os mesmos critérios de relevância, meus colegas e eu revisamos um conjunto de materiais e estabelecemos algumas regras para sua inclusão. Assim, os compiladores foram treinados com um material que já tinha sido independentemente identificado como relevante e recebido pontuações de acordo com sua habilidade de alcançar o padrão estabelecido. Quando atingiam o critério de 80% de inclusão, eles eram selecionados para revisar novos materiais. Checagens regulares ao acaso foram feitas subsequentemente e revelaram de modo consistente pontos de inclusão acima de 90%. Além disso, um exame de 14 itens que um compilador incluiu e outro ignorou indicou que somente um continha alguma exibição codificável de um enquadramento. As omissões, portanto, foram poucas e aparentemente ocorreram principalmente em itens que eram secundários ou irrelevantes.

Codificando a confiabilidade

Quando terminaram de identificar passagens relevantes, os codificadores levavam as informações para um arquivo de computador, que poderia ser lido em qualquer máquina, mediante um programa interativo e um terminal de exibição de vídeo. A entrada incluía uma citação direta, a identificação da informação e do material em contexto. Os codificadores foram instruídos a incluir quaisquer elementos que parecessem relevantes, mesmo se não tivessem certeza de qual enquadramento estivesse implicado (se houvesse algum).

Passagens individuais foram codificadas com um código de três dígitos: o primeiro referia-se ao enquadramento geral, e os outros a elementos de ideias mais específicas implicadas nesse enquadramento (ver Apêndice C para conhecer os códigos utilizados). É importante enfatizar que pedimos ao codificador para codificar não um enquadramento geral (genótipo) mas um elemento de ideia muito mais específico (fenótipo). Por exemplo, havia um código específico dentro do enquadramento de AÇÃO REPARADORA para referências à história da escravidão e para a opressão do povo negro. Não era necessário que o codificador fizesse um julgamento sobre qual enquadramento era insinuado pela categoria codificadora; esse julgamento era construído dentro da estrutura do código. Algumas categorias dentro de um enquadramento posteriormente caíram por terra, quando os codificadores eram incapazes de distinguir entre elas. Todas as categorias utilizadas na análise final tiveram pontuações de confiabilidade de pelo menos 80%.

Os codificadores não tiveram que elaborar um julgamento sobre qual enquadramento um escritor ou falante defendia. Algumas exibições podem ser utilizadas com o propósito de refutar um argumento. Os codificadores atribuíram pontuações a um enquadramento como tendo sido exibido mesmo quando o veículo de exibição não era claramente um seu defensor e não tinha nenhuma intenção de aprofundar sua influência, mas incluíram um código adicional para indicar exibições negativas.

Embora a parte de áudio das matérias televisivas tenha sido tratada da mesma maneira que a mídia impressa, preparamos também uma transcrição visual surda – ou seja, uma descrição do que é visto por um observador que não pode ouvir o som. Utilizando pessoas independentes para transcrever as matérias, algumas das quais podiam ouvir o áudio e outras não, descobrimos que a transcrição surda gerou detalhes consideravelmente mais ricos e sutis para a análise qualitativa. As transcrições visuais foram diretamente analisadas pelo autor, sem uma codificação prévia.

Para as colunas de opinião, tratamos cada uma como um todo, como unidade em vez de examinar as passagens individuais nelas codificadas. Tentamos responder de fato se um dado enquadramento havia sido exibido no conjunto total de passagens em vez de tê-lo sido somente em uma passagem individual. A confiabilidade nesse nível total foi em torno de 90%, refletindo o fato de que os codificadores podem discordar em algumas citações individuais, sem que esse desacordo afete a codificação total.

Todas as charges foram independentemente e diretamente codificadas por mim e por um colega mais antigo, em vez de delegar essa tarefa aos codificadores habituais.

APÊNDICE B

Conjunto de charges para as discussões nos grupos de pares

1. O chargista parece dizer que, se o governo, os bancos e os sindicatos trabalharem em conjunto com as indústrias, as vendas de automóveis podem voltar a crescer.

2. O chargista parece dizer que não é nada justo que o governo dê ajuda especial para algumas companhias, enquanto outras têm que se virar.

3. O chargista parece dizer que a indústria automobilística de Detroit está sob severo ataque dos fabricantes japoneses e alemães, assim como os Estados Unidos foram atacados pelo Japão e pela Alemanha na Segunda Guerra Mundial. Reprodução autorizada: *Tribune Media Services*.

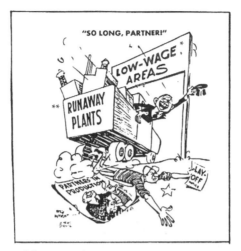

– Adeus, parceiro.
*Áreas que pagam baixos salários
**Indústrias em fuga

4. Fred Wright. Copyright, *United Electrical, Radio and Machine Workers of America* (UE). O chargista parece dizer que as companhias estão prontas para esquecer sua parceria com os trabalhadores e mudar para áreas em que podem pagar baixos salários sempre que isso atenda seus interesses.

– Mas eu sempre larguei nas primeiras posições! Isso não é justo!

5. O chargista parece dizer que a ação afirmativa torna a corrida mais justa ao remover as injustas deficiências do passado. SARGENT. Copyright 1979, *Austin-American Statesman*. Reproduzida com a permissão do *Universal Press Syndicate*. Todos os direitos estão reservados.

Coleção "Comunicação e Mobilização Social"

– Sim, suas qualificações são excelentes, mas francamente existem outras considerações a serem observadas.

6. O chargista parece dizer que as diretrizes da ação afirmativa dificultam que os brancos consigam empregos e que nem alguém tão bem qualificado quanto o Tio Sam conseguiria arrumar um.

7. O chargista parece dizer que é difícil proteger todos contra a discriminação, enquanto se permite que programas de ação afirmativa levem a raça em consideração nas contratações de emprego e nas admissões universitárias.

– Aqui [...] pegue uma outra tigela de angu [...] Gosto de ver quando uma pessoa está bem alimentada".
– Ei! Isso é meu. (Segundo balão)

8. O chargista parece dizer que liberais ricos querem dar oportunidades especiais para os negros às custas de brancos que também precisam de uma oportunidade que os ajude a ser bem-sucedidos. Reprodução autorizada.

– Não me entenda mal... Sou a favor do progresso...Mas os seus sistemas de *back-up* de segurança são confiáveis?...Você levou em conta a possibilidade de erro humano?... Então, esse é o problema de descartar resíduos...

9. O chargista parece dizer que os opositores à energia nuclear são contra o progresso e provavelmente teriam sido contra a invenção do carro de boi se tivessem vivido na época das cavernas. Reprodução autorizada: *Tribune Media Services*.

– Errar é humano, extrair cada centavo possível é divino.

10. Fonte: *HERBLOCK ON ALL FRONTS (New American Library, 1980)*. O chargista parece dizer que as companhias de energia nuclear estão mais preocupadas em alcançar grandes lucros do que em certificar-se de que seus reatores nucleares estão em segurança.

– Que descaramento! Me acusar de não ter um estilo de vida saudável! Por que, se eu tenho o mais alto padrão de vida do mundo?

11. O chargista parece dizer que confiar na energia nuclear pode trazer prosperidade, mas isso é muito menos saudável para nosso estilo de vida do que confiar em recursos energéticos naturais como a madeira e o vento.

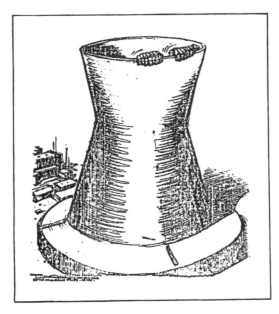

12. Paul Conrad. Copyright 1979, *Los Angeles Times*. Reprodução autorizada. O chargista parece dizer que quando utilizamos a energia nuclear, estamos produzindo um monstro impossível de controlar.

13. O chargista parece dizer que o conflito árabe-israelense é parte de um grande jogo de xadrez do Oriente Médio entre os russos e os Estados Unidos, no qual cada um está tentando usar seus aliados para obter vantagem sobre o outro.

14. *The Detroit News*, 11 de Outubro, 1973. Reprodução autorizada. O chargista parece dizer que Israel está cercado por inimigos árabes, que querem destruí-lo.

15. O chargista parece dizer que o contínuo fogo cruzado entre árabes e israelenses está ameaçando conduzir o mundo inteiro para a guerra.

– Esse terno era do meu avô.
– Está bem, agora há muito tecido bom aqui para fazer dois ternos.

16. O chargista parece dizer que tanto os palestinos quanto os judeus têm o direito de estar lá, e ambos poderiam estar confortáveis e em paz em seus próprios países.

17. O chargista parece dizer que os Estados Unidos treinam e guiam Israel para intimidar os árabes, a fim de manterem o controle sobre os ricos recursos do Oriente Médio.

APÊNDICE C

Quadros de referência e códigos

Para cada questão desenvolvemos um conjunto de quadros de referência que foram utilizados na análise do material midiático e nas transcrições. Reconhecemos que, se tivéssemos nos baseado nas amostras da mídia de massa para essa tarefa, teríamos corrido o risco de ignorar enquadramentos que, embora culturalmente disponíveis, não possuem nenhuma visibilidade no discurso da mídia. Uma vez que a ausência de certos enquadramentos no discurso da mídia era importante na análise geral, utilizamos uma ampla definição de *disponibilidade cultural*.

Um enquadramento era considerado culturalmente disponível se houvesse na sociedade alguma organização ou rede de representação (*advocacy*) que o apoiasse. Portanto, a fonte inicial para os enquadramentos não era a audiência geral da mídia, mas publicações mais especializadas de patrocinadores individuais ou organizados tanto públicos quanto privados. Tivemos o cuidado especial de incluir as publicações daqueles que desafiam e questionam os discursos circulantes, pois nossa hipótese era que teríamos maior probabilidade de descobrir candidatos com pouco ou nenhum destaque na mídia.

Quanto à ação afirmativa, por exemplo, examinamos as opiniões da Suprema Corte de Justiça nos casos de Bakke e de Weber, assim como vários discursos e afirmações feitas por funcionários do governo. Analisamos muitos dos 155 relatórios *amicus curiae* arquivados no caso Bakke por organizações consolidadas, fazendo uso particular do arquivo relacionado à *Anti-Defamation*

League of B'nai B'rith.[56] Examinamos os textos de neoconservadores sobre a ação afirmativa que apareceram nas revistas *Commentary, The Public Interest, Public Opinion* e *Policy Review,* em livros importantes como *Affirmative Discrimination* (1975), de Nathan Glazer. Os principais contestadores na questão da ação afirmativa são de direita. A Ku Klux Klan, a *John Birch Society* e outros grupos que pensam de forma semelhante tiveram seus pontos de vista disponibilizados em publicações como *The Crusader, National Vanguard,* e *American Opinion.*

Utilizamos fontes diferentes, mas preservamos essencialmente o mesmo procedimento também para as outras três questões. A partir dessas fontes, construímos uma lista de referência com enquadramentos que foram revisados e complementados quando aplicados a materiais da mídia de massa. Não afirmo aqui que esses enquadramentos refletem uma estrutura objetiva implícita; eles são meramente uma maneira útil de estudar o discurso, uma heurística para descobrir e sistematizar a proeminência de enquadramentos sobre questões e suas mudanças ao longo do tempo.

É difícil ser justo ao fazer afirmações sobre enquadramentos que não são produzidos por nós mesmos. Uma afirmação adequada deveria atender a regra fundamental de base de que ela é aceita como justa por um advogado. Pretendíamos satisfazer essa regra ao nos apoiar na linguagem exata de advogados e defensores, citando diretamente suas falas com a maior fidelidade possível.

Os quadros de referência para cada questão são apresentados aqui sob duas formas. Porque são muito mais facilmente compreendidos como um conjunto, eu os apresento primeiro por meio de poucos parágrafos breves, sugerindo a ideia organizadora central e empregando um pouco da linguagem e dos *slogans* por meio dos quais eles são tipicamente sugeridos. Os enquadramentos são, então, apresentados sob a forma de um código de três dígitos utilizados na codificação de textos específicos.

INDÚSTRIA PROBLEMÁTICA

Empreendimento livre

Aumentar a atividade do Estado na esfera da liberdade econômica é um erro tolo pelo qual iremos pagar com nossas liberdades e com nossa prosperidade. O sistema do mercado possui um caráter de autocorreção. Os fracos e os ineficientes perdem para aqueles que são fortes e eficientes. Precisamos permitir que esse mecanismo de mercado opere sem causar confusões que

---

[56] Na verdade, esse era um relatório coletivo, pois à *B'nai B'rith* haviam se juntado a AFL-CIO local, o *Jewish Labor Commitee,* a *Jewish Commission on Law and Public Affairs* (COLPA) e a UNICO (uma organização italiano-americana de serviços comunitários e questões públicas).

necessitem da intervenção federal. O planejamento e a coordenação do governo são uma forma de sustentar o capitalismo e fazer o socialismo se arrastar. Isso foi tentado na Europa e não funcionou.

Companhias fracas entram em processo de falência, e indústrias fecham, mas cidades que estão próximas de usinas possuem problemas controláveis e de curta duração. Youngstown, Ohio, Seattle, Whashington sobreviveram ao fechamento de indústrias, a contrações e ajustes econômicos. É covarde e injusto deixar falir milhares de pequenos negócios ao mesmo tempo, e intervir somente quando grandes empresas estão envolvidas. O governo deveria manter uma política fiscal responsável e assegurar-se de que as regras sejam seguidas. Deve também permitir o mercado livre para separar os fracos dos fortes.

Existem duas variações especiais desse enquadramento. Uma variação antigoverno enfatiza o custo imposto por uma regulação governamental desnecessária e demasiadamente zelosa com a fonte principal dos problemas enfrentados pelas indústrias.

Essas regulações governamentais foram impostas por meio do poder político de Ralph Nader com sua mentalidade do "Dia do Planeta", não importando os custos da regulação. Os custos são inevitavelmente desiguais para companhias com diferentes tamanhos e situações, conferindo a elas uma injusta deficiência na competição dentro do mercado. Deveríamos tirar o governo do caminho das indústrias.

Uma variação antissindicatos enfatiza os custos impostos por sindicatos poderosos.

Por meio da tirania dos grandes sindicatos, os salários são aumentados de maneira mais rápida do que a produtividade, fazendo com que os produtos americanos não sejam mais competitivos no mundo do mercado.

Parceria

Um indústria saudável é sinônimo de uma América saudável. Estamos todos na mesma canoa furada, e todos precisamos remar e retirar a água que entra, para que a canoa não afunde. Precisamos de uma nova atitude de cooperação entre os homens de negócios, os sindicatos e o governo: um novo contrato social. A questão central é como o governo pode desempenhar o papel de maior auxílio, em cooperação com os negócios e com os sindicatos, para renovar a indústria americana e devolver-lhe o pleno equilíbrio.

Existem amplos precedentes para o auxílio e coordenação do governo nos âmbitos nacional e internacional. As companhias japonesas nos oferecem um bom exemplo disso e dos vários modos por meio dos quais o governo japonês auxilia a indústria japonesa, a melhor competir no mundo do mercado. Também nos EUA a ajuda governamental aos negócios é um evento comum, e não inabitual.

A causa central dos problemas correntes enfrentados pelas indústrias americanas de base é a diminuição de sua parte no mundo do mercado. Esse declínio possui múltiplas origens, inclusive as decadentes estruturas físicas das indústrias, as altas taxas de juros, as decisões gerenciais pobres, as regulações governamentais dispendiosas e os altos custos laborais. Apontar um culpado não é importante, mas fazer algo a respeito dessa situação. Seria irresponsável permitir que uma grande corporação entre em falência sabendo dos enormes custos humanos e econômicos que inevitavelmente surgiriam dessa situação. Uma falência causa um efeito dominó na economia, ocasionando outras falências, desemprego e danos econômicos.

Existem variações desse enquadramento centradas na liderança do governo e dos negócios. No caso do primeiro tipo, o governo deveria agir como coordenador e planificador ativo de uma política industrial. No caso do segundo, o governo deveria agir como facilitador e provedor para o setor privado.

Fuga de capital

Milhões de trabalhadores perderam seu emprego, com efeitos devastadores para suas comunidades, particularmente no Nordeste e no Meio-Oeste do centro industrial nos EUA. Eles ainda não tomam parte nas decisões cruciais que afetam sua vida. A perda do emprego é o resultado de decisões de investimento tomadas por corporações privadas sem um processo público de prestação de contas. As chamadas corporações americanas que tomam essas decisões são, na verdade, corporações multinacionais que tomam decisões em uma base global, a fim de maximizar seus lucros. O padrão básico dessas decisões de investimento envolveu a fuga de capital do núcleo industrial para a região sul dos Estados Unidos e, de maneira cada vez maior, para o terceiro mundo.

O propósito dessa fuga de capital é uma busca por uma força de trabalho dócil, desorganizada e intimidada. Nos Estados Unidos isso significa mudar dos estados em que a força de trabalho é sindicalizada para os estados em que isso não acontece. No terceiro mundo, isso significa investir em países com governos autoritários, que suprimem a organização da classe trabalhadora com o uso frequente de violência. Precisamos de democratização e controle público dessas decisões de investimento. A legislação a respeito do fechamento de indústrias em uma base nacional pode ser um passo útil. O apoio do governo a algum tipo de propriedade dos empregados pode também ser apropriado. Mas precisamos ser cautelosos com relação às corporações que exploram uma indústria em busca de lucro e, então, tentam vender, por intimidação, a corporação aos trabalhadores. Isso é o que se pode chamar de *lemon socialism*.[57]

Invasão estrangeira

Na Segunda Guerra Mundial, lutamos contra os alemães e os japoneses por terra e mar em uma batalha pela sobrevivência. As armas naquela época eram navios de guerra e aviões destinados a bombardeios. Agora elas são coisas como automóveis e metal. Estamos enfrentando uma invasão estrangeira em uma nova batalha pela sobrevivência. Compre produtos americanos. Quando você compra um carro estrangeiro, você está tirando um emprego de um trabalhador americano. Em uma batalha pela sobrevivência, qualquer um tem o dever cívico de ajudar nosso país a vencer a guerra. O governo deveria fazer a parte dele limitando as importações de produtos estrangeiros, fabricados por uma mão de obra barata, que estão inundando nosso país e destruindo nossas indústrias de base.

Regras gerais de codificação

Essas regras se referem ao processo de codificação para todos os quadros de referência, e eles não serão repetidos.

a. Cada código é composto de três dígitos. O primeiro dígito refere-se ao enquadramento ou a uma variação dele. O segundo dígito indica uma forma fraca ou forte do enquadramento. O terceiro dígito refere-se ao elemento de ideia específico existente dentro do enquadramento.

b. Todos os itens relevantes estão codificados, mesmo que não remetam a um enquadramento. Uma série com os dígitos 900 é utilizada para itens que não se referem a um enquadramento.

c. A forma fraca -1- não foi utilizada se a forma forte -2- pudesse ser codificada.

Códigos

Preparação e pano de fundo. Esse código centra-se na questão política a respeito do que o governo deveria fazer, caso fizesse, a respeito de companhias e indústrias que estão com problemas e quais as providências deveriam ser tomadas a respeito das comunidades e das pessoas afetadas. Focalizamos nossa pesquisa em três indústrias fundamentais: metalúrgica, automobilística e de transporte.

---

[57] N.T.: Termo de sentido pejorativo para indicar o auxílio do governo a companhias do setor privado, cujo processo de falência ameaça a estabilidade econômica. Ele aponta também para a corrupção que existe no sistema de livre mercado do capitalismo, que normalmente permite que empresas com sérios problemas ("limões") fechem as portas.

O código é baseado em quatro enquadramentos centrais: *parceria, livre empreendimento, invasão estrangeira e fuga de capital*. Esses enquadramentos foram, então, divididos em elementos de ideias mais específicos (por exemplo, "Não é justo ajudar grandes empresas e deixar falir as outras"). Leia as descrições dos enquadramentos algumas vezes, para que você tenha em mente os enquadramentos gerais e possa procurar nos códigos, a partir dessa rubrica geral, pela subcategoria particular que se encaixa melhor nela. O primeiro dígito do código refere-se ao enquadramento.

Os comentários que estão codificados aqui têm sua origem em três épocas: 1971, 1977 e 1979. A maioria dos comentários de 1971 focaliza a controvérsia sobre um empréstimo federal feito à então problemática *Lockheed Corporation*. Naquela época, havia também uma onda de greves em indústrias de base e a recente bancarrota da *Penn Central Railroad*, que despertaram alguns comentários relevantes. O comentário de 1977 destaca os problemas da indústria metalúrgica e dos problemas enfrentados pela comunidade de Youngstown, Ohio. O comentário de 1979 destaca principalmente a controvérsia sobre um empréstimo federal feito à Chrysler.

Muitos dos comentários são sobre a ironia central dessa questão: o fato de que os defensores do livre empreendimento estavam pedindo ajuda ao governo. A ironia está no fato de que as pessoas nem sempre associam suas ações às suas crenças anunciadas. Note-se que as crenças invocadas aqui são de um enquadramento de livre empreendimento. Assim, podemos encontrar essa ironia nas subcategorias desse enquadramento.

1 Parceria

111 Se deixamos uma companhia falir, ela irá levar muitos junto com ela e criar uma grande devastação na economia. Isso terá custos maiores a longo prazo e irá afetar a defesa nacional.

112 Um auxílio temporário (incluindo cotas de importação) irá ajudar uma companhia a se reerguer até se tornar novamente produtiva. Isso pode se revelar um bom investimento. Um bom exemplo são casos de companhias (por exemplo, Lockheed, Crysler, etc.) que devolveram o dinheiro do empréstimo e se tornaram novamente lucrativas.

113 Se vamos ajudar uma companhia, deveria ser suficiente certificar-se de que ela pode sobreviver à crise e retornar o dinheiro do empréstimo.

114 A ajuda do governo é importante para os sindicatos e para proteger os empregos dos trabalhadores.

115 Preservar os empregos é mais importante do que quaisquer princípios abstratos envolvidos.

116 Aqueles que se opõem à ajuda do governo estão chutando uma vítima em situação vulnerável.

117 Aqueles que se opõem à ajuda do governo obstruem os negócios e se colocam contra seu crescimento.

118 Administradores e sindicatos precisam fazer sacrifícios para justificar o auxílio do governo.

119 Uma bancarrota terá consequências ruins (mas nenhuma implicação é referida e nenhuma solução sugerida).

120 Vamos ajudar, desta vez, a companhia em estado de falência, mas devemos evitar a abertura de um precedente.

131 O governo frequentemente ajuda as indústrias. A parceria não é algo novo (por exemplo, a antiga *Reconstruction Finance Corporation*). A relação de negócios na qual o governo e as empresas evitam uma relação de proximidade é um mito.

132 Todos deveriam se unir e trabalhar para reparar os danos: governo, sindicatos, bancos e administradores.

133 Precisamos de uma nova *Reconstruction Finance Corporation.*

134 Precisamos de uma nova política industrial.

135 Deveríamos imitar ou aprender com os japoneses, fazendo com que o governo auxilie nos negócios e coordene a política industrial.

2 *Livre empreendimento*

211 Os empréstimos saem mais caro do que deveriam para aqueles que pagam impostos e para os consumidores. Eles são caridade pública ou auxílios.

212 Oferecer um empréstimo para uma companhia em estado de falência é um negócio pouco lucrativo, um desperdício de dinheiro investido em algo incerto.

213 O público que paga impostos não deveria ter que arcar com as consequências de decisões gerenciais ruins.

214 A companhia que está em estado de falência não deveria ser ajudada, mas deveríamos tentar amenizar os efeitos causados em outras companhias afetadas por sua falência.

215 Culpar os estrangeiros pelos problemas da indústria evita que os verdadeiros culpados sejam apontados. A ideia de vender mercadorias a preços baixos em países estrangeiros, a fim de manter os preços altos em seu próprio país, é um mito e uma desculpa.

216 O Japão (ou outro país) está atuando melhor no mercado do que os EUA e de maneira justa e precisa. Os japoneses são mais eficientes e trabalham mais arduamente.

217 Reclamar das regulações governamentais é só uma desculpa.

231 O auxílio do governo impede o sistema do livre empreendimento em que nossa economia está baseada. Ele instaura um precedente ruim.

232 A ironia central: seguidores do livre empreendimento estão pedindo uma ajuda ao governo.

233 As companhias querem "socialismo para os ricos" ou "estado de bem-estar social para os ricos".

234 É injusto deixar falir pequenas companhias sempre e, então, fazer empréstimos para que uma grande companhia saia da crise.

235 As companhias que fecham suas portas merecem isso, pois se apoiaram em uma gestão incapaz. Fazer empréstimos para sair crise é recompensar uma administração fraca.

236 Empréstimos (ou cotas de importação) possuem custos implícitos. Essas ações mantêm companhias ineficientes nos negócios, e isso traz maiores custos para o consumidor.

237 Se você dá uma ajuda especial para uma companhia, outras companhias que estão com problemas irão criar expectativas de que essa ajuda também lhes seja destinada. Isso é injusto para a competição.

238 Cotas de importação interferem na operação do mercado livre.

239 Consequências econômicas negativas oriundas da falência de uma companhia são temporárias e administráveis. Os competidores irão assegurar o reerguimento dos negócios, e os empregos perdidos serão recuperados.

240 O único papel do governo é restaurar a competição e certificar-se de que competidores estrangeiros estão seguindo as regras e não possuem vantagens especiais.

241 Ajudar uma companhia com problemas encoraja dependência em relação ao governo, conferindo-lhe muito poder.

242 Se o governo ficar muito envolvido financeiramente com as companhias, isso irá permitir o desenvolvimento de um conflito de interesses.

243 Os japoneses se dizem favoráveis ao livre comércio, mas não o praticam realmente. Em vez disso, colocam obstáculos no caminho de companhias estrangeiras e dão subsídios governamentais injustos para que companhias japonesas façam negócios no estrangeiro.

244 Nós estamos sendo liderados por um estado corporativo (como a Itália fascista) ou estamos nos dirigindo em direção ao capitalismo de estado.

245 Empréstimos e subsídios governamentais podem ser boas políticas, mas são ruins para a economia.

3 Livre empreendimento: uma variação antissindicatos

311 Sindicatos são companhias sufocantes com excessivas demandas salariais e com a prática de empregar mais trabalhadores do que o necessário, a fim de evitar o desemprego.

312 Os sindicatos estão impondo às companhias custos que as impossibilitam de acompanhar a competição estrangeira.

4 Livre empreendimento: uma variação antigoverno.

411 É necessário fazer com que o governo se afaste dos negócios, e não fazer com que ele proporcione determinados tipos de auxílio.

412 As regulações e a burocracia do governo fizeram com que as companhias deixassem de ser competitivas, e é responsabilidade do governo pagar os custos que impôs aos negócios.

413 Regulações ambientais estão fazendo com que os negócios americanos deixem de ser competitivos.

5 Invasão estrangeira

501 Cotas de importação temporárias são necessárias para ter condições de enfrentar a competição estrangeira (mas nenhuma imagem de guerra ou batalha está incluída).

502 Companhias estrangeiras estão vendendo seus produtos abaixo do custo no mercado americano (mas os efeitos negativos para os americanos não são explicitados).

Na versão forte que se segue, há mais do que um simples reconhecimento da competição estrangeira. A imagem de uma batalha pela sobrevivência é tão importante quanto a ideia de uma guerra ou de uma luta física.

511 O problema é o ataque ou invasão pelos estrangeiros.

512 Restrições de importação são necessárias para a sobrevivência.

513 Compre produtos americanos. Comprar produtos estrangeiros é antipatriótico.

514 Temos que ser severos com os estrangeiros.

515 Países estrangeiros trapaceiam e não jogam segundo as mesmas regras que nós utilizamos.

516 A venda das mercadorias estrangeiras a preços baixos está tirando os empregos dos americanos.

6 Fuga de capital

611 As companhias querem o dinheiro do governo, mas não desejam nenhuma prestação pública de contas.

612 Deveríamos ajudar os trabalhadores a comprar a companhia e administrá-la.

613 Quando os trabalhadores assumem o lugar de uma administração ruim ou companhias em estado de falência eles não instauram nenhuma panaceia. Isso é o que pode ser chamado de *lemon socialism*.

614 É melhor ajudar os pobres famintos do que os ricos famintos. É melhor gastar dinheiro diretamente com o desempregado do que esperar que ele surta efeitos gradualmente em uma companhia em estado de falência.

631 As corporações estão enviando seu dinheiro para áreas do país em que os trabalhadores não são sindicalizados, e os salários são baixos.

632 Corporações multinacionais estão mudando seus investimentos dos Estados Unidos para os países do terceiro mundo que pagam baixos salários e possuem regimes repressivos.

633 Corporações multinacionais estão provocando uma desindustrialização da América.

8 Enquadramentos adicionais

801 A companhia é caracterizada como parte do complexo militar-industrial, mas não está sendo condenada por isso.

811 Nacionalização. Se o governo vai emprestar dinheiro a uma companhia ou indústria, ele pode também assumir seu controle e dirigi-la.

821 A companhia está recebendo ajuda porque é parte do complexo militar-industrial.

9 Nenhum enquadramento insinuado

911 Nenhum enquadramento sobre a questão da indústria problemática.

912 Previsões acerca dos resultados. Há uma boa chance (ou uma pequena chance) de que a promessa de ajuda seja (ou não) cumprida.

913 Alguém se opõe ou se mantém favorável à ajuda, mas nenhum motivo é apresentado.

914 Partidos políticos (ou os próprios políticos) estão tentando ganhar brincando de política com essa questão.

915 Greves estão causando problemas para a economia (mas não está claro se os sindicatos ou a administração são responsáveis pela greve).

916 Princípios importantes estão envolvidos na luta sobre o que pode ser feito a respeito de companhias privadas.

AÇÃO AFIRMATIVA

Ação reparadora

A questão central é se programas de conscientização de raça deveriam ser utilizados para compensar os efeitos permanentes da história da discriminação racial. "A fim de vencer o racismo, precisamos primeiro levar em conta a raça. Não há nenhum outro modo. E a fim de tratar algumas pessoas

Apêndice C

de maneira igual, precisamos tratá-las de maneira diferente" (opinião do Juiz Harry Blackmun a respeito do caso Bakke, 1978). O racismo possui uma longa história, e nossas instituições atuais são ainda permeadas por sua influência. A ação afirmativa é a fase presente de uma longa luta para alcançar uma igualdade genuína de oportunidade e para superar uma subrepresentação minoritária crônica e o racismo institucional. É muito tarde para agir como se fôssemos cegos à cor.

A "discriminação às avessas" (para esse enquadramento) é simplesmente o último grito da batalha em uma longa tradição de resistência histórica aos esforços de trazer os negros para a cena principal da vida americana. Ela desempenha o mesmo papel reacionário na luta corrente que "os direitos cívicos" desempenharam nas primeiras lutas pelos direitos de voto e pela igualdade de tratamento em instituições públicas. O racismo institucional não é coisa do passado. "Como pode existir uma discriminação às avessas quando a população negra e morena da Califórnia é de 25%, mas a população [minoritária] na escola de medicina é de somente 3%?" (Benjamin Hooks, diretor executivo, NAACP, na *CBS News*, 04/07/1978). "Trazer os negros para o centro da vida americana deveria ser um interesse de estado da mais alta ordem" (Opinião do Juiz Thurgood Marshall acerca do caso Bakke, 1978). Ao encorajar e reforçar programas vigorosos de ação afirmativa, podemos realizar essa tarefa.

Equilíbrio delicado

A questão central é como manter um equilíbrio adequado, auxiliando antigas vítimas da discriminação sem criar novas. Precisamos lutar pela igualdade racial e, ao mesmo tempo, sustentar o direito dos indivíduos de ser protegidos contra a discriminação racial. Proporcionar oportunidades para aqueles a quem elas têm sido negadas está correto, mas isso não deve se transformar em tratamento preferencial. Os direitos de grupos diferentes estão em conflito. O desafio é encontrar o equilíbrio adequado por meio do qual um dano feito no passado possa ser superado sem criar uma nova injustiça.

Está certo considerar a raça como um fator de contratação e admissão, mas não como o principal fator. A diferença entre uma cota e um objetivo é sutil, mas real. As cotas extrapolam a fronteira entre a tentativa de incluir mais membros de um grupo minoritário e, assim fazendo, excluir outros indivíduos por meio de critérios raciais. Um programa de admissão como aquele de Harvard é correto porque a raça é considerada de modo positivo e como um entre vários outros fatores. Mas um programa como aquele da Universidade da Califórnia (Davis) não é correto, pois reserva algumas vagas somente para minorias. O primeiro programa alcança o equilíbrio delicado necessário, mas o segundo não.

Sem tratamento preferencial

As considerações raciais ou ligadas à etnicidade, ainda que benignamente motivadas, não configuram o modo americano de lidar com a ação afirmativa. Políticas baseadas na consciência de raça conduzem inevitavelmente ao tratamento preferencial e a vantagens injustas que beneficiam alguns em detrimento de outros. "O que não pode ser e não deveria ser tolerado é pensar em sangue" (BENNETT; EASTLAND, 1978, p. 34). "A cota é um divisor da sociedade, ela cria castas e cria uma situação ainda pior por causa de sua base racial, especialmente em uma sociedade que luta por uma igualdade que tornará a raça irrelevante" (BICKEL, 1975, p. 133).

A ideia de uma "maioria branca" é um mito. A América abrange todos os tipos de grupos étnicos que podem apontar níveis variados de discriminação passada. A maioria das pessoas é desarticulada. Se o governo continua a "dividir seus recursos em pequenas confederações raciais e étnicas [...] os Estados Unidos serão menos uma nação e mais uma mistura raivosa de facções lutando por preferência na alocação de títulos feita pelo governo" (George F. Will, *Newsweek*, 10 de julho, 1978, p. 84). O conceito central de justiça deveria ser uma igual oportunidade para os indivíduos, não uma paridade estatística para grupos aprovados pelo governo.

Entre cotas e objetivos, há distinção sem diferença. Objetivos são cotas em uma forma convertida, e as instituições irão inevitavelmente ser forçadas a tratá-los como cotas para evitar que sejam acusadas de discriminação. Uma cirurgia cosmética não pode esconder "a feia imoralidade do racismo de uma minoria" (*The Crusader*, agosto 1978, p. 3). Uma política pública deveria ser exercida sem distinção de raça ou origem nacional.

Neste enquadramento geral, existem quatro variações diferentes. A primeira é a discriminação às avessas. A ênfase aqui é no modo como programas de ação afirmativa excluem indivíduos com base em critérios raciais e, assim, violam seu direito de ser julgados como indivíduos.

"Injúrias são realmente sofridas, demandas feitas e responsabilidades assumidas por sujeitos individuais... O sacrifício de direitos individuais fundamentais não pode ser justificado pelo desejo de defender o bem-estar de nenhum grupo étnico" (COHEN, 1979, p. 44). Quando a ação afirmativa passa a significar requisições estatísticas baseadas na raça e na etnicidade, ela abandona o "primeiro princípio de uma sociedade liberal: o indivíduo, o interesse, o bem e o bem-estar individual são o teste pelo qual deve passar uma sociedade que se deseja boa" (GLAZER, 1975, p. 220). Programas de ação

Apêndice C

afirmativa são uma forma de "leis benignas de Nuremberg" (GLAZER, 1978). Quanto tempo vai levar até que comecemos a ver placas que digam, "Nenhum branco precisa pedir emprego"?

A segunda variação é a da vantagem não merecida. Nesse caso, a ênfase desloca-se de quem está excluído para a vantagem injusta daqueles que se beneficiam da ação afirmativa.

A ação afirmativa oferece às minorias algo que elas não conquistaram e não merecem. O que quer que tenha acontecido no passado já acabou; estamos lidando com o presente. Outros grupos tiveram deficiências para superar e não tiveram nenhum tratamento especial. Não deveriam existir "americanos especiais": as mesmas regras deveriam ser aplicadas a todos.

"Há alguns desses humanitários, com cargos oficiais ou não, que acham que os chamados grupos minoritários deveriam receber um auxílio para alcançar as habilidades [necessárias] [...] Bem, você sabe e eu sei que não existe nenhum atalho" (George Meany, *U.S. News and World Report,* 6 de outubro, 1969, p. 72). Aqueles para quem a igualdade racial foi uma vez demandada serão agora mais iguais do que os outros. As regras são forçadas a admitir minorias não merecedoras. "Se as minorias que se candidatam a um emprego falham ao passar em testes de rotina, [...] então os testes [são] considerados discriminatórios e as regras obrigadas a acomodar aqueles considerados sem proficiência" (GUIDRY, 1979, p. 33).

Uma versão particular dessa variação enfatiza a hipocrisia e a arrogância dos burocratas da ação afirmativa e a censurável aliança entre o establishment liberal e os militantes negros.

Os custos da ação afirmativa são carregados pelos brancos, americanos da classe média, pela maioria silenciosa. Os defensores da ação afirmativa são "judeus, advogados de ricas corporações, burocratas do alto escalão, banqueiros e socialites [que] se orgulham de estar em uma posição amplamente reconhecida, com seus jardineiros vietnamitas e com seus *bartenders* negros nos clubes que frequentam, mas desdenham a classe trabalhadora branca norte-americana". Podemos entender a decisão da Suprema Corte contra Brian Weber e a favor de Allan Bakke se nos lembrarmos de que "cotas para negros nas escolas de medicina [...] provocam a raiva dos judeus e a raiva do conjunto de 'brancos espertos' [em vez] da raiva das massas brancas desdenhadas" (*National Vanguard,* agosto de 1978, p. 7).

"A ação afirmativa serve somente para permitir que os burocratas subjuguem o empreendimento americano e tornem a mobilidade de ascensão dependente de seus caprichos". Esses burocratas agora "marcham impiedosamente sobre direitos pessoais com firmeza ditatorial, ordenando um assédio racista e sexista, e táticas de assassinato que teriam feito Mussolini corar"

(Guidry, 1979, p. 34). A ação afirmativa é atualmente uma forma de pressão que permite que a elite liberal compre o apoio político das minorias às custas dos americanos comuns de classe média.

A terceira variação é o dano causado aos negros. A ênfase aqui é dada à ofensa contra as minorias que são supostas beneficiárias de programas sociais.

Programas especiais reforçam estereótipos comuns, uma vez que implicam que certos grupos precisam de um auxílio especial para alcançar sucesso na vida. A ação afirmativa estigmatiza as minorias que deveria ajudar. "O estudante admitido por meio de uma cota irá carregar o estigma de alguém que não conseguiu vencer sob as mesmas regras aplicadas aos seus concorrentes. E estudantes da mesma raça que concorrem a uma cota serão estigmatizados pela suspeita, ainda que errônea, de que foram inscritos para realizar estudos profissionais sob padrões diluídos de admissão" (*Anti-Defamation League*, documento enviado à Corte no caso Bakke, 1978, p.16).

A ação afirmativa priva as minorias de um crédito por suas conquistas genuínas. "A mensagem que aparece em alto e bom som é que as minorias são compostas de perdedores que nunca irão ter nada a não ser que alguém dê a elas" (Thomas Sowell, *Times Magazine,* 10 de julho de 1978, p.15). O resultado é que "aquelas pessoas negras que já são competentes [...] serão completamente destruídas, pois ser negro se torna sinônimo – nas mentes dos negros e dos brancos – de incompetência, e as conquistas dos negros se tornam sinônimo de caridade ou suborno" (Sowell, 1972, p. 292). De fato, a ação afirmativa perpetua o racismo em vez de permitir que ele seja eliminando naturalmente.

A última variação refere-se à máxima "dividir e conquistar". A ênfase desse subtema populista está na centralidade da classe ou da desvantagem econômica em detrimento da raça ou da etnicidade.

Brancos pobres são também minoria. "Só porque você é branco, isso não significa que você está em uma boa situação na América nos últimos 200 anos" (Leonard Walentynowicz, porta-voz do *Polish-American Congress, U.S. News and World Report,* 9 de julho de 1979, p. 71). Um cérebro é algo terrível de desperdiçar, independentemente de ser branco ou negro. A ação afirmativa divide aqueles que possuem um interesse comum.

Com todo o tumulto despertado por aqueles que entram na escola de medicina, "ninguém parece notar que os ricos ainda estão sendo assegurados de suas cotas" (Coluna de Jack Anderson, *Atlanta Journal,* 6 de julho de 1978, p. 6). Os casos de Bakke e de Weber desafiaram o bem-estar estabelecido do cidadão comum. É fácil para aqueles que não pagam o preço por apoiar a ação afirmativa. No final, somente os ricos se beneficiam, e mesmo as minorias, que deveriam ser beneficiadas, acabam exploradas.

Códigos

Preparação e bastidores. Nesses códigos, a palavra "plano" refere-se aos programas de Filadélfia, de Davis, de Kaiser, da Metalúrgica Bethlehem, etc. Os *itend* não foram codificados seguindo o padrão de 3___ se eles poderiam ter sido codificados por quaisquer desses outros números: 4___ ; 5___ ; 7___ ; ou 8___.

1. Ação reparadora

11_ (forma fraca) Uma posição favorável à ação afirmativa está implícita, mas o enquadramento precisa ser inferido da posição.

111 A decisão sobre a ação reparadora deixou a maioria dos programas de ação afirmativa intactos; no máximo, houve um pequeno atraso para a ação afirmativa, direitos civis ou para o progresso dos negros.

112 A decisão foi um golpe contra os direitos civis e o progresso dos negros. A Suprema Corte não aprofundou muito o caso; ela estava equivocada e impede o progresso dos negros; o governo não está fazendo grande coisa para apoiar os direitos civis ou o progresso dos negros, ou mesmo para acabar com a discriminação e o desequilíbrio. O caso *Brown vs. Board of Education* é um exemplo que contrapõe o compromisso prévio aos atuais descumprimentos da promessa feita e a ações equivocadas.

113 A decisão sobre a ação reparadora deu sinal verde para a ação afirmativa, e foi uma vitória para os direitos civis e para o progresso dos negros; a Suprema Corte (ou o governo) está ajudando o progresso dos negros e os direitos civis, está aliada à causa dos negros. A decisão irá desencorajar os chamados processos acerca da discriminação às avessas, colocando de lado essa questão.

114 A ação reparadora afirma que a discriminação racial e o racismo existem (ou existiram no passado), *mas não estão explicitamente articulados aos programas de ação afirmativa*; é preciso dizer que o movimento dos direitos civis (é) um esforço de vencer a discriminação *sem uma referência específica ao plano da ação afirmativa*.

115 O movimento dos direitos civis está vivo e bem; protestos e pressões irão continuar, pois são necessários.

116 Programas de ação afirmativa (ou cotas) não são uma discriminação às avessas; a Suprema Corte diz que eles são corretos, justos, legais e consistentes com o Ato dos Direitos Civis; as cotas não são grande coisa; pediram a uma corte inferior que reconsiderasse uma decisão contra um programa de ação afirmativa; não há nenhuma alternativa prática às cotas; não há nenhuma diferença real entre os programas de Harvard e de Davis.

Coleção "Comunicação e Mobilização Social"

117 A decisão (ou programa) irá trazer esperança aos negros e outras minorias; irá motivá-los e encorajá-los.

118 A decisão (ou programa) irá aumentar oportunidades de emprego ou de admissões para os negros e outras minorias.

119 A preferência governamental é comum; nenhum estranho deve perturbar nossa vida legal.

12_ (forma forte) A ideia central de que a ação afirmativa é um esforço para remediar um desequilíbrio ou discriminação está explícita ou claramente sugerida.

121 O programa é um esforço de remediar uma discriminação passada; dados a respeito da discriminação e a ausência de progresso foram apresentados no contexto de um programa de ação afirmativa. No passado, os negros eram os últimos a ser contratados e os primeiros a ser demitidos.

122 O programa é um esforço de corrigir o desequilíbrio racial ou uma sub-representação crônica das minorias; um esforço de trazer os negros para o foco principal da ação, um esforço de inclusão; um esforço para vencer a crise racial, para alcançar igualdade racial, para abrir oportunidades que eram previamente inacessíveis.

123 Fazer vista grossa para a raça é insuficiente; é muito tarde para se fazer de cego diante das diferenças de cor; podemos levar a raça em consideração para superar o racismo.

124 O conflito é entre defensores da inclusão e da igualdade dos negros e os racistas; aqueles que se opõem à ação afirmativa são racistas, fanáticos, pessoas que discriminam ou condenam a discriminação.

125 É irônico que o Ato dos Direitos Civis, que tentava remediar atos passados de discriminação, seja interpretado por alguns como algo que proíbe a ação afirmativa.

126 Se não há pressão, esforços voluntários para remediar atos passados de discriminação irão se enfraquecer.

127 A hipocrisia, a fraudulência, a falsidade e a injustiça daqueles que se opõem à ação afirmativa e a discriminação às avessas fazem face à miséria e à opressão vividas pelos negros; Bakke fingia ser oprimido quando na verdade não era; os opositores fingem estar preocupados com a flexibilização dos padrões, com uma ética no trabalho, etc. para esconder uma pretensão racista; a ideia de que a discriminação às avessas é um mito.

129 A metáfora de uma raça deficiente.

2 Equilíbrio delicado

21_(forma fraca)

211 Dois grupos estão em conflito, mas não há nenhuma sugestão de que um possui maior legitimidade do que o outro; ambos os grupos têm direitos iguais.

Apêndice C

212 Equilíbrio desajeitado. A Suprema Corte tentou dar algo a todos e acabou deixando todo mundo insatisfeito: ela produziu um estranho híbrido, com partes de algo mais complexo.

213 O caso *Brown vs. Board of Education* é um bom exemplo para revelar um contraste com casos habituais, uma vez que geralmente levantam conjuntos diferentes de questões.

214 As cotas são positivas somente se aplicadas àqueles que são apontados como vítimas de uma discriminação passada.

215 Empregadores (ou funcionários encarregados de admissões) são (foram) pegos de surpresa, e forçados a andar na corda bamba, enfrentando pressões potenciais de cada lado.

216 A decisão é um compromisso sensível.

217 Há conflito entre o tempo de permanência de um trabalhador em uma empresa (tempo de casa) e a ação afirmativa.

22_ (forma forte)

221 Dois grupos ou princípios legítimos são (ou precisam ser) equilibrados; direitos iguais entre lados que se opõem são insinuados; a Suprema Corte é vista como um avaliador ou árbitro, que tenta encontrar o equilíbrio adequado que seja justo para ambos os lados; todos ganham.

222 Esforços para superar o desequilíbrio racial (ou discriminação) são legítimos, mas não deveriam envolver cotas ou métodos que opõem um grupo ao outro ou excluem os brancos.

223 Objetivos e cotas são diferentes; a distinção entre eles é significativa; considerar a raça como um fator é diferente de uma cota rígida.

224 Alguns programas de ação afirmativa excluem brancos, mas outros não; o Programa de Davis exclui brancos, mas o Programa da Kaiser (ou o Programa de Harvard) não faz essa exclusão.

227 As cotas são boas de uma maneira ambígua. Sua contribuição é positiva enquanto uma medida temporária até que o desequilíbrio seja corrigido e somente quando a oportunidade para os brancos também está presente. Elas não são uma solução geral.

228 O programa de admissões de Harvard pode ser utilizado como exemplo de que é possível uma política de admissões balanceadas.

229 O programa de admissões da Georgia Tech é exemplar para nos ensinar a mesma lição apontada no número 228.

230 Esforços para a realização de um recrutamento especial para minorias é bom se não estiverem ligados a objetivos, cotas ou cronogramas.

231 Ser favorável ao princípio do "tempo de casa" (em uma empresa) não significa ser contra a ação afirmativa, os direitos civis ou o progresso dos negros.

3 Sem tratamento preferencial: geral

Esse enquadramento originador deveria ser utilizado somente se fosse impossível codificar uma das variações, 4_, 5_, 7_, ou 8_.

31 (forma fraca)

311 Desequilíbrios raciais não se devem à discriminação, mas à motivação ou a outras diferenças individuais legítimas.

312 Cotas são ruins (nenhuma razão é especificada); são contra a tradição americana.

32_(forma forte)

321 O princípio que ignora as diferenças raciais. Nenhuma consideração baseada na raça ou na etnicidade é adequada; não condiz com o estilo americano, é inconstitucional. O programa de ação afirmativa significa favoritismo racial para os negros; a constituição proíbe o favoritismo.

322 Todos deveriam receber o mesmo tratamento; as mesmas regras deveriam ser aplicadas a todos; não deve haver nenhum americano especial.

323 As pessoas serão prejudicadas se algumas tiverem preferência por causa da raça.

324 Se um tratamento preferencial é dado para alguns grupos, outros irão também querê-lo e demandá-lo; a Suprema Corte não pode decidir quais desses grupos merecem esse tratamento; um grupo afirma que também quer uma ação afirmativa em seu benefício.

326 O Ato dos Direitos Civis insinuava critérios de desconsideração das diferenças raciais, não deveria haver nenhum tratamento preferencial e cotas; a decisão altera o cerne do conteúdo do Ato dos direitos civis distorcendo seu sentido.

327 Violar o "tempo de casa" de alguém em uma empresa é injusto independentemente da raça.

4 Discriminação às avessas

41_(forma fraca)

411 Um programa (incluindo cotas) viola o Ato dos Direitos Civis.

412 Uma pessoa branca é vítima de discriminação; a corte determinou que essa pessoa branca foi discriminada por causa de sua raça.

413 O programa foi caracterizado como "discriminação às avessas", "cota racial inconstitucional", ou "discriminação ao contrário" (sem nada mais forte para ser codificado).

414 A decisão foi um golpe contra (ou a favor) da discriminação às avessas, contra as "idiotices" da ação afirmativa; contra cotas rígidas.

Apêndice C

415 A batalha em torno da discriminação às avessas irá continuar, mais brancos irão assumir essa causa, irão incitar o movimento dos direitos civis dos brancos.

417 A decisão envolvendo os bombeiros de Memphis apoiou os "direitos civis".

42_ (forma forte)

421 Programas falham em julgar as pessoas enquanto indivíduos; violam os direitos individuais; a decisão irá encorajar (ou desencorajar) o tratamento das pessoas como indivíduos.

422 Programas (cotas) excluem as pessoas tomando como critério a raça; os brancos são excluídos por meio deles; os brancos irão perder para minorias menos qualificadas; descrição de como um indivíduo branco foi excluído somente por causa de sua raça; "Nenhum branco precisa procurar emprego" se tornará a regra; os brancos serão (estão sendo) prejudicados.

423 Não há nenhuma distinção significativa entre cotas e objetivos. Essa distinção é puramente semântica; critérios raciais são intrinsecamente discriminatórios; o uso de critérios raciais leva ao racismo; somente a desconsideração das diferenças de cor pode ser vista como não discriminação.

424 A ação afirmativa irá conduzir a situações absurdas nas quais diferenças individuais de habilidades e preferências são ignoradas; absurdos hipotéticos ou existentes são utilizados como exemplos.

425 Os judeus serão especialmente prejudicados, afetados de forma desfavorável; cotas são uma palavra de código para os judeus, lembrando-lhes de como as cotas foram usadas no passado para excluí-los, trazendo de volta o medo de que elas sejam utilizadas desse modo novamente.

426 As pessoas brancas que são excluídas ou afetadas negativamente pela ação afirmativa não são, por si mesmas, culpadas de discriminação racial nem deveriam ter que pagar o preço imposto pela ação afirmativa.

427 O pêndulo tombou (ou pode ter pendido) muito para o outro lado; precisamos encontrar um meio-termo; dois erros não fazem um acerto; não deveríamos combater a injustiça da discriminação contra os negros discriminando os brancos.

428 A discriminação às avessas pode estar bem motivada, mas ainda é uma forma de discriminação ilegal; uma discriminação misericordiosa é moralmente diferente, mas ainda assim é uma forma de discriminação.

429 Somente os indivíduos que realmente experimentam a discriminação poderiam ou deveriam requerer a ação afirmativa.

5 Vantagem não merecida

511 A ação afirmativa é uma forma de pressão.

52_ (forma forte)

522 Os negros estão recebendo coisas que não fizeram por merecer ou que não estão qualificados para; eles querem algo em troca de nada; mas não há nenhum atalho para se conseguir o que se deseja.

523 Os negros agora têm uma chance melhor do que os brancos, estão com maiores vantagens, ganham além daquilo que pode ser justificado.

524 Os negros ganharam coisas por meio de uma intimidação injusta, por meio de pressão.

526 Os negros culpam a discriminação por suas falhas pessoais.

53_ (variação liberal desonesta)

531 Burocratas, agentes oficiais, agentes humanitários e a Suprema Corte estão impondo suas ideias, traindo as pessoas e obrigando-as a pagar mais impostos, agindo arbitrariamente, forçando uma integração e um equilíbrio racial de maneira inapropriada.

532 A aliança censurável entre o *establishment* liberal e os militantes negros; é a classe média americana que paga o preço.

7 Os negros são prejudicados

71_ (forma fraca)

711 Os negros não precisam de nenhum programa especial; eles podem ser bem-sucedidos por si mesmos.

72_ (forma forte)

721 A ação afirmativa destitui os negros de crédito por suas conquistas individuais levantando a suspeita de que não merecem realmente tais conquistas; nega sua humanidade e valor individual; reforça estereótipos e os estigmatiza.

722 A ação afirmativa solapa a motivação e a produtividade dos negros fazendo-os sentir que não precisam fazer um esforço para seguir em frente; que eles têm direito a ser recompensados sem esforço.

8 Dividir e conquistar

811 Os brancos não tiveram necessariamente vantagens e não tiveram uma vida fácil; muitos brancos pobres foram discriminados.

82_(forma forte)

821 A questão real é a classe, e não a raça. Brancos pobres também são minoria. A ação afirmativa divide aqueles que têm um interesse comum.

822 Os negros conseguem que as coisas se arranjem para si às custas dos americanos brancos, que também estão lutando para obter um lugar ao sol.

Apêndice C

823 O caso Bakker e/ou Weber desafiou a ordem estabelecida a favor do homem comum, do trabalhador.

824 Os brancos pobres e batalhadores pagam o preço da ação afirmativa e são as reais vítimas dessa situação.

825 Os ricos ainda estão tendo suas cotas.

826 Hipocrisia liberal: é fácil para aqueles que não pagam o preço de defender a ação afirmativa.

827 No final, somente os ricos ganham. Até as minorias que deveriam ser beneficiadas acabam sendo exploradas.

9 Nenhum enquadramento implícito

911 A decisão da Corte é ambígua, impossível de ser interpretada, não ofereceu nenhuma direção clara; a única coisa clara é mais litígio; a Suprema Corte foi inconsistente nos casos de Bakke e Weber; a única coisa clara é que Bakke agora pode frequentar a escola de medicina.

912 A Suprema Corte agiu de uma forma covarde, mas as razões permanecem obscuras ou não declaradas.

913 Muitas pessoas estão se metendo em problemas da indústria de construção.

914 George McGovern é identificado com as cotas; McGovern rejeita as cotas.

915 Alguns americanos não querem trabalhar (mas isso não está ligado à ação afirmativa).

916 O processo de admissão não é universalista.

917 Se forem cortados os programas voltados para pessoas que estão disponíveis para executar determinado tipo de trabalho ou atuar em um lugar específico, isso afetará negativamente os negros.

918 Empregadores privados são dirigidos pelo Ato dos Direitos Civis, e não pela Constituição.

919 A decisão (programa) não afetará desfavoravelmente os brancos.

920 Agentes responsáveis pelas admissões deverão decidir o que a decisão significa; esses agentes devem ter ampla margem de liberdade para tomar decisões.

921 Descrição de casos que estão pendentes ou que foram decididos pelas Cortes.

922 É muito incomum utilizar Harvard como exemplo para programas de ação afirmativa em geral.

923 A decisão significa "O último a ser contratado é o primeiro a ser demitido". A Corte determinou que o "tempo de casa" em uma empresa é mais importante do que a ação afirmativa.

924 O "tempo de casa" em uma empresa e/ou a segurança no emprego é importante para os trabalhadores.

ENERGIA NUCLEAR

Progresso

Se a cadeira elétrica tivesse sido inventada antes da energia elétrica, será que ainda estaríamos utilizando as lâmpadas a querosene? Sempre houve resistência ao progresso tecnológico da parte de tolos nervosos, que somente enxergam os problemas e ignoram os benefícios. A resistência ao desenvolvimento da energia nuclear é a última versão desse medo irracional do progresso e da mudança, a expressão dos pastoralistas modernos e dos luditas nucleares. Certamente o desenvolvimento da energia nuclear não está isento de problemas, mas podem ser solucionados como mostra a história do progresso tecnológico. O fracasso no desenvolvimento da energia nuclear irá retardar nosso crescimento econômico e negar a promessa de nossa obrigação para com os pobres e as gerações futuras. Se utópicos coercitivos nos impedem de ir adiante com a energia nuclear, a próxima geração provavelmente ficará no escuro, culpando os serviços públicos por não terem feito algo que os agentes desta geração não permitiram que fizessem.

O acidente de *Three Mile Island* (TMI) mostrou que os sistemas de segurança funcionaram mesmo diante de erros improváveis e de grande tensão. Uma fusão total foi evitada, e a maior parte da radiação liberada não foi além das paredes de contenção. Além disso, aprendemos com essa experiência e aprimoramos ainda mais a segurança. Chernobyl também nos ensinou lições otimistas. Ela mostra a sabedoria da indústria nuclear americana ao construir estruturas amplas e fortificadas de contenção, como uma precaução de segurança. Os reatores nucleares americanos possuem múltiplas barreiras de proteção, chamadas de defesa em profundidade. Os reatores nucleares americanos não podem ser comparados aos soviéticos, assim como os sistemas políticos desses países não são comparáveis. Ao lado disso, mesmo em seus mais sérios acidentes, verificamos que as reclamações iniciais acerca de milhares de mortes refletem uma mera histeria, instigada por ativistas antinucleares.

Independência energética

A lição aqui presente é o quanto a dependência de fontes estrangeiras de uma energia vitalmente necessária pode tornar os Estados Unidos vulneráveis a chantagens políticas. A energia nuclear precisa ser entendida no contexto desse amplo problema da independência energética. Para alcançar independência, precisamos desenvolver e utilizar toda fonte de energia alternativa prática ao petróleo importando inclusive a energia nuclear. Esta última, somada ao petróleo nacional, ao gás natural e ao carvão mineral, permanece a única alternativa prática a uma dependência perigosa e humilhante dos estrangeiros, particularmente das fontes do Oriente Médio. Essas fontes estrangeiras são instáveis, sem confiança e possuem grande probabilidade de fazer demandas políticas inaceitáveis. Será que queremos ser dependentes dos caprichos dos xeiques árabes? Atualmente a independência é a pedra angular de nossa liberdade.

Caminhos mais amenos

"Quebre madeira e não átomos". A energia nuclear nos apresenta uma escolha fundamental sobre qual tipo de sociedade queremos ser. Queremos continuar um modo de vida que se baseia em desperdício de energia, que se baseia em tecnologias altamente centralizadas e é insensível às consequências ecológicas? Ou queremos nos tornar uma sociedade mais em harmonia com seu ambiente natural?

A energia nuclear se baseia no tipo errado de tecnologia – centralizada e perigosa para o equilíbrio ecológico de longo prazo do planeta. Precisamos perseguir caminhos alternativos, mais amenos. Devemos mudar nosso modo de vida para conservar a energia ao máximo possível e desenvolver fontes de energia que são ecologicamente seguras e conduzem a uma produção descentralizada – por exemplo, a energia derivada do sol, do vento e da água. Projetos menos ambiciosos são sempre a melhor alternativa.

Nenhuma prestação de contas pública

Se a Exxon possuísse o sol, será que teríamos energia solar? A raiz do problema é a organização da produção nuclear por corporações que estão em busca de lucros, o que minimiza a *accountability* e o controle pelo público. Porta-vozes da indústria nuclear estão motivados a proteger seus próprios interesses econômicos, e não o interesse público. Não podemos confiar no que dizem. Os agentes dessas companhias são frequentemente desonestos, gananciosos e arrogantes. Quem matou Karen Silkwood?

A indústria nuclear utilizou seu poder político e econômico para minar a engajada exploração de alternativas de energia. Agentes públicos, que deveriam monitorar as atividades dessa indústria, são frequentemente seus prisioneiros. Eles atuam mais para proteger essa indústria do que para proteger o público.

Nenhum custo efetivo

Quando comparamos os custos e os benefícios da energia nuclear com os das energias alternativas, vemos uma apresentação pobre. A energia nuclear, não por culpa de alguém em particular, tornou-se algo que podemos adquirir a preços baixos, mas que não funciona direito. Assim, é insensato investir dinheiro em algo que não dá retorno sustentando o desenvolvimento contínuo da energia nuclear.

Fuga

Não entendemos o que estamos fazendo ao investir na energia nuclear. Acreditávamos que podíamos explorá-la para manter nosso padrão de vida. Agora estamos comprometidos com ela e, cedo ou tarde, teremos que pagar o preço por essa dimensão desconhecida. Nós a libertamos, mas não podemos mais controlá-la. A energia nuclear é um gênio poderoso que tem sido invocado e agora não pode ser forçado a voltar para sua lâmpada, uma espécie de Frankenstein, que se volta contra seu criador. A energia nuclear é uma bomba programada para explodir. Ela não é simplesmente uma das várias fontes de energia alternativa, mas algo mais fundamental. Ela desafia uma análise de custo-benefício. A radiação é invisível, e alguém pode se expor a ela sem saber; seus efeitos danosos podem não se mostrar de imediato, mas podem aparecer de repente ou fatalmente em um momento posterior. A radiação pode criar mutantes grotescos.

Em uma versão religiosa, os humanos ousaram brincar de Deus ao mexer com as forças fundamentais da natureza e do universo. Quem semeia vento, colhe tempestade.

Uma barganha com o diabo

A energia nuclear torna-se uma barganha com o diabo. Existem benefícios claros, como a eletricidade inesgotável e um suprimento de energia que não depende dos caprichos da OPEC. Mas cedo ou tarde, haverá um terrível preço a pagar. Seremos condenados não só se o pagarmos mas também se não o fizermos. E quanto mais fundo nos comprometemos, mas difícil será sair dessa situação.

Códigos

Preparação e pano de fundo. Nessa série de códigos foi necessário ser conservador na hora de fazer inferências. Essa é uma regra difícil de ser aplicada. Aqui estão dois exemplos:

a. "Para a companhia que dirige a indústria, uma evacuação em massa faria com que o acidente de TMI parecesse um monstro mais perigoso do que útil." Nenhum engano claro da companhia ou recusa de informação estão implícitos aqui, mas somente uma preocupação com as relações públicas. Uma vez que a metáfora do monstro está explícita, codificamos o exemplo como 4.22.

b. "Os cientistas agora concordam que o perigo diminuiu: eles não podem dizer por que melhorou, e não sabem dizer com certeza que isso nunca acontecerá novamente." Codificamos isso como 3.22 em vez de 4.21. Há muita inferência aqui para interpretar essa afirmação como algo que diz que a energia nuclear está fora de controle.

O código 9.11 foi utilizado se o significado de uma citação não estava claro ou se ela não estava impressa de maneira adequada. Os itens não foram codificados sob a forma 3__ se pudessem ser codificados como 4__ ou por meio de 8__.

1 Progresso

1.11 Não há nenhuma alternativa prática para a energia nuclear; precisamos dela.

1.12 A energia nuclear pode proporcionar grande parte de nossa energia; não podemos obter sucesso sem ela.

1.13 Todas as outras fontes de energia têm problemas graves.

1.14 Atores do governo irão proteger o público de danos; eles estão preocupados com a proteção do público. A situação está sob controle.

1.17 Os acidentes de TMI ou de Chernobyl não foram tão graves; a cobertura da mídia exagerou os riscos.

1.18 A energia nuclear não é tão diferente de outras formas de energia.

1.19 Os riscos da energia nuclear são mais alguns entre os muitos riscos da vida; não são tão diferentes.

1.21 Nações subdesenvolvidas podem se beneficiar especialmente dos usos pacíficos da energia nuclear.

1.22 A energia nuclear pode (irá) nos libertar. Embora possa ser utilizada para destruir (com as armas), ela também pode nos dar a grande quantidade de energia de que precisamos para ter uma boa vida.

1.23 A energia nuclear é necessária para o crescimento econômico, para a manutenção de nosso modo e nosso padrão de vida; a escolha é entre a energia nuclear e a opção de voltar para uma época mais primitiva de atraso tecnológico. Devemos às gerações futuras o desenvolvimento da energia nuclear.

1.24 Os problemas da energia nuclear são solucionáveis; serão resolvidos pelo esforço e por meio da pesquisa; a questão não é se devemos confiar na energia nuclear, mas a rapidez com que sua cotação cresce; a energia nuclear pode (irá) se tornar mais barata.

1.25 O acidente de TMI mostra que o sistema funciona: um acidente grave não aconteceu porque os sistemas de contenção funcionaram para preveni-lo.

Coleção "Comunicação e Mobilização Social"

1.26 Aqueles que são contra a energia nuclear são "utópicos coercitivos" ou uma "nova classe" tentando impor seus valores e suas visões aos outros; os opositores da energia nuclear protestam em busca de uma causa.

1.27 Aqueles que são contrários à energia nuclear são histéricos, têm medo de mudanças, se opõem ao progresso tecnológico, são ingênuos e entram em pânico com facilidade, são neoluditas e pastoralistas.

1.28 Referência à seguinte citação: "Muito barato para ser relevante".

1.29 As taxas de segurança em usinas nucleares são excelentes.

1.30 O acidente de Chernobyl é contraposto ao de TMI para afirmar que a radiação foi contida em TMI; o acidente de Chernobyl não poderia ter acontecido nos EUA.

1.31 As usinas norte-americanas são mais seguras e diferentes das usinas soviéticas.

1.32 Lições para um futuro mais seguro podem ser aprendidas a partir dos acidentes de Chernobyl e de TMI; novos procedimentos serão instituídos para reduzir riscos futuros.

2 Independência energética

2.11 O aumento dos preços do petróleo fez com que se enfatizasse a importância da energia nuclear e de outras fontes de energia tornando-as mais atraentes.

2.12 A energia nuclear é uma alternativa mais adequada do que o petróleo estrangeiro (as razões estão implícitas em vez de anunciadas).

2.21 A escolha é entre a energia nuclear e a dependência dos estrangeiros (especialmente dos árabes).

2.22 A energia nuclear impede que sejamos chantageados e explorados pelos outros (especialmente os árabes).

3 Problemas específicos (mas nenhum enquadramento geral está implícito)

3.11 Não às armas nucleares (razões não especificadas); a energia nuclear é ruim; as usinas não deveriam ser construídas (razões não especificadas).

3.12 A radiação é danosa: pode causar doenças e defeitos de nascença.

3.13 A recuperação dos problemas causados pelo acidente de TMI será lenta, difícil e muito cara.

3.15 O futuro nuclear é passado, terminou; o acidente de TMI é o começo do fim para a energia nuclear.

3.16 Terremotos podem causar problemas para os reatores.

3.17 Planos de evacuação são inadequados.

3.18 A energia nuclear possui problemas sérios.

3.20 A energia nuclear é assustadora.

Apêndice C

3.22 Usinas nucleares são arriscadas; precisam se tornar mais seguras do que atualmente. Acidentes podem acontecer agora e no futuro.

3.23 O problema do lixo nuclear ainda permanece sem solução; há um grande perigo no transporte do lixo nuclear.

3.24 A proliferação nuclear (a partir da reprodução de reatores) é um problema potencial; há perigo de ataques terroristas em usinas nucleares.

3.27 Deveríamos investir mais dinheiro no desenvolvimento da energia solar; um projeto Manhattan para a energia solar.

3.28 As pessoas estão sendo mantidas na escuridão, informações são recusadas, elas não têm acesso à história completa; são feitas afirmações de que as usinas são seguras, mas podemos acreditar nelas?

3.29 Informações contraditórias são dadas a respeito do que está acontecendo (ou do que aconteceu); as afirmações se contradizem.

3.30 Os trabalhadores de usinas não estão suficientemente protegidos.

4 Fuga

4.11 Os problemas do acidente de TMI são novos, inesperados, não são algo sobre o qual temos sob controle e que entendemos.

4.12 A tecnologia nuclear é tão complicada que não podemos antecipar todos os problemas que irão aparecer.

4.13 Associação com as bombas nucleares, destruição; Hiroshima, nuvens em forma de cogumelo decorrentes da explosão das bombas.

4.14 O acidente de TMI é parecido com o filme *The China Syndrome.*

4.21 Agentes do governo podem pensar (ou dizer) que têm a energia nuclear sob controle, mas realmente não têm. A energia nuclear está fora de controle, ela tem um tempo só para si mesma. Não sabemos o perigo que libertamos.

4.22 A metáfora do monstro. A energia nuclear é um monstro (por exemplo, Frankenstein) que está à espera e pode nos trazer grande devastação.

4.23 A metáfora do gênio. A energia nuclear é um gênio que deixaram sair da garrafa.

4.24 Os perigos da energia nuclear estão escondidos, invisíveis; estamos sentados sobre uma bomba prestes a explodir; não saberemos nem mesmo se fomos prejudicados, pois os efeitos só aparecem muitos anos depois.

4.27 Piadas sobre ser atingido pela radiação ou outras formas de humor mordaz a respeito de catástrofes nucleares.

4.29 A única forma de estar seguro é correr como louco, rezando, usando amuletos de boa sorte, etc.; não há realmente nenhum lugar para onde fugir.

4.32 Menção a respeito o conceito da síndrome chinesa.

4.33 Piadas sobre mutantes.

4.34 Os perigos são muito grandes para ser calculados em uma análise de custo-benefício.

4.35 É ridículo dizer que o sistema funcionou no acidente de TMI porque não foi tão ruim quanto parecia. O sistema falhou, não funcionou.

4.36 *Slogan*: "Chernobyl está por toda parte".

4.37 Imagem de um reator fora de controle, disseminando uma perigosa radiação.

5 Caminhos mais suaves

5.11 Se conservarmos mais e utilizarmos nossa energia de maneira mais eficiente, não teremos que mudar nosso modo de vida.

5.13 O lixo radioativo é parte de um problema geral de lixo tóxico e poluição ambiental que está aborrecendo nossa sociedade.

5.21 Tipo errado de tecnologia; contrastado com fontes de energia alternativas como aquelas que derivam do sol, da madeira, do calor e do vento; a energia nuclear é contrastada com fontes descentralizadas e ecologicamente mais seguras e renováveis.

5.22 A conservação e as mudanças no estilo de vida são apontadas como alternativas à energia nuclear.

5.23 Usinas nucleares ameaçam a natureza e o meio ambiente; ameaçam a vida marinha.

5.24 Se não tivéssemos um estilo de vida que desperdiçasse tanta energia em dispositivos desnecessários, não estaríamos colocando o planeta em perigo com a energia nuclear.

6 Nenhuma prestação de contas pública

6.13 Relatórios iniciais subestimaram a seriedade do acidente de TMI; a companhia de TMI enganou o público e os agentes oficiais sobre a possibilidade e/ou seriedade do acidente; informações sobre riscos de segurança têm sido consistentemente subestimadas.

6.15 A companhia de TMI é descuidada, incompetente e muito lenta para reagir.

6.16 A companhia de TMI está tentando escapar da responsabilidade por seus erros, passando os custos para os consumidores. A ação de classe impõe à companhia acusada uma responsabilidade legal.

6.17 Os agentes da companhia estão mais preocupados com sua imagem pública do que com a segurança pública.

6.18 O segredo russo sobre o acidente de Chernobyl foi comparado com o segredo que os americanos fizeram em torno do acidente de TMI.

6.19 Há uma *prestação* pública de contas insuficiente por parte daqueles que controlam a energia nuclear.

6.21 A ganância das corporações leva (levou) a ações apressadas, construções desleixadas, apressando prematuramente a realização da operação; os lucros foram enfatizados em detrimento da segurança.

6.22 A regulamentação do governo é ineficiente, parte do problema; os reguladores estão dominados pela indústria, possuem relações de camaradagem.

6.23 Usinas nucleares são arrogantes, desdenham o público e são insensíveis a preocupações legítimas.

6.24 Usinas nucleares possuem um conflito de interesse; companhias nucleares privadas geralmente possuem um incentivo para recusar a dar informações negativas a respeito da energia nuclear a fim de proteger seus interesses.

6.25 Karen Silkwood é usada como exemplo para extrair uma lição de uma companhia que escondia violações de segurança.

6.26 Os Estados Unidos estão tentando manter os benefícios das tecnologias de energia nuclear longe de outras nações a fim de tornar maiores os lucros para as companhias americanas.

6.28 As usinas nucleares e políticas públicas ignoram os custos humanos a fim de obter a maior quantidade de lucro possível.

7 A energia nuclear não é lucrativa

7.11 Uma vez foi dito de maneira irrealista que a energia nuclear produziria uma eletricidade "muito barata para ter importância".

7.21 A energia nuclear não é lucrativa; a negociação entre riscos/custos e benefícios é desfavorável; não há nenhum sentido em continuar com isso. Ela não provou ser tão barata quanto originalmente se esperava.

7.25 Há uma lista de problemas, implicando que coletivamente eles fazem com que a energia nuclear se torne uma alternativa impraticável.

7.26 O carvão mineral e outros combustíveis fósseis são alternativas mais práticas e lucrativas à energia nuclear (mas não há nenhuma menção a "caminhos mais suaves" como a energia solar).

8 Barganha com o diabo

8.11 Postura NIMBY (*Not in my backyard*): a energia nuclear é boa, mas longe da minha vida e de meus interesses.

8.21 Prós e contras são pesados. A energia nuclear é necessária, mas possui o potencial de destruir e deveria ser tratada cautelosamente.

8.22 O dilema da independência energética: nossa dependência do petróleo estrangeiro nos torna vulneráveis à exploração e à chantagem, mas a energia nuclear tem muitos problemas para ser apontada como a solução para esse problema.

8.23 A metáfora da barganha com o diabo: estamos comprometidos com a energia nuclear e podemos precisar dela, mas eventualmente haverá um enorme preço a pagar. Essa é uma barganha faustiana.

8.24 A energia nuclear nos prendeu em um dilema. Não podemos viver com ela, nem sem ela. Estamos condenados se a aproveitamos ou não.

8.25 A metáfora da inundação ou do pântano: nos colocamos nesses espaços movediços, e agora é difícil ou mesmo impossível escapar.

9 Nenhum enquadramento codificável

9.11 Não está claro o que a citação está dizendo ou afirmando.

9.12 As causas do acidente de TMI não estão claras; há confusão sobre o que está acontecendo, mas não se atribui culpa a ninguém.

9.13 As pessoas estão ansiosas e nervosas acerca da energia nuclear; o futuro dessa forma de energia é incerto.

9.14 O acidente de TMI irá causar aumentos nas taxas das políticas públicas, dificuldades econômicas e outros problemas para os habitantes daquela área.

9.15 A solução imediata para o problema de TMI não está clara.

9.16 Uma combinação de erros técnicos e humanos foi responsável pelo acidente de TMI.

9.17 A oposição à energia nuclear está crescendo.

9.18 Fatalismo. Acidentes irão acontecer. Se a hora de alguém chegar, é isso e pronto; não há necessidade de preocupar com isso. É como um ato de Deus.

9.19 Outros países são mais dependentes da energia nuclear e precisam dela mais do que nós.

9.20 Pura besteira, observações engraçadas. Nenhum enquadramento sobre a energia nuclear.

9.21 Uma regulação mais cuidadosa é necessária.

9.22 Mais pesquisas são necessárias.

9.23 Os russos adoram manter segredos, como revelado pelo fato de não se mostrarem muito acessíveis sobre o acidente de Chernobyl.

O CONFLITO ÁRABE-ISRAELENSE

Vizinhos em rivalidade contínua

Os árabes e israelenses são povos petulantes. Assim como os Hatfields e os McCoys, cada um está convencido de que está sendo injustiçado.

Cada novo ataque mantém a rivalidade acesa, estimulando uma retaliação posterior pelo adversário. Nessa rivalidade sanguinária, nenhum dos dois lados merece muita simpatia, e demandas de justiça e de merecimento podem ser ignoradas com segurança. É uma "praga que se abate sobre ambos os rivais".

O problema é que essa disputa local pode se espalhar e abarcar o mundo inteiro. A Primeira Guerra Mundial é um exemplo. Um assassinato local nos Bálcãs deu origem a uma cadeia de eventos, que finalmente conduziram as principais potências para uma guerra mundial. A preocupação dos americanos deveria ser com os espectadores inocentes que são prejudicados nesse tipo de rivalidade e com o perigo que ela irá espalhar em um conflito ainda mais amplo. Traduzindo em uma imagem, pense em uma bomba com um *timer* ou uma caixa de materiais inflamáveis que qualquer centelha pode fazer explodir.

A causa central do conflito é o ciclo destrutivo de atos hostis que estimulam uma resposta hostil e a má vontade de ambos os lados de esquecer as injúrias do passado e de estabelecer a paz. O acordo de Camp David foi um sinal de esperança, uma vez que representou pelo menos uma reconciliação parcial e um fim para a rivalidade. Os participantes deveriam aprender a viver e deixar viver. Deixar eventos do passado permanecerem como tais. Os Estados Unidos deveriam tentar mediar a disputa da melhor maneira possível, mas deveriam evitar riscos maiores que envolveriam a América diretamente na guerra travada no Oriente Médio.

Interesse estratégico

A ação no Oriente Médio precisa ser vista como parte do jogo de xadrez global com a União Soviética. O exemplo da ajuda militar soviética para vários países no Oriente Médio e no norte da África explicitam os propósitos soviéticos. A lição está clara: a União Soviética está procurando ativamente expandir sua influência sobre o Oriente Médio. O papel soviético no conflito é exclusivamente danoso. A União Soviética sai ganhando ao explorar esse conflito local na região devido a seus próprios objetivos imperialistas.

A questão central é como melhor perseguir os interesses estratégicos dos Estados Unidos no Oriente Médio em vista da União Soviética. Sem a exploração soviética das questões, o conflito árabe-israelense seria solucionável ou pelo menos poderia ser contido e localizado. O perigo mais profundo para a paz mundial é o sucesso soviético no Oriente Médio, que irá perturbar o equilíbrio mundial do poder e, assim, aumentará muito a vulnerabilidade do Ocidente e a tentação soviética de explorá-lo.

Intransigência árabe

De um lado, uns poucos milhões de israelitas. Do outro lado, vinte países árabes com uma população de 100 milhões de habitantes. Através da ingenuidade, da engenhosidade e da coragem, o agrupamento judeu beligerante na Palestina estava apto a impedir o ataque de cinco exércitos árabes. Davi *versus* Golias.

O mundo precisa acreditar naqueles que dizem que querem jogar os judeus no mar ou destruir o estado de Israel. Hitler deixou suas intenções claras, mas o Ocidente ficou observando sem resistir enquanto ele atingia os meios necessários e começava a realizar seus propósitos. Nunca mais. Com um estado só deles, os judeus possuem os meios de organizar sua própria autodefesa.

O sionismo é o movimento nacional do povo judeu; a resolução da ONU que o condenou como racismo é uma obscenidade. Tal resolução refletiu o poder político de um amplo bloco de inimigos implacáveis de Israel na ONU. A ONU opera não como um árbitro neutro interessado na paz, mas como um instrumento partidário daqueles que estão do lado dos árabes no conflito. Embora Golias não possa usar sua vantagem de tamanho para esmagar Davi militarmente, ele pode usá-la para alcançar vitórias políticas. Os líderes árabes, que proclamaram sua infinita inimizade e ódio a Israel, brandiram suas armas e são condecorados com imagens nos muros da diplomacia.

O centro do conflito é a má vontade do mundo árabe em aceitar o direito de Israel existir. A visita de Sadat a Jerusalém representou uma trégua histórica que alcançou a raiz do problema. Mas Sadat estava isolado no mundo árabe, e sua morte foi saudada com ampla alegria na maioria dos países árabes. O conflito não irá terminar enquanto os zelotes árabes, contrários à paz com Israel, continuarem a ser a força dominante na maior parte do mundo árabe. Os Estados Unidos têm a obrigação moral de ajudar Israel a sobreviver em um ambiente hostil e encorajar os países árabes a aceitar o direito de Israel existir.

O expansionismo israelense

Israel é um estado europeu colonizador e expansionista, além de uma presença estranha no Oriente Médio. Ele serve como instrumento de controle americano sobre os recursos do Oriente Médio e sobre o povo árabe. A entidade sionista é o cão de guarda de seu mestre americano. Ela é comparável a outros estados colonizadores que tentaram manter o domínio sobre a população originária de uma região. Exemplos que podem testemunhar esse argumento são a África do Sul ou a Rodésia.

Sionismo é racismo. A violência árabe em oposição ao sionismo é um sintoma e uma resposta à injustiça. Os membros da Organização pela Libertação da Palestina (OLP) lutam pela liberdade utilizando os únicos meios disponíveis para um povo sem Estado. Sadat, quando estabeleceu um acordo de paz separado com Israel, sem requerer o progresso da questão Palestina, traiu a causa árabe. Ao remover a ameaça da guerra, ele deixou os palestinos e seus aliados árabes à mercê da entidade sionista, armados até os dentes com a tecnologia americana de ponta.

A raiz do conflito é a intransigência de Israel e o desejo por mais território, assim como o esforço dos Estados Unidos de manter o domínio da região. O apoio militar americano aumenta a intransigência de Israel.

Dupla Libertação

Existem dois movimentos de libertação nacional no Oriente Médio em conflito pela mesma terra. Árabes-palestinos e judeus podem fazer uma demanda histórica legítima. Mas a história é menos importante para a justiça humana do que a realidade humana atual. O que quer que tenha acontecido 2.000 anos atrás, ou 200 anos atrás, ou 20 anos atrás, não muda o fato de que hoje o povo de Israel e o povo da Palestina existem. Qualquer solução viável precisa respeitar as aspirações nacionais e o direito de autodeterminação dos dois povos. Um conflito entre dois direitos incompatíveis somente pode ser solucionado por meio do compromisso. Israel e Palestina, e não somente um dos dois.

Porta-vozes palestinos e árabes precisam aceitar o direito de existir de Israel, enquanto um estado judaico no Oriente Médio. Ao mesmo tempo, Israel deveria aceitar o fato de que a questão palestina não é meramente um problema de refugiados. Esse país deveria reconhecer que o movimento nacional pela Palestina pode ser satisfeito somente por meio da construção de um estado palestino. Todas as pessoas têm o direito à autodeterminação. Os Estados Unidos deveriam trabalhar em prol de um compromisso no qual o direito de existir de Israel dentro de limites reconhecidos e seguros seja aceito e um estado palestino seja criado. Uma terra pela paz.

Códigos

Preparação e pano de fundo. Esse código focaliza a questão política que se refere ao que os Estados Unidos deveriam fazer, caso fizessem qualquer coisa, sobre o conflito árabe-israelense no Oriente Médio. Os eventos nessa faixa são muito complicados e frequentemente envolvem questões para além do conflito árabe-israelense. Por exemplo, alguns deles ocorreram próximo às eleições nacionais, e há comentários sobre o impacto potencial na política nacional americana. Alguns são comentários sobre conflitos outros que o árabe-israelense, por exemplo, o conflito anglo-americano.

Coleção "Comunicação e Mobilização Social"

É importante lembrar que nem todos os comentários a respeito dos eventos relevantes são comentários a respeito da questão do conflito árabe-israelense. Se estiver em dúvida, utilize a seguinte estratégia: quando você encontrar um elemento de ideia que se parece com algo em um de nossos enquadramentos, pergunte-se se a ideia está sendo sugerida no contexto do conflito árabe-israelense (ou seja, pergunte-se se a declaração remete diretamente a esse conflito). Irei me referir a isso como *regra de contexto*.

O código está baseado em cinco enquadramentos centrais: *interesse estratégico, vizinhos em rivalidade permanente, intransigência árabe, dupla libertação e expansionismo israelense*. Por meio desses enquadramentos, também consideramos variações – por exemplo, variações com inclinação israelense e variações com inclinação árabe de *interesse estratégico*; uma variação ocidental imperialista do *expansionismo israelense*, e uma variação de conspiração judaica, que pode ser parte de enquadramentos originais diferentes. O primeiro passo para aprender o código é ler essas descrições dos enquadramentos algumas vezes. Como sempre, o primeiro dígito do código se refere ao enquadramento, o segundo e o terceiro dígitos se referem a elementos de ideia mais específicos sob a rubrica geral.

Referências ao petróleo árabe como arma devem ser tratadas como um tópico no qual enquadramentos diferentes têm algo diferente a dizer, em vez de um indicador de algum enquadramento particular.

O comentário a ser codificado cobre nove períodos. Para que você entenda o contexto geral, eles são brevemente discutidos aqui:

1. Maio de 1948: o estabelecimento do estado de Israel e a guerra israelense pela independência. Em 1947 a ONU realizou uma votação para colocar fim ao mandato britânico na Palestina e dividir a terra entre os judeus e os árabes que lá estavam. A União Soviética e os Estados Unidos apoiaram esse ato, e ele foi aceito pela comunidade judaica na Palestina. Os estados árabes não aceitaram a divisão. Os britânicos tenderam a ficar ao lado dos árabes, colocando-os em conflito com os Estados Unidos, que por sua vez inclinaram-se a apoiar Israel.

2. Outubro-novembro de 1956: A Guerra do Sinai. Existem quatro atores nacionais nessa guerra: Egito, Israel, Grã-Bretanha e França. Os três últimos atacaram o Egito e enfrentaram os Estados Unidos e a União Soviética. O estranho conjunto de alianças torna esse evento confuso e difícil de codificar. O método mais fácil é distinguir a disputa entre Israel e o Egito do conflito que a Grã-Bretanha e a França tiveram com o Egito sobre a nacionalização do canal de Suez. Foi o conflito entre, de um lado, o Egito e, de outro, os britânicos e os franceses que atraiu maior atenção e que, para nós, é irrelevante. Ficamos preocupados com os comentários acerca dessa questão somente quando eles focalizavam a parte do confronto entre Israel e o Egito. É preciso chamar atenção

para o fato de que esse evento coincide com a invasão da Hungria pela União Soviética, e os comentários acerca desse evento, grande parte deles irrelevante, podem ser combinados com os comentários da Guerra do Sinai. Havia também uma ameaça soviética de enviar "voluntários" ao Oriente Médio para ajudar os egípcios, e isso deu origem a comentários tanto relevantes quanto irrelevantes. Uma regra de contexto é aqui requerida para determinar a relevância.

3. Junho de 1967: a Guerra dos Seis Dias. Comentários acerca da luta e sobre quem saiu vencedor não são relevantes para nós. Comentários sobre as origens do conflito e sobre o que deveria ser feito a respeito dele após o término da guerra têm grande probabilidade de ser relevantes.

4. Outubro de 1973: a Guerra de Outubro (ou Guerra do Yom Kippur). Esse evento coincide com o escândalo do Watergate e remete a comentários irrelevantes a respeito das implicações dos eventos no Oriente Médio para o resultado desse escândalo.

5. Novembro de 1977: visita de Sadat a Jerusalém. Não há nenhum problema em especial.

6. Setembro de 1978: O acordo de Camp David. Não há nenhum problema em especial.

7. Outubro de 1981: assassinato de Sadat. Não há nenhum problema em especial.

8. Setembro de 1982. Duas semanas durante a guerra no Líbano são incluídas. A primeira semana corresponde ao plano Reagan, à evacuação do OLP do Líbano e à introdução das forças de paz norte-americanas. A segunda semana corresponde ao assassinato de Bashir Gemayel e ao massacre nos campos de refugiados de Sabra e Shantilla, no Líbano.

9. Março de 1988: duas semanas correspondendo à iniciativa diplomática de Schultz; esse evento aconteceu cerca de três meses no período da intifada.

1 Interesse estratégico

Se o tema de que há um jogo de poder global amplo que promove a chave para o entendimento do que está acontecendo no Oriente Médio ganhasse visibilidade, aqueles comentários não foram codificados como parte deste código. Por exemplo, um comentário sobre o conflito entre Inglaterra, França e Estados Unidos ou sobre a Guerra Fria no geral, sem fazer nenhuma conexão com o conflito árabe-israelense, não teria sido codificado aqui.

111 Os Estados Unidos têm interesses importantes no Oriente Médio (mas não no contexto da Guerra Fria). Os Estados Unidos têm interesses relacionados a ambos os lados do conflito.

Coleção "Comunicação e Mobilização Social"

112 Recursos naturais como o petróleo estão em jogo no Oriente Médio (mas não no contexto do controle soviético desses recursos ou no contexto da Guerra Fria).

113 O canal de Suez é estrategicamente importante na luta entre Ocidente e Oriente.

121 Ações no Oriente Médio são parte de um conflito global com a União Soviética; precisam ser vistas como parte da Guerra Fria. A questão central é como melhor perseguir os interesses americanos diante da União Soviética. A defesa do mundo livre está em jogo.

122 A União Soviética está explorando o conflito árabe-israelense para adquirir controle e vantagem sobre os Estados Unidos e outros países do Oriente Médio. Seu papel lá é danoso, em vez de construtivo.

123 A Rússia possui uma longa história de tentar conquistar países no Oriente Médio e expandir seu império nessa região. Exemplos do passado são mencionados.

124 A beleza do acordo de Camp David é que ele excluiu a União Soviética do processo.

125 Existem conflitos locais na região, que eles poderiam ser contidos e localizados se não fosse pela exploração que os soviéticos fazem deles.

126 O perigo mais profundo para a paz mundial é o tipo de sucesso soviético no Oriente Médio, que poderia perturbar o equilíbrio mundial do poder aumentando, com isso, a vulnerabilidade dos países ocidentais e a tentação soviética de explorá-la.

128 Os Estados Unidos (e outros países Ocidentais) têm seu suprimento vital de petróleo em jogo no conflito. A guerra no Oriente Médio ameaça romper nossa corda de salvamento petrolífera. (É importante notar que a ameaça vem da aparição repentina de hostilidades, em vez de vir da chantagem dos árabes).

129 Hipocrisia soviética: fingem ser favoráveis à paz e à justiça enquanto cinicamente promovem seus interesses egoístas.

13_ Variação com tendência árabe.

131 É importante apoiar nossos amigos do mundo árabe (com armas se necessário) ou eles irão pedir apoio à União Soviética.

132 É importante apoiar nossos amigos do mundo árabe ou não iremos mais ter acesso ao petróleo deles.

133 É importante apoiar nossos amigos do mundo árabe, uma vez que existem muitos países árabes (e somente um país chamado Israel) e muito mais árabes do que israelitas.

134 A potencialidade petrolífera dos árabes é um fato novo e vital, que muda nosso interesse estratégico. Deveríamos fazer esforços especiais para

manter boas relações com estados árabes produtores de petróleo, ainda que isso signifique o fim de nosso "relacionamento especial" com Israel. Nossas políticas deveriam refletir a importância crescente desse objetivo.

14_ Variação com tendência israelense

141 É importante apoiar Israel porque é um país que provou ser um aliado efetivo, confiável e estável na luta com a União Soviética.

142 Países árabes são aliados ineficazes e irresponsáveis.

143 Para prevenir a vulnerabilidade contra a chantagem econômica, deveríamos fazer esforços especiais para reduzir nossa dependência ao petróleo árabe. De outro modo, nosso interesse estratégico pode ser comprometido.

144 Um boicote da venda de petróleo pelos árabes ameaça os interesses estratégicos vitais dos Estados Unidos.

145 Uma derrota dos árabes é uma derrota para a União Soviética, uma derrota para a política soviética.

15_Variação baseada na conspiração judaica

Utilizamos esse código somente quando uma afirmação é colocada no contexto do interesse estratégico dos Estados Unidos.

151 Os Estados Unidos estão impedidos de perseguir seus verdadeiros interesses estratégicos no Oriente Médio pelo poder do *lobby* israelense e/ou dos judeus americanos.

2 Vizinhos em rivalidade constante

Procure pelo tema que indica que esse é um conflito que não diz respeito aos Estados Unidos a menos que nós, inadvertidamente, sejamos arrastados para ele. Expressões gerais sobre objetivo de manter a paz são insuficientes, a não ser que sejam colocadas no contexto do conflito árabe-israelense. Não inclua, por exemplo, a ideia de que o conflito entre egípcios, britânicos e franceses precisa ser ampliado e culmine em uma Terceira Guerra Mundial.

211 Espectadores inocentes estão sendo prejudicados (mas não há nenhuma alusão a quem deve ser culpado ou a respeito de que se trata o conflito).

212 A visita de Sadat e o acordo de Camp David foram passos vantajosos, uma vez que representam pelo menos uma reconciliação parcial e um fim para a rivalidade.

213 O evento (por exemplo, o assassinato de Sadat) revela a fragilidade da paz no Oriente Médio e a instabilidade da região.

214 Nenhum dos dois lados parece realmente desejar a paz.

215 O conflito não terminou. As diferenças que dividem os árabes e os israelenses ainda estão lá.

Coleção "Comunicação e Mobilização Social"

216 Os dois lados estão se comportando razoavelmente, tentando esquecer suas diferenças antigas; o evento é um raio de esperança, um passo em direção à paz; Carter está lutando para manter o processo de paz em andamento.

221 Os Estados Unidos deveriam tentar mediar a disputa, mas ser cuidadosos para não assumir riscos mais graves que nos envolveriam diretamente no conflito instaurado no Oriente Médio.

222 As razões pelas quais árabes e israelenses estão lutando não são importantes. É uma rivalidade em que cada novo ataque cria uma nova queixa, produz retaliação e mantém a rivalidade acesa.

223 Nenhum dos lados merece simpatia. Uma praga se abate sobre ambos os rivais.

224 A questão é se esse conflito local se ampliará e envolverá o mundo inteiro.

225 Exemplos de outros conflitos locais que se ampliam (por exemplo, um assassinato nos Bálcãs, que instaurou uma cadeia de eventos que impulsionaram as principais potências para a Primeira Guerra Mundial).

226 A metáfora da briga entre os Hatfield e os McCoy ou outra metáfora de uma rivalidade sem sentido.

227 O conflito se autoperpetua. Ele diz de si mesmo. É um ciclo de conflito em que atos hostis estimulam respostas hostis. As guerras não têm sentido, não regulam nada e conduzem somente a mais guerras no futuro.

228 O Oriente Médio é um barril de pólvora que qualquer centelha pode fazer explodir ou uma bomba que pode ser detonada a qualquer instante.

229 As partes em disputa deveriam esquecer as injúrias ou injustiças do passado e fazer as pazes. Viver e deixar viver. Deixar eventos do passado permanecerem como tais.

231 Sangue está sendo derramado na Terra Santa; hostilidades e rivalidades intermináveis na terra da Bíblia.

232 Os povos e os países fragmentados do Oriente Médio precisam de uma autoridade forte e madura para impedi-los de se destruírem mutuamente, levando junto com eles o resto do mundo.

233 A ONU oferece um caminho possível para a paz.

234 Libaneses inocentes sofrem por causa da guerra.

235 A vitória de Israel não foi valorosa; ela custou mais perdas do que trouxe ganhos.

237 Aqueles que pagam impostos nos Estados Unidos pagam também o preço por tentar manter a paz no Oriente Médio.

238 Os norte-americanos que tentam manter a paz no Líbano estão sem saída, vivem em situação de perigo.

239 Os Estados Unidos não deveriam se posicionar ao lado de nenhuma parte nesse conflito desprovido de sentido.

240 A guerra no Oriente Médio ameaça destruir uma aproximação amigável entre os países dessa região.

241 A competição entre superpotências e o conflito armado no Oriente Médio ameaçam a paz mundial; as superpotências não deveriam se envolver no conflito árabe-israelense. Isso torna as coisas ainda piores.

242 As superpotências deveriam agir de forma afinada para perseguir a paz no Oriente Médio.

243 Os Estados Unidos, ao armar ambos os lados, agravam o problema.

244 A ONU cuidou pessimamente da situação, falhando em atuar como um verdadeiro agente garantidor da paz.

3 Intransigência árabe

311 O povo judeu possui uma longa história de opressão (mas não explicitamente ligada ao conflito árabe-israelense).

312 A legitimidade da divisão da Palestina pela resolução da ONU e, por isso, a legitimidade do Estado de Israel. (É importante notar que, se a recusa dos árabes em aceitar a resolução for mencionada, então o código a ser utilizado é o 322).

313 Israel é merecedor do apoio moral americano enquanto único país democrático no Oriente Médio.

314 Israel merece o apoio moral americano por causa do Holocausto.

Se há uma ligação entre a hostilidade árabe e os nazistas, então codifique como 325.

316 A criação do Estado de Israel é um desenvolvimento saudável e positivo.

317 A criação do Estado de Israel é o cumprimento de uma promessa de Deus; ela cumpre uma determinação bíblica.

318 A contraposição entre os esforços de Israel para desenvolver seu país e a negligência árabe; entre o progresso econômico de Israel e o atraso dos árabes.

321 A metáfora de Davi e Golias é utilizada para associar Israel a Davi. (É importante notar que não se deve confundir essa metáfora com o uso posterior que diz que "Davi se transformou em Golias"; ver o código 528).

322 A recusa dos árabes em aceitar a resolução da ONU, que dividiu a Palestina entre um território judeu e outro árabe, revela a responsabilidade dos árabes pelo conflito. Há um contraste entre a aceitação que Israel dispensa à partilha e sua disposição para a paz e a rejeição dos árabes a ambas.

Coleção "Comunicação e Mobilização Social"

323 A unilateralidade do conflito, com cem vezes mais árabes do que judeus e vinte países árabes contra Israel. Israel é visto como país cercado de inimigos que querem destruí-lo.

324 O desejo dos árabes de destruir Israel e empurrar os judeus para o mar. A relutância dos árabes em aceitar a existência de um estado judaico no Oriente Médio.

325 A relevância, para o conflito árabe-israelense, do Holocausto e a tentativa de Hitler de destruir os judeus. "Nunca mais".

326 A injustiça de se afirmar que o sionismo, o movimento nacional do povo judeu, é sinônimo de racismo.

327 A ONU é controlada pelos inimigos de Israel. Ela funciona como um instrumento partidário do lado israelense, em vez de agir como um mediador interessado na paz. O conflito político dos árabes contra Israel na ONU.

328 Exemplos ou citações de líderes árabes que proclamaram sua aversão infinita e ódio a Israel.

329 Exemplos de atos terroristas contra civis israelenses são usados para ilustrar a intransigência e as intenções hostis dos árabes.

331 A visita de Sadat foi uma trégua importante, mas ele era repudiado por outros árabes e, no final, foi assassinado. Sua morte foi comemorada com alegria na maioria dos países árabes. Extremistas árabes tinham esperança no fracasso dos esforços de paz; falta de aceitação do acordo de Camp David pelos extremistas árabes; a OLP é vista como um obstáculo para a paz.

332 Os zelotas árabes, relutantes em fazer as pazes com Israel, têm o controle da situação, e vozes moderadas no mundo árabe são suprimidas.

333 Menção à guerra política e econômica dos árabes contra Israel, anterior à Guerra do Sinai ou da Guerra dos Seis Dias, incluindo o fechamento do canal de Suez aos barcos israelenses, ataques terroristas ou suicidas do Egito e o bloqueio do estreito de Tiran, no Mar Vermelho.

334 O boicote econômico dos árabes contra Israel.

335 As reservas petrolíferas árabes aumentam a ameaça à sobrevivência de Israel, uma vez que adicionam uma poderosa arma econômica às armas políticas e militares que os árabes sempre utilizaram contra Israel.

341 Os árabes são complicados, desonestos, irresponsáveis.

342 Os árabes são hipotéticos ao expressar um desejo de paz; não desistiram da ideia de destruir Israel.

343 A derrota da OLP no Líbano não os fez desistir de seu sonho de destruir Israel; a OLP resiste e ainda é nociva.

344 Os árabes culpam os outros, tentam escapar da responsabilidade; iludem a si mesmos; fazem a guerra e trazem sofrimento a si próprios.

4 Dupla libertação

É fácil confundir esse enquadramento com aquele dos vizinhos em rivalidade constante. A diferença essencial é que esse enquadramento enfatiza no conflito dois lados que têm razão, enquanto o enquadramento dos vizinhos em rivalidade enfatiza duas partes erradas ou, mais precisamente, duas partes que brigam por algo que não é importante. Por exemplo, a ideia de que os árabes e os israelenses deveriam trabalhar suas diferenças não especificadas e parar de brigar aponta para o enquadramento dos vizinhos em rivalidade constante. Ela só se torna um enquadramento de dupla libertação com a ideia adicional de que há algo legítimo pelo qual eles estão lutando. Para o enquadramento de dupla libertação, o conflito é real, e não somente o resultado do desacordo.

Note-se também que os direitos de ambos os lados precisam ser reconhecidos antes que esse enquadramento seja aplicado. Enfatizar o direito que Israel tem de existir por si mesmo implica a intransigência árabe, enquanto enfatizar somente os direitos dos palestinos implica o expansionismo israelense (ver o próximo enquadramento). É somente ao incluir ambos que o enquadramento da dupla libertação é invocado.

411 Algum tipo de compromisso é necessário (mas não há nenhuma indicação clara a respeito das duas partes em conflito).

412 A questão palestina é mais do que um simples problema de refugiados, uma vez que ela inclui um legítimo desejo palestino por alguma forma de autodeterminação.

413 A divisão da Palestina feita pela ONU é uma solução justa. (É importante notar que se essa ideia é utilizada para construir a afirmação de que os árabes não aceitam Israel, ela será codificada como 322).

421 O conflito é entre dois movimentos de libertação nacional com uma requisição histórica legítima sobre a mesma terra. Tanto árabes palestinos quanto judeus têm direitos históricos.

422 Dois povos existem e têm direitos – israelenses e palestinos. Qualquer solução viável precisa respeitar as aspirações nacionais e os direitos à autodeterminação de ambos.

423 Os israelenses têm o direito de viver dentro de limites seguros e reconhecidos, e os palestinos têm o direito a um estado e um lar nacionais para si mesmos.

424 Exemplos de outros povos em guerra que vieram a viver em paz por meio do acordo e da divisão.

425 O desejo do reconhecimento mútuo e simultâneo dos direitos de ambos os lados. Os palestinos e os estados árabes deveriam aceitar simultaneamente o direito de existir de Israel, e Israel deveria aceitar o princípio de alguma forma de estado palestino.

426 A visita de Sadat e o acordo de Camp David aprimoram a atmosfera de paz e são um passo importante em direção ao reconhecimento de Israel pelos árabes; porém, para trazer a paz, a questão palestina precisa também ser assunto de pauta.

427 Os Estados Unidos deveriam promover um acordo em que seja aceito o direito de Israel existir dentro de limites reconhecidos e seguros e algum tipo de estado palestino seja criado.

5 Expansionismo israelense

Incluímos duas variações básicas desse enquadramento. Um deles, o imperialismo ocidental, apresenta Israel como um instrumento dos Estados Unidos; o outro, aquele da Conspiração Judaica, apresenta os Estados Unidos como um instrumento de Israel por meio do controle judeu da política internacional americana. Há muitas referências ao imperialismo na disputa entre britânicos, franceses e egípcios em 1956, mas deve-se codificá-las somente quando Israel é caracterizado como um agente do imperialismo britânico e francês.

Imperialismo ocidental

511 Alguns países árabes agem em conluio com algumas companhias americanas de petróleo e como estados que podem ser considerados clientes dos americanos. (É importante notar que o alinhamento aqui muda, incluindo frequentemente a Arábia Saudita, a Jordânia, os Emirados Árabes e o Egito).

521 Israel é um instrumento do imperialismo americano; está sendo usado para manter o controle sobre os recursos do Oriente Médio e para dominar os povos árabes.

522 Israel é um instrumento do imperialismo anglo-francês.

523 Israel é um estado colonial estabelecido como a África do Sul. Ele é usado para manter a dominação sobre a população nativa da região por uma minoria ocidental estrangeira.

524 Sionismo é racismo.

525 Os membros da OLP lutam pela liberdade utilizando os únicos meios disponíveis para um povo sem estado. Sua violência pode ser entendida e é justificada pela busca da libertação nacional e da justiça para o povo palestino.

526 Sadat traiu a causa árabe ao fazer uma paz separada com Israel, sem requerer o progresso da questão palestina. Ele deixou os palestinos e seus aliados árabes à mercê da entidade sionista.

527 Israel é um estado que pode ser considerado como cliente dos Estados Unidos, que armam os israelenses até os dentes com tecnologia militar de ponta.

528 Israel está constantemente em expansão, tentando dominar mais e mais seus vizinhos e os territórios árabes.

529 Israel é um poderoso opressor. Davi se transformou em Golias.

Intransigência israelense

531 Israel resiste aos esforços de paz; não tem nenhum interesse real pela paz.

532 Israel se queixa das coberturas feitas pela imprensa e tenta restringir a ação da imprensa porque não gosta da feiura que enxerga no espelho.

533 Os Estados Unidos deixam que Israel continue dizendo o que devem fazer, contra seus próprios interesses reais e princípios de justiça. Israel é o rabo que balança o cachorro americano. Ninguém pode controlar Israel.

534 Israel é um país bruto e injusto no modo como trata os palestinos.

535 Mesmo os judeus americanos estão horrorizados com a brutalidade de Israel e o tratamento que esse país confere aos palestinos.

536 Israel reduziu o Líbano a um monte de entulho.

537 Os palestinos agora são as vítimas, assim como os judeus o foram uma vez.

538 Israel tenta escapar da responsabilidade por massacres e outros atos destrutivos.

539 Extremistas israelenses são um obstáculo à paz.

6 Conspiração judaica

611 Há um *lobby* judeu (ou israelense) com muita influência na política externa americana. (Mas não há nenhuma alusão clara de que essa influência é ameaçadora, ou que é mais do que deveria ser, ou que está sendo usada para produzir fins indesejáveis).

621 Os judeus americanos colocam a lealdade a Israel acima da lealdade aos Estados Unidos. Os judeus só se preocupam com Israel.

622 Os judeus controlam os bancos e os meios de comunicação na América, e utilizam esse poder desmedido para influenciar de modo inapropriado a política externa americana em uma direção favorável a Israel.

9 Nenhum enquadramento codificável

911 Comentários ininteligíveis.

912 Implicações para a política nacional americana são enfatizadas, mas não há nenhuma afirmação codificável a respeito do conflito árabe-israelense.

913 A política americana é inconsistente e caótica.

914 A paz é possível. Precisamos de um novo começo em direção à paz. (Mas não há nenhuma alusão clara a um enquadramento sobre como isso possa ser alcançado).

915 Descrições de ou comentários sobre como a batalha ou guerra está se desenvolvendo, sobre quem está perdendo ou ganhando, mas com nenhuma menção a um enquadramento ampliado sobre o conflito.

916 Há uma intensa manobra diplomática para resolver a crise.

917 A aliança ocidental está em total desordem.

918 O conflito entre britânicos, franceses e egípcios pode conduzir à Terceira Guerra Mundial.

919 Os estados árabes não se importam realmente com a OLP.

920 Os israelenses criticam as ações de seu próprio governo.

921 Pessoas pertencentes a falanges são vilões, mas não são identificadas com os israelenses.

922 A venda de dispositivos de "Alertas aéreos e sistemas de comando" (AWACS) é uma ação contra Israel.

923 Sadat é um defensor da paz; o mundo chora a morte de Sadat como um homem de paz.

924 Comentários sobre Kissinger, mas sem qualquer enquadramento geral sobre o conflito árabe-israelense.

925 É irônico o fato de que algumas pessoas que se opuseram à guerra do Vietnã apoiem a ajuda a Israel na guerra do Oriente Médio.

926 Os árabes estão em um estado desordenado; falta-lhes união.

927 A ONU é ineficaz, está enganada em seus esforços de paz e tenta exigir um crédito que não merece.

928 O antissemitismo nos Estados Unidos está desacreditado.

929 Carter é incapaz.

REFERÊNCIAS

ALGER, Horatio. *Ragged Dick*. New York: Macmillan, 1962.

ALINSKY, Saul. *Rules for Radicals*. New York: Random House, 1972.

ALPEROVITZ, Gar; FAUX, Jeff. The Youngstown Project. In: LINDENFELD, Frank; ROTHSCHILD-WHITT, Joyce (Eds.). *Workplace Democracy and Social Change*. Boston: Porter Sargent, 1982. p. 353-369.

BELENKY, Mary F. *et al. Women's Ways of Knowing: The Development of Self, Voice, and Mind*, New York: Basic Books, 1986.

BENNETT, W. Lance. *The Political Mind in the Political Environment*. Lexington, MA: D.C. Heath, 1975.

BENNETT, W. Lance. *News: The Politics of Illusion*. New York: Longman, 1988.

BENNETT, William L.; EASTLAND, Perry. Why Bakke Won't End Reverse Discrimination: 1. *Commentary*, v. 66, p. 29-35, 1978.

BERELSON, Bernard; LAZARSFELD, Paul; McPHEE, William. *Voting*. Chicago: University of Chicago Press, 1954.

BICKEL, Alexander. *The Morality of Consent*. New Haven, CT: Yale University Press, 1975.

BLUESTONE, Barry; HARRISON, Bennett; BAKER, Lawrence. 1981. *Corporate Flight*. Washington, DC: Progressive Alliance, 1981.

BOYER, Paul. *By the Bomb's Early Light*. New York: Pantheon, 1985.

CALDER, Bobby J. Focus Groups and the Nature of Qualitative Marketing Research. *Journal of Marketing Research*, v. 14, p. 353-64, 1977.

CANOVAN, Margaret. *Populism*. New York: Harcourt Brace Jovanovich. 1981.

CARBAUGH, Donal. *Talking American: Cultural Discourse on DONAHUE*. Norwood, NJ: Ablex, 1988.

CHILTON, Paul. Metaphor, Euphemism, and the Militarization of Language. *Current Research on Peace and Violence*, v. 10, p. 7-19, 1987.

CLINCHY, Blythe McVicker. Ways of Knowing and Ways of Being. In: GARROD, Andrew (Ed.). *Emerging Theories in Moral Development*. New York: Teacher's College Press, 1992.

COHEN, Carl. Why Racial Preference Is Illegal and Immoral. *Commentary*, v. 67, p. 40-52, 1979.

COHEN, Jean L. Strategy or Identity: New Theoretical Paradigms and Contemporary Social Movements. *Social Research*, 52, p. 663-716, 1985.

CONVERSE, Philip. Public Opinion and Voting Behavior. In: GREENSTEIN, Fred; POLSBY, Nelson (Eds.). *Handbook of Political Science*. Reading, MA: Addison-Wesley, 1975. v. 4, p. 75-169.

DAHL, Robert. *Pluralist Democracy in the United States*. Chicago: Rand-McNally, 1967.

DIAMOND, Edwin. *The Tin Kazoo: Television, Politics, and the News*. Cambridge, MA.: MIT Press, 1975.

EDELMAN, Murray J. *Constructing the Political Spectacle*. Chicago: University of Chicago Press, 1988.

EISENSTADT, Jeanne Watson. Studies in Sociability. unpublished manuscript, 24280 Jerome, Oak Park, MI 48237, 1984.

ELIASOPH, Nina. Political Culture and the Presentation of a Political "Self". *Theory and Society*, v. 19, p. 465-94, 1990.

ELLUL, Jacques. *The Technological Society*. New York: Knopf, 1964.

EPSTEIN, Edward J. *News from Nowhere*. New York: Random House, 1973.

FANTASIA, Rick. *Cultures of Solidarity*. Berkeley: University of California Press, 1988.

FINK, Rychard. "Introduction" to Horatio Alger's. *Ragged Dick*. New York: Macmillan, 1962.

FLACKS, Richard. *Making History*. New York: Columbia University Press, 1988.

FREIRE, Paulo. *Pedagogy of the Oppressed*. New York: Continuum, 1970a.

FREIRE, Paulo. Cultural Action for Freedom. *Harvard Educational Review Monograph Series*, n. 1, 1970b.

GAMSON, Josh. Silence, Death, and the Invisible Enemy: AIDS Activism and Social Movement "Newness". *Social Problems*, v. 36, p. 351-67, 1989.

GAMSON, William A. *SIMSOC (Simulated Society)*. 4. ed. New York: Free Press, 1991.

GAMSON, William A.; FIREMAN, Bruce; RYTINA, Steven. *Encounters with Unjust Authority*. Homewood, IL: Dorsey Press, 1982.

GAMSON, William A.; LASCH, Kathryn E. The Political Culture of Social Welfare Policy. n: SPIRO, Shimon E.; YAAR, Ephraim (Eds.). *Evaluating the Welfare State*. New York: Academic Press, 1983. p. 397-415.

GAMSON, William A.; MODIGLIANI, Andre. The Changing Culture of Affirmative Action. In: BRAUNGART, Richard D. Braungart (Ed.). *Research in Political Sociology*. Greenwich, CT: JAI Press, 1987. v. 3, p. 137-177.

GAMSON, William A. Media Discourse and Public Opinion on Nuclear Power. *American Journal of Sociology*, v. 95, p 1-37, 1989.

GANS, Herbert. *Deciding What's News*. New York: Pantheon, 1979.

GANS, Herbert. *Middle American Individualism*. New York: Free Press, 1988.

GIDDENS, Anthony. *Central Problems in Social Theory*. Berkeley: University of California Press, 1986.

GILLIGAN, Carol. *In a Different Voice*. Cambridge, MA.: Harvard University Press, 1982.

GLAZER, Nathan. *Affirmative Discrimination*. New York: Basic Books, 1975.

GLAZER, Nathan. Why Bakke Won't End Reverse Discrimination: 2. *Commentary*, v. 66, p. 36-41, 1978.

GOODMAN, Paul. *New Reformation: Notes of a Neolithic Conservative*. New York: Random House, 1970.

GRABER, Doris. *Processing the News*. New York: Longman, 1988.

GUIDRY, William B. Affirmative Action. *American Opinion*, p. 19-34, mar. 1979.

GUREVITCH, Michael; LEVY, Mark R. (Eds.). *Mass Communication Review Yearbook*, v. 5. Beverly Hills, CA: Sage, 1985.

HALLE, David. *America's Working Man*. Chicago: University of Chicago Press, 1984.

HARDING, Vincent. *There Is a River: The Black Struggle for Freedom in America*. New York: Harcourt Brace Jovanovich, 1981.

ILLICH, Ivan. *Tools for Conviviality*. New York: Harper and Row, 1973.

IYENGAR, Shanto. *Is Anyone Responsible? How Television Frames Political Issues*. Chicago: University of Chicago Press, 1991.

IYENGAR, Shanto; KINDER, Donald R. *News That Matters*. Chicago: University of Chicago Press, 1987.

JEFFERSON, Gail. Explanation of Transcript Notation. In: SCHENKEIN, Jim (Ed.). *Studies in the Organization of Conversational Interaction*. New York: Academic Press, 1978. p. xi-xvi.

KATZNELSON, Ira. *City Trenches*. Chicago: University of Chicago Press, 1981.

KRUEGER, Richard A. *Focus Groups: A Practical Guide for Applied Research*. Newbury Park, CA: Sage, 1988.

LANE, Robert E. *Political Ideology*. New York: Free Press, 1962.

LOFLAND, John. Consensus Movements: City Twinning and Derailed Dissent in the American Eighties. In: KRIESBERG, Louis (Ed.). *Research on Social Movements*. Greenwich, CT: JAI Press, 1989. v. 11, p. 163-196.

LOVINS, Amory B. *Soft Energy Paths*. New York: Harper Colophon Books, 1977.

LOWI, Theodore. The Public Philosophy: Interest Group Liberalism. *American Political Science Review*, v. 61, p. 5-24, 1967.

LOWI, Theodore. *The Politics of Disorder*. New York: Basic Books, 1971.

MARSHALL, Gordon. Some Remarks on the Study of Working Class Consciousness. *Politics and Society*, v. 12, p. 263-301, 1983.

McADAM, Doug. *Political Process and the Development of Black Insurgency*. Chicago: University of Chicago Press, 1982.

McCARTHY, John D.; WOLFSON, Mark. Consensus Movements, Conflict Movements, and the-Cooptation of Civic and State Infrastructures. In: MORRIS, Aldon; MUELLER, Carol (Eds.). *Frontiers of Social Movement Theory*. New Haven, CT: Yale University Press, 1992.

McCARTHY, John D.; ZALD, Mayer N. Resource Mobilization in Social Movements: A Partial Theory. *American Journal of Sociology*, v. 82, p. 1212-34, 1977.

McCRAKEN, Samuel. The War Against the Atom, *Commentary*, v. 64, p. 33-47, 1977.

McCRAKEN, Samuel. The Harrisburg Syndrome, *Commentary*, v. 67, p. 27-39, 1979.

Media Institute. *Television Evening News Covers Nuclear Energy: A Ten Year Perspective*. Washington, DC: Media Institute, 1979.

MELUCCI, Alberto. *Nomads of the Present*. Philadelphia: Temple University Press, 1989.

MERELMAN, Richard M. *Making Something of Ourselves: On Culture and Politics in the United States*. Berkeley: University of California Press, 1984.

MILLER, Mark Crispin. *Boxed In: The Culture of TV*. Evanston, IL: Northwestern University Press, 1988.

MOORE, Barrington, Jr. *Injustice: The Social Bases of Obedience and Revolt*. White Plains, NY: M. E. Sharpe, 1978.

MORGAN, David L. *Focus Groups as Qualitative Research*. Newbury Park, CA.: Sage, 1988.

MUELLER, Klaus. *The Politics of Communication*. New York: Oxford University Press, 1973.

NELKIN, Dorothy. Nuclear Power as a Feminist Issue. *Environment*, v. 23, 14-20, 38-39, 1981.

NEUMAN, W. Russell. *The Paradox of Mass Politics*. Cambridge, MA: Harvard University Press, 1986.

OBERSCHALL, Anthony. *Social Conflict and Social Movements*. Englewood Cliffs, NJ: Prentice-Hall, 1973.

POLE, J. R. *The Pursuit of Equality in American History*. Berkeley: University of California Press, 1978.

RAGIN, Charles C. *The Comparative Method*. Berkeley: University of California Press, 1987.

REINARMAN, Craig. *American States of Mind*. New Haven, CT: Yale University Press, 1987.

RYAN, Charlotte. *Prime Time Activism*. Boston: South End Press, 1991.

SCHUMACHER, E. F. *Small Is Beautiful*. New York: Harper and Row, 1973.

SCHUTZ, Alfred. *The Phenomenology of the Social World*. Evanston, IL: Northwestern University Press, 1967.

SCOTT, James C. *Weapons of the Weak*. New Haven, CT: Yale University Press, 1985.

SENNETT, Richard. *Authority*. New York: Knopf, 1980.

SIMMEL, Georg. *The Sociology of Georg Simmel*. New York: Free Press, 1950.

SLATER, Philip E. *The Pursuit of Loneliness*. Boston: Beacon Press, 1970.

SNOW, David A.; BENFORD, Robert D. Ideology, Frame Resonance, and Participant Mobilization. In: KLANDERMANS, Bert; KRIESI, Hans-Peter Kriesi; TARROW, Sidney (Eds.). *International Social Movement Research*. Greenwich, CT: JAI Press, 1988. v. 1, p. 197-217.

SNOW, David A.; BENFORD, Robert D. Master Frames and Cycles of Protest. In: MORRIS, Aldon; MUELLER, Carol (Eds.). *Frontiers of Social Movement Theory*. New Haven, CT: Yale University Press, 1992.

SOWELL, Thomas. *Black Education: Myths and Tragedies*. New York: McKay, 1972.

TURNER, Ralph H.; KILLIAN, Lewis M. *Collective Behavior*. 3. ed. Englewood Cliffs, NJ: Prentice-Hall, 1987.

WEAVER, Paul. TV News and Newspaper News. In: ADLER, Richard P. (Ed.). *Understanding Television*. New York: Praeger, 1981. p. 277-293.

WILLIAMS, Raymond. *Culture and Society*. New York: Columbia University Press, 1950.

WILLIAMS, Robin M. Jr. *American Society*. New York: Knopf, 1960.

WILLIS, Paul. *Learning to Labor*. Westmead, U.K.: Saxon House, 1977.

WINNER, Langdon. *Autonomous Technology*. Cambridge, MA: MIT Press, 1977.

WOLFE, Alan. *The Limits of Legitimacy*. New York: Free Press, 1977.

WOLIN, Sheldon. Editorial Statement. *Democracy: A Journal of Renewal and Radical Change*, v. 1, 2-4, 1981.

WRIGHT, Erik Olin. *Classes*. London: Verso, 1985.

ZAJONC, Robert B. Feeling and Thinking: Preferences Need No Inferences. *American Psychologist*, v. 35, p. 151-75, 1980.

QUALQUER LIVRO DO NOSSO CATÁLOGO NÃO ENCONTRADO NAS
LIVRARIAS PODE SER PEDIDO POR CARTA, FAX, TELEFONE OU PELA INTERNET.

Rua Aimorés, 981, 8° andar – Funcionários
Belo Horizonte-MG – CEP 30140-071

Tel: (31) 3222 6819
Fax: (31) 3224 6087
Televendas (gratuito): 0800 2831322

vendas@autenticaeditora.com.br
www.autenticaeditora.com.br

ESTE LIVRO FOI COMPOSTO COM TIPOGRAFIA PALATINO E IMPRESSO
EM PAPEL OFF SET 75 G NA FORMATO ARTES GRÁFICAS.